Johann Rittig

Federzeichnungen aus dem amerikanischen Stadtleben

Johann Rittig
Federzeichnungen aus dem amerikanischen Stadtleben
ISBN/EAN: 9783743361133

Hergestellt in Europa, USA, Kanada, Australien, Japan

Cover: Foto ©ninafisch / pixelio.de

Manufactured and distributed by brebook publishing software (www.brebook.com)

Johann Rittig

Federzeichnungen aus dem amerikanischen Stadtleben

Federzeichnungen

aus dem

Amerikanischen Stadtleben

Bilder
aus dem
Amerikanischen Leben
Von
Deutschen in Amerika

Erster Band

New York
E. Steiger & Co.
1884

Federzeichnungen

aus dem

Amerikanischen Stadtleben

von

Johann Rittig

New York

E. Steiger & Co.

1884

Vorwort.

Die Blätter, welche in diesem Bande gesammelt sind, beanspruchen nicht, ein erschöpfendes Bild unseres vielgestaltigen städtischen Lebens zu geben. Sie sind eine kleine Auswahl aus Skizzen und Schilderungen, die im Laufe der Jahre für die „New=Yorker Staats=Zeitung" geschrieben wurden, und tragen die Merkmale ihres journalistischen Ursprungs. Ihr jetziges Erscheinen in Buchform verdanken sie der Ansicht des Verlegers und befreundeter Berufsgenossen, daß auch in dem flüchtig für den Tag Geschaffenen Manches von dauernder Giltigkeit vorkommt.

New=York, im October 1884.   Der Verfasser.

Inhaltsverzeichniß.

Weihnachtsbilder.

	Seite
Der kleine Michel. Ein deutsch-amerikanisches Märchen	3
New-Yorker Weihnachten	8
Fibel, Fabel und Märchen	15
Des Seemanns Christnacht	21
Im stillen Kämmerlein	25

Schlichte Geschichten.

Das Liebchen aus Deutschland	31
Tante Veronika	35
Kurzer Glückstraum	40
Neujahrsbesuch	47
Das erste Vierteltausend	51
Ungesühnt	59

Charakter-Figuren.

Der Gentleman-Proletär	67
Der Unabhängige	72
Der stille junge Mann	77
Die Vesperglocke	82
Der Mephistoffel	86
Die alternde Modedame	91
Der Dollar-Mann	96
Salon-Sclaven	102
Der Hagestolz	110
Selbstständige junge Damen	115
Ein trefflicher Mann	121

Aus dem Kleinleben der Großstadt.

	Seite
Einsam am Sonntag	127
Der junge Souverän	132
Niemals mündig	137
Die Alten im Winkel	143
Die mütterliche Schere	147
Sommernacht	151
Der Festzug	156

Auf den Pfaden der New-Yorkerin.

Der Typus der New-Yorkerin	165
In jungen Jahren	169
Genußleben	173
Fastnachtskünste	181
Amerikanische Hexen	184
Viel Blumen	187
Das Gesetz der Mode	189
In der Sommerfrische	196
Von Hochstaplern	199
Die New-Yorkerin der Zukunft	201

Buntes Volk.

Weiße Indianer	207
Der Minstrel	211
Vagabunden	219
Asiaten	223
Antisemiten	237
Vermißte	243

Weihnachtsbilder.

Der kleine Michel.
Ein deutsch-amerikanisches Märchen.

Es war einmal ein kleiner Michel, der lebte in einem Lande, wo die Leute große Helme trugen und schwer daran zu schleppen hatten. Der kleine Michel aber bekam zu Hause wenig zu essen und viel Schläge. Und als er auch wieder einmal bei hungrigem Magen den schweren Helm und noch eine Flinte dazu weit tragen sollte, da sagte er erzürnt: „Na, warte!"; sobald er konnte, schlich er sich davon, warf den Helm rechts in einen Busch, die Flinte links in einen anderen Busch und lief, was er konnte, bis ans Ufer hinunter, wo er in einen Kahn sprang. Dann rief er: „Etsch!" drehte den Leuten mit den großen Helmen eine Nase; und fort ging's im Kahn. In diesem Kahn aber saßen Leute, die eine fremde Sprache redeten und den kleinen Michel, den sie nicht verstehen konnten, arg herumstießen. Doch das Herumgestoßenwerden war er gewohnt und so kam er glücklich mit ans andere Ufer.

Dort wohnten Leute, die wieder alle — zwar keine Helme aber rothe Zipfelmützen trugen. Die rothe Zipfelmütze hatte zu bedeuten, daß Jeder treiben dürfe, was er wolle; und der kleine Michel durfte auch gleich eine aufsetzen. Das machte ihm große Freude; nur ärgerte es ihn, daß auch jeder Lump eine solche rothe Zipfelmütze trug und daß es viele Leute gab, welche unter der Zipfelmütze versteckt einen steifen Zopf trugen.. Doch da er selbst treiben durfte, was er wollte, meinte er, er brauche sich um Lumpen und Zöpfe nicht weiter zu kümmern und blos sein Glück zu versuchen. Da aber erging's ihm schlecht. Die Leute, welche eine fremde Sprache redeten, hatten auch ganz andere Gedanken als der Michel und mochten ihn überhaupt nicht leiden. Er wurde wieder arg herumgestoßen und litt wieder Hunger, fast noch mehr als daheim. Da stellte er sich ans Ufer, bekam's Heimweh und wischte sich mit der rothen Zipfelmütze die Thränen aus den Augen. Gar zu gern wäre er wieder zurück, aber es kam kein Kahn, der ihn mitgenommen hätte.

So mußte er sich weiter herumstoßen lassen; doch je mehr sie ihn herumstießen, desto gescheidter wurde er, und endlich war er so gescheidt, daß er sein Brod und die Butter dazu ebenso gut fand, wie die anderen Leute, die nicht aus der Fremde herübergekommen waren. Und der kleine magere Michel — (daß ich's nicht vergeß', er war nämlich immer sehr mager, wie Ihr bei dem vielen Hunger, den er zu leiden hatte, schon errathen haben werdet) — fing an, ein bischen feister zu werden. Als das die Leute mit den Zöpfen sahen, sagten sie:

„Kommt, wir wollen ihn aufessen!"

Der kleine Michel war aber nicht faul und schrie gottsjämmerlich. Da kamen die anderen Leute, welche keine Zöpfe hatten, herbei und meinten:

„Wenn Du uns tüchtig hilfst, dort wo die Arbeit am schwersten, sollst Du nicht aufgegessen werden, sondern so viel arbeiten dürfen, als Deine Knochen nur aushalten."

Was wollte der Michel thun; er sagte ja und schindete sich, daß ihm der Schweiß nur so von der Stirne strömte.

Einmal aber geschah's, daß die Leute mit den rothen Zipfelmützen eine große Schlägerei unter sich anfingen; es war wegen Eines, der sich auch arg schinden mußte, viel Prügel bekam und ein ganz schwarzes Gesicht hatte. Der kleine Michel, dem das Dreinschlagen noch von daheim her im Blute lag, blieb natürlicher Weise nicht zurück und drosch auch darauf los. Zu seiner großen Freude entdeckte er, daß die Leute, denen er Recht gab, den viel größeren Haufen bildeten. So war er unter die Sieger gerathen und als die Schlägerei vorbei war, sprach kein Mensch mehr davon, ihn aufzuessen. Man wußte, daß der kleine Michel seinen Mann stellt, wenn's Hiebe gibt, und die Zöpfe waren während des langen Dreinschlagens überhaupt fast ganz verschwunden.

So weit also gut. Aber der Michel wollte es immer besser haben. Es ärgerte ihn, daß dann und wann doch noch Einer ihm Eins mit

dem Elbogen gab; und wenn er seine Sprache reden wollte, hieß es noch immer: „Halt's Maul, Michel!"

Dazu mußte er einen noch größeren Kummer erleben. Wie es so geht, wenn die Leute älter werden — Ihr wißt ja — war der kleine Michel bald von einem Häuflein noch kleinerer Michel umgeben. Nun wollte der Alte, die Jungen sollten gerade so aussehen wie er, alles so machen wie er, und accurat so reden wie er. Die aber schwätzten, wie ihnen der Schnabel gewachsen war, und der Schnabel wuchs hier anders, als am anderen Ufer drüben.

Das fuchste den alten kleinen Michel. Er war zwar davongelaufen aus dem Lande der großen Helme, aber seine Kinder, die schon mit der rothen Zipfelmütze zur Welt kamen, sollten doch die herrlichen Lieder und die schönen Sprüche, die er drüben gelernt und mit herüber gebracht, nicht ganz vergessen oder gar verachten, und Alles, was sich in seinem Gemüthe regte und seinen Kopf durchkreuzte, sollte auch bei den jungen kleinen Micheln so sein. Da gab's ewigen Streit und die jungen Michel hatten gar bald gelernt, ihren Vater anschreien und ihm in der fremden Sprache zurufen: „Halt's Maul, Michel!"

Und als eines Tages der alte Michel wieder so dasaß und sich die Augen mit der rothen Zipfelmütze wischte, trat eine schöne Fee vor ihn hin. Auch sie trug die rothe Zipfelmütze, hatte aber eine große Zahl leuchtender Sterne darauf; ihr Mieder war schön meerblau und ihre Schleppe weiß und roth gestreift. Der Michel kannte sie schon; sie hatte immer schützend an seiner Seite geschwebt, wenn die Leute ihn aufessen wollten oder ihn gar zu hart herumstießen.

„Was greinst Du, Alter?" sprach sie diesmal. „Ich kann die Leute nicht zwingen, so zu reden wie Du; bringst Du's ja nicht einmal mit Deiner eigenen Sippe fertig! Aber laß sie nur. Wie die Leute denken und fühlen, ist noch wichtiger. Wenn Du's fertig bringst, daß sie fühlen wie Du, werden sie auch bald denken wie Du. Und wenn sie denken wie Du, werden sie auch manchmal reden wie Du."

Da blickte der alte kleine Michel groß auf und setzte wie in Gedanken auch seine rothe Zipfelmütze wieder auf.

„Ei, was für ein hübsches grünes Zweiglein hast Du denn da?" sagte jetzt die Fee.

Ich habe nämlich zu erzählen vergessen, daß der kleine Michel, als er aus dem Lande der großen Helme davonlief, sich von einer stattlichen Tanne, die vor seinem Vaterhause stand, ein Zweiglein abgebrochen, welches er seither immer bei sich trug und welches gar nicht vertrocknen wollte. Fort und fort grünte es, besonders zur Winterszeit. Und wenn im December die längste Nacht kam, da brauchte der Michel von dem kleinen Zweig nur ein ganz kleines Aestchen abzubrechen und es in eine Hand voll Erde zu stecken, und gleich schoß, wie durch ein Wunder, eine schöne große Tanne daraus hervor, auf der Alles wuchs, was ein Kinderherz begehrte, und auf welcher gar viele Lichtlein strahlten, in deren Schein nicht nur dem Frauenherzen sondern auch im Männerherzen eine Welt des Friedens aufging, in der sich das Leben mit seinen Sorgen und seinen Freuden gleich viel schöner gestaltete. Der Michel hatte schon oft gedacht: warum doch die Leute mit den rothen Zipfelmützen nicht auch solches zauberhaftes Nadelholz haben; das beweist am besten, daß sie bei aller Rührigkeit und Findigkeit doch noch nicht Alles gefunden haben. Und weiter dachte er nicht.

Als er aber der Fee die Wunderkraft seines hübschen grünen Zweigleins beschrieben, sprach sie zu ihm: „Du Thor, warum hast Du nicht schon längst allen Leuten solche grüne Aestlein vor die Thüren gepflanzt? Wenn erst das strahlende Bäumchen auch ihnen so in die Seele hinein leuchtet wie Dir, werdet Ihr Euch viel besser verstehen als bisher."

Der alte Michel aber kratzte sich hinter dem Ohr und antwortete: „Dort gedeihen sie nicht so, wie in dem Erdreich vor meinem Hause."

„Nun wohl," entgegnete die Fee, „so will ich allem Erdreich hier zu Lande die Kraft verleihen, daß es Dein zauberhaftes Nadelholz Wurzel schlagen lasse. Und jetzt laufe und pflanze es von Haus zu Haus, damit alle Jahre in der vierundzwanzigsten Decembernacht überall aus seinen Zweigen die schönen verbrüdernden Gedanken hervorleuchten, welche sich schneller ausbreiten, als es Deine Sprache kann!"

Das begriff der Michel rasch und so eilte er gleich nach Hause, um die jungen Michel mitzunehmen zum Auspflanzen der grünen Aestlein. Aber nur einer ging mit, der Flachsköpfige, den die andern nicht für den gescheidtesten hielten. Die übrigen sagten: „Geht Ihr nur allein; wir wollen erst sehen, was d'raus wird."

Es wurde aber etwas Prächtiges daraus. Als die wunderreiche Decembernacht wieder kam, leuchteten auf allen Gassen und Straßen, in allen Dörfern und Städten unzählige Bäumchen, gerade solche, wie sie des Michels Herz Jahr für Jahr erfreut; und wie ein zauberhaftes Gewebe spann sich darüber ein goldener Traum, den Jeder verstand und den er nie wieder ganz vergessen wollte.

Im nächsten Jahre hatten der Michel und sein flachshaariger gar nicht mehr nöthig, selbst herumzulaufen und neue Aestlein zu pflanzen. Alle, die einmal das herrliche Bäumchen gesehen, trugen die Zweiglein selbst weiter, sie den Nachbarn vor die Thür pflanzend. So kam's, daß es jetzt in der längsten Nacht gar nicht mehr finster werden will ob der Millionen Lichtlein, die von einem Landesufer zum andern funkeln.

Den alten Michel freut das sehr und er fängt schon an zu denken: "Never mind, wenn sie auch meiner Sprache keinen Platz anbieten auf demselben Thron, wo die Landessprache sitzt; wir lernen uns doch im Denken und Fühlen mehr und mehr verständigen und mein schönes ewiggrünes Bäumchen macht die Illumination dazu."

Wenn den Leuten mit den rothen Zipfelmützen nicht wieder die harten Zöpfe wachsen und sie nicht wieder einmal Lust bekommen, den Michel aufzuessen, wird er wohl noch sehr lange leben. Sein Flachsköpfiger und die andern kleinen Michel alle sind seither auch schon bejahrte Leute geworden, von denen mancher ein Bäuchlein, jeder aber wieder eine Schaar kleinster Michel um sich herum hat, alle miteinander das grüne Zweiglein an der rothen Zipfelmütze. Die meisten schwätzen, wie ihnen der Schnabel gewachsen ist, und nicht so wie es der alte Großvater will, der aus dem Reiche der großen Helme gekommen; aber trotzdem gibt es im ganzen Lande schon so viel Michelei, daß selbst die ernste Fee, die den kleinen Michel so oft beschützt hat, darüber lachen muß.

Und jetzt, Kinder, ist das Märchen aus, oder vielmehr es dauert noch immer fort, wovon man erst später wieder erzählen kann. Nun dürft auch Ihr lachen, aber merkt Euch wohl, daß wenn der kleine Michel, als er von Hause weglief, vergessen hätte, das grüne Zweiglein von der Tanne abzubrechen, Ihr jetzt nicht unter dem prachtvollen Weihnachtsbaume stehen könntet, und haltet daher auch hier zu Lande hoch, was vor Eurem Vaterhause wächst!

New-Yorker Weihnachten.

New-York, du bunteste der Städte, in welchem Farbenchaos flimmert dein Bild erst, wenn der gute alte Mann, den einst die Holländer an den Hudson gebracht und der dann weiter hinauf und hinauf stieg, bis er seine Hütte zwischen Tannen baute, — wenn der mit sechs Hirschen fahrende Kleinweltsfreund von den weißen Bergen herabkommt und Besitz nimmt, so lang und breit du bist, von deinen Straßen und Märkten, von deinen Bazars, Magazinen, Kleinläden, Parlors und Kinderstuben! Trägst du in der That noch den sorgenvollen Ernst einer großen Handelsstadt, welche stündlich auf den Puls der Weltmärkte zu lauschen hat, an der Stirne — oder hast du dich umgewandelt in ein riesiges Carousell, auf welchem deine ganze Million, Jung und Alt, Reich und Arm, sich tummelt um den hochaufragenden Tannenmast, aus welchem die zerstreuendsten Festfreuden des Jahres sprießen?

Von Weihnacht zu Weihnacht stellt die Geschäftswelt der Metropole sich williger unter das Commando des schneebärtigen Fürsten aus dem Märchenlande, welcher, so lange er auf Manhattan weilt, keinen Rivalen neben sich duldet. Haben die Tannen- und Fichtenwälder von Maine und Connecticut sich gen New-York in Bewegung gesetzt, senden die Catskills ihren wilden Lorbeer, ihre Mistel, ihren Schwarzdorn und ihre Moose auf unsere Squares und Avenues, dann liegen Handel und Wandel vollständig im Banne der Weihnachts-Idee, und wehe jenen Geschäftszweigen, auf welche sich kein Tannenreis pfropfen läßt! Santa Claus ist ein freigebiger, aber auch ein eifersüchtiger Heiliger. Seine Popularität kennte schier keine Grenzen — wenn man ihm seit Kurzem nicht nachsagte, daß auch er sich habe anstecken lassen vom Großhandels-Zuge unserer Zeit. Der Kleinhandel klagt, der verschwenderische Alte kehre bei ihm nicht mehr mit der früheren Leutseligkeit ein, er fahre stolz vorüber und widme seine ganze Zeit den großen Bazars. Die Krämchen-Gemüthlichkeit mit ihren

Oellämpchen geräth angesichts der elektrisch erleuchteten Handels=
paläste in Verfall. Doch wie kann's der nur periodisch kommende
nordische Gast ändern? Er muß mit der Mode, die er vorfindet, gehen,
will er nicht selbst aus der Mode kommen. Heimlich aber huscht er
doch noch in die „Store=chen" entlegener Straßen und protegirt sie, so
gut er kann. Seit die Weihnachtstanne selbst nicht mehr im ver=
borgenen Winkel, wo ihr die erste liebevolle Pflege wurde, steht,
sondern sich die ganze Weltstadt erobert hat, ragt ihr Wipfel in die
höchsten Dome und sie muß sich schmücken, wie es die New=Yorker
große Welt verlangt. Es bleiben noch genug traute Kämmerlein, wo
sie in alter Einfachheit mit dem primitiven Tand, den die kleinen
Leute feil halten, unverwöhnte Kinderherzen erfreut!

Wie mannigfaltig sind am Festabend die freudig bewegten
Gruppen, die sich an hunderttausend New=Yorker Herden um das
leuchtende Symbol ewiger Wiedergeburt sammeln; nicht blos mannig=
faltig durch die Scala, an deren oberster Stufe blendender Luxus
strahlt und an deren unterster Stufe nur ein karger Sparpfennig mit
seinen dürftigen Gaben prangen kann, — noch viel mannigfaltiger
durch die Lichtgrade des inneren Glücks, das die Herzen bindet! Wohl
den Kreisen, in welchen nicht blos die Feststunde ein Bild des Friedens
schafft, glückselig Die, durch deren Festchoral kein zurückgehaltener
Klageton zittert! Wo die Freude so lauter und ungetrübt die Brust
von Jung und Alt bewegt, wo nur frohe Jahreserinnerungen die
Weihetanne umrauschen und die Naivetät, der Gemüthsschatz der
Kleinen, sich auf einige Stunden auch den Lebensgeprüften noch mitzu=
theilen vermag — dort zahlt dieser eine Abend in der That für alle
Mühen der langen Monde! Dort sind die Stätten, auf welche der
gute Genius der Menschheit mit Wohlgefallen blickt, von welchen aus
das Erdenglück sich weiter und weiter verbreitet.

Aber New=York hat auch seine langen, langen Reihen der Ver=
waisten, nicht nur derjenigen, welche die Hand des Todes verwaist hat,
auch solcher, denen Elend oder Verbrechen den warmen Mutterschooß
und den kräftigen Vaterarm geraubt. Ihnen wird die Weihnachts=
freude durch die kältere Hand der allgemeinen Menschenliebe bereitet.
Zu Hunderten, zu Tausenden führt man sie vor eine Riesentanne, die

— so groß sie auch ist — nicht Raum hat für die zärtliche Rücksicht auf den Einzelnen. Hier wird ein fruchtbeladener Baum nach dem Gebote der Wohlthätigkeit geschüttelt und dem Zufalle bleibt es anheimgegeben, wie die Gaben sich unter die Kindermenge vertheilen. Specielle Wünsche des Herzblättchens können hier nicht bedacht werden, und so laut die Schutzbefohlenen der Gesammtheit auch aufjubeln mögen, der Contact von Herzen zu Herzen, der elektrische Funke von Auge zu Auge fehlt bei diesem Humanitätsjums. New-York jedoch hält sich auch dabei wacker. Sehr weit verlaufen in den Labyrinthen der Armenquartiere muß die Range sich haben, die in der Christnacht nicht ihre christlich verabreichte Bescheerung hascht. Freilich gibt es viel wärmer gebettete Wesen, denen die Natur nicht so viel Empfänglichkeit eingepflanzt hat, wie dem verwahrlosesten street-Arab, und die doch ihre eigene fröhliche Weihnacht haben.

Hui, hier rasselt ein elegantes Gefährt mit schmuckem, silbergeschirrtem Gespann durch die fashionable Avenue, und der kleine Liebling der vornehmen Dame guckt munter durch das dicke Glas der geschlossenen Wagenthür. Sein seidenes Haupthaar hängt ihm dicht über die Stirne, aber dies hindert seine stechenden Augen nicht, vorwitzig die auf dem Trottoir dahineilenden Fußgänger zu mustern und sich dazu, im Bewußtsein seiner höheren gesellschaftlichen Stellung, mit der spitzen Zunge vergnügt die Lippen zu lecken. Wie aufgeräumt er ist — der niedliche, verwöhnte Abgott des ganzen Hauses; er kann es kaum erwarten, bis der Wagen wieder vor einem luxuriösen Bazar hält und er wieder frei herumspringen kann zwischen seidenen Schleppen und kostbaren Kunstgegenständen. Ja, der brave „Mucki", der in der ganzen Nachbarschaft berühmte Seidenpintscher, muß auch seine Weihnachten haben. Der arme Kleine darf am Tage der Familienfeste nicht leer ausgehen, er ist ja der „Verzug" sämmtlicher Hausgenossen und wird, weil weder Kind noch Enkel unter diesem Dache weilt, schon Jahre lang verhätschelt wie ein schwächliches baby; er bleibt sein Lebtag das baby, seine Zimmerecke ist die Kinderstube des Hauses, dort hat er sein Bettchen, sein Sopha, dort muß er auch sein Weihnachtsbäumchen haben. Ja, „Mucki" ist gar gescheit und versteht es sehr wohl, wenn ihm etwas Hübsches bescheert wird. Das Jesukindlein hängt man ihm freilich nicht an den Baum, das würde er vielleicht nur anbellen und das wäre denn doch, bei allem Respect vor einer feinfühligen Pintscherseele, zu profan. Aber ein schönes neues Halsband und für den Rest des Winters ein warmes tuchenes Wämmschen, mit den Initialen seiner Beschützerin in den Ecken, sowie dergleichen Requisiten des Hundecomforts mehr muß der allerliebste „Mucki" zu Weihnachten haben. Auf Confect blickt der kleine Gourmand mit Verachtung; aber einige delicate Würstchen und andere Leckerbissen, für welche „Mucki" Sinn hat, sollen in den Zweigen seines Tannenbäumchens prangen. Der glückliche Kleine!

Dort oben, im vierten Stock, funkelt es heut Abend auch hinter der Gardine des einzigen Fensters eines engen Stübchens. Auch hier brennen die Weihnachtslichter an einer kleinen Tanne. Sonst ist nicht viel Zierrath an derselben; und still, in Nachdenken versunken, sitzt davor eine wohlgekleidete Frauengestalt. Das ist das Christbäumchen des alten Mädchens. Sich selbst hat sie es errichtet. In glücklicheren Jahren, als noch überm Ocean drüben das Dach des Vaterhauses sie schirmte, hat sie die fröhlichsten Stunden ihrer Kindheit unter der geschmückten Tanne verlebt — und später, als die Jungfrau noch die holdesten Glücksträume umgaukelten, war keiner so hold, wie der, welcher ihr in der Weihnacht das Familienbild vorzauberte, in welchem sie die beseligte Spenderin sein sollte! Dieser Traum ist zerronnen, aber dennoch mag sie nicht von dem, ihr nun doppelt geheiligten Brauche lassen. An die Stelle des Zukunftstraumes ist die elegische Erinnerung getreten. Auch diese geht gar wunderbar auf im magischen Scheine der Weihnachtslichter. So sitzt sie und sinnt und sinnt, während der Zeiger an der melancholisch pendelnden Uhr gegen die Zwölf heranschleicht. Es schlägt Mitternacht; die Träumerin erwacht, erhebt sich leise, löscht Kerze nach Kerze — und bei dem Schwinden jedes Flämmchens ist ihr zu Muthe, als erlösche da eine ihrer letzten Hoffnungen. Endlich ist's finster um sie, wie in ihr.

Noch finsterer ist's tief unter dem Schnee, wo die Heimgegangenen, die in der vorigen Weihnacht noch mitjubelten, regungslos liegen. Die kleinen Händchen, die sonst an diesem Abend so zierlich nach den beglückenden Spenden langten, die strahlenden Augen, welche wie freudetrunken im Anblick des funkelnden Eden schwelgten, die frischen Lippen, welche vor innerer Erregung den tiefempfundenen Dank kaum zu stammeln vermochten — Alles für immer erstarrt und dem Staube wiedergegeben. Doch auch dort grünt die Tanne und saugt ihren Lebenssaft aus Kindergräbern. Ob wohl die kleinen Gehirnchen weiter träumen von der Zauberwelt, deren Erwartung ihnen sonst die halben Winternächte füllte? Es gibt alte, von der Wehmuth geborene Sagen, die eine tröstende Mähr zu künden wissen und die Unschuldsvollen, welche die grausame Natur frühzeitig gewürgt, nach Mitternacht, wenn es stille geworden um die Weihnachtstanne des Vaterhauses, an die Stätte ihres Kindesglückes zurückkehren und dort die erlebten Freudestunden noch einmal an ihnen vorüberziehen lassen. Todte Sagen! Schöner ist der lebendige Gedanke, welcher dem holden Abbild der Geschiedenen, das in unserer treuen und standhaften Erinnerung wie eine unvergängliche Blüthe weiter lebt, die ideale Kraft verleiht, sie vermöge ihres fortwirkenden Liebesanspruches mit anwesend sein zu lassen im eng geschlossenen Familienkreise.

Ja, die alten Sagen! Wenn der ältesten eine aus morscher Vergangenheit wieder hervortreten und sich ans elektrische Licht der modernen Weihnacht heranwagen wollte — welches phantastische Gemisch von Spaß und Grauen es da gäbe! Wenn zum Beispiele aus den alten Friedhöfen New-York's, die jetzt selbst eingesargt sind mitten in die Stadt, während der „längsten Nacht", die dem Christabend folgt, die modernden Schläfer Schlag Zwölf sich aus ihren längst vergessenen Gräbern erheben und den schaurigen Umgang halten wollten, auf welchem die Abbilder aller Lebenden, die im Verlaufe des nächsten Jahres sich zu ihnen versammeln, gesenkten Hauptes mit der brennenden Kerze in der Hand ihnen nachhinken — und wenn sie dabei die alten Friedhofspfade wieder aufsuchten: welchen absonderlichen Curven und Diagonalen durch das, auf den früheren Todtenstädten sich jetzt erhebende quadratische Straßen- und Häusersystem der gespenstische Zug da zu folgen hätte! Hier würden die Pferde einer durch die nächtliche Stille rasselnden Street-Car scheuen vor den schreckhaften Gebilden, die schräg über das Geleise schweben; dort würde mitten durch einen Parlor, wo das Weihnachtsparfüm duftet, plötzlich Modergeruch ziehen, das fröhliche Geplauder verstummen, die Gasflamme ängstlich zu flackern beginnen und mancher muntere Zecher, der gerade einen lustigen Toast ausbringen wollte, verstummen ob seines eigenen leibhaftigen Conterfei's, das er soeben am Spiegel vorüberhuschen sah. Die Bridget unten im Erdgeschosse aber würde in gar manchem Apartment=Hause, das auf ehemaligem Friedhofsgrunde erbaut ist, schreckensbleich nach den oberen Stockwerken flüchten, weil die knöchernen Gentlemen mit dem augen= und lippenlosen Antlitze, welche soeben hinter dem Küchenschranke hervorkommen, so ganz anders aussehen, als die company, die sie sonst dort unten empfängt. Und wie's im Elevator klappern und rasseln würde, wenn die wieder auferstehenden Heimgegangenen des altmodischen New=York auf ihrer Mitternachtspromenade sich die modern improvements der heutigen Metropole zu Nutzen machten. Wie manches gemüthliche Kaminfeuer brennt heute kaum fünf Fuß von der Stelle, wo sie im vorigen Jahrhundert einen Mann von Gewicht begruben; und wenn sein Gerippe plötzlich wieder in Erscheinung treten wollte, wie prasselnd da die Kohlengluth zerstieben, wie entsetzt der Kaminhüter aus seinem Sorgenstuhle emporschnellen sollte! Wo einst die Verwesung ihr stilles, langwieriges Werk in tiefster Finsterniß vollzog, tummelt sich heute in bunten, dem knochengedüngten Erdreiche abgewonnenen, hellen Räumen neues Leben in neuen Formen, mit neuen Anschauungen und neuen Zielen. Und so ist auch manche Stätte, wo in der Aera der holländischen Herrschaft in behäbiger Behausung die Weihnacht nach patriarchalischer New=Amsterdamer Sitte gefeiert wurde, verschüttet und hoch über ihr dröhnt der wirre Verkehr unserer Tage.

Geschlechter versinken im Sande der Zeit, die Weltstadt begräbt sie im eigenen Schutt. Das grüne Leben aber drängt sich immer an die Oberfläche und die Tanne hält uns treue Nachbarschaft, so sehr das Profil des uns tragenden Grundes auch schwanken möge. Auch das ist ein Auf= und Niederwogen, ein bewegter Ocean, auf dem der Menschheit Kiele dahingleiten. Von der Dauer, welche die Vorstellung vom „Unvergänglichen" aufkommen läßt, sind nur die funkelnden Bilder am nächtlich klaren Himmel, Axiomen gleich, welche durch alle Wandlungen der Sitten hindurch sich von Nation auf Nation vererben — die nie erlöschenden Weihnachtslichter des erdabgewandten Denkers. Sie leuchten in die ödeste Klause hinein, wo der grübelnde Einsiedler, der auch im dichtesten Gewühle der Weltstadt vorzukommen pflegt, sich gebettet haben mag. Wenn ihm der sausende, durch den Schornstein fegende Nordost sein Christmas-carol singt und er in seiner Einsamkeit keinem strahlendem Auge begegnet, aus dem ihm Herzenslust und Kindesliebe entgegenlacht, — dann richtet er sich tapfer auf, wie der mit wenig Bagage belastete Soldat der Lebensweisheit, und findet seine Erbauung im Anblick der glitzernden Sternenschrift, welche von der Ewigkeit erzählt und die unergründlichste Mähr aller Zeiten weiter und weiter dichtet. Das sind die Weihnachten des alten bachelor. Während wir unten im wohligen Dunstkreis der Familienfeste näher an einander rücken, weilt er zur hellen Nachtstunde auf der Sternwarte einsamer Betrachtung. Es ist kalt oben, aber klar; und wenn der festliche Tumult zu ihm hinauf schallt, wenn er Kinderjauchzen und Frauengekicher zu vernehmen meint, dann geht es durch seinen Sinn wie der trockene Gedanke: „Was uns nicht gegeben, brauchen wir auch nie zu beweinen". Graut aber der Morgen, so ist es doch wieder er, der die schönsten Sprüchlein auf den Lippen hat und uns Allen, die wir nun zurückblicken auf entschwundene, lang vorbereitete Stunden der Freude, durch die weise Zusprach der nie übernächtig werdenden Selbstvertiefung den Seelenfrieden bescheren kann, der kostbarer als aller Tand und alles Geflimmer.

Fibel, Fabel und Märchen.

Die Tannenlichter waren erloschen, nur ein kleines Gasflämmchen erleuchtete noch die Feststube und im anliegenden Gemache, dessen Thür offen stand, schlummerten bereits die freudemüden Kleinen.

Auf Tischen und Stühlen rings umher, auf dem Boden, ja selbst auf den Bettdecken lag all der holde Tand, der die jungen, offenen Gemüther so sehr beglückt hatte. Unter der geschmückten Tanne aber, fast noch unberührt, lagen drei schmucke Büchlein, eins dünn und steif mit glattem rothen Deckel, das zweite kleiner aber dicker, mit gepreßtem blauem Umschlage, und das dritte in stattlichem Format, mit Goldschnitt und buntem, bilderreichem Deckel. Halbdunkel und Tannenduft mahnten wie an Waldeinsamkeit. Eben waren die zur Mette rufenden Glocken auf dem Thurme der katholischen Kirche wieder verstummt und feierliche Stille herrschte in der Stube.

Da begann es zu knistern unter der Tanne. Dort, wo die Büchlein lagen, wurde es lebendig. Mit einem Male sprang an dem dünnen rothen Büchlein der steife Deckel auf, die wenigen Blätter fingen an zu rauschen und ihnen entstiegen fünfundzwanzig bis dreißig kleine Kobolde, schwarz und mager, mit wenig Fleisch am Leibe, fast nur Haut und Knochen, aber jeder anders geformt, die meisten krumm und bucklig. Nachdem sie sich in Reih' und Glied aufgestellt, richtete das offene Büchlein sich empor und hinter ihm tauchte ein ernst dreinblickendes weibliches Antlitz auf. Durch die in Horn gefaßte Brille stachen zwei spitze Augen hervor; um den Mund schwebte ein zwar wohlwollender, aber etwas strenger Zug. Dieser Matronenkopf hatte sich offenbar schon viel in der Kinderwelt umgesehen und nicht blos die holde Unschuld, sondern auch die „Mucken" der kleinen Haustyrannen gründlich studirt.

„Kinder — hub die alte Dame an, nachdem sie auch den steifen Zeigefinger über den Rand des Büchleins erhoben — von jetzt an muß zwischen das Spiel auch manches Stündlein des Ernstes kommen. Ich bin da, um Euch sanft aber entschieden noch einmal gehen zu lehren. Ihr müßt die ersten Schritte in der Stube der Bildung machen lernen. Ihr lebt im neunzehnten Jahrhundert, müßt also gebildete Menschen werden; Ihr lebt im freien Lande Amerika, müßt also gebildetere Menschen werden, als die Kinder anderer Länder. Ohne mich könnt Ihr das nicht; nur durch meine Thür führt der Weg zur Erkenntniß; ich bin die Mutter aller menschlichen Weisheit, und diese kleinen schwarzen Gesellen hier sind meine Gehilfen, die sich auf meinen Wink ins Tausendfache vermehren; mit ihnen baue ich die stolzesten Burgen der Wissenschaft, die schönsten Schlösser der Dichtung auf; und sie müßt Ihr kennen und nennen lernen. Da Ihr aber im zweisprachigen Lande lebt, so muß das so schnell wie möglich geschehen, denn jeder dieser Burschen hat zwei Gesichter, ein deutsches und ein englisches."

„Rechtsum!" commandirte hierauf die Alte und im Nu sah die ganze Front anders aus. Die schwarzen Kerlchen waren im Umdrehen sämmtlich voller, dicker und runder geworden. Sie sahen jetzt „englisch" aus.

„So hört denn, Ihr lieben Bälger alle, die ich jetzt in Zucht nehmen werde," fuhr die Matrone fort, „ich befehlige die größte Armee der Welt, ich befehlige das ABC=Schützencorps, ich bin die Fibel!" Und zur Bekräftigung ihrer letzten Worte klopfte sie mit dem Lineal auf den rothen Deckel, worauf der ganze Spuk zusammenfiel und das Büchlein wieder geschlossen und stumm dalag.

Da fing aber auch schon das zweite blätterreichere Büchlein mit dem blauen Deckel sich zu bewegen an; und ehe es noch Zeit hatte, sich aufzurichten, drang bereits eine frische, helle Stimme daraus hervor, welche der Alten nachrief: „Du bist die Fibel, ich aber bin mehr!"

Und wie von landschaftlichem Schimmer umflossen stieg rasch eine jugendliche Frauengestalt auf. Ihr Antlitz war sonnengebräunt, ihr Auge blickte klug, um die Lippen spielte ein launiger Zug, auf der freien Stirn aber lag sittlicher Ernst. In das schlicht herabhängende dunkle Haar war der wilde Lorbeer vom Waldesrande, die Aehre des Feldes und die Blume der Wiese gesteckt. Zu ihren Füßen sammelte sich eine bunte Schaar von Männlein und Weiblein, die

sie alle wie Marionetten am Drahte hielt, und gleichzeitig zog eine
ganze Menagerie von Thieren vorbei, als sei eben der alte Noah
mit seiner Arche auf dem Berge Ararat angelangt. Der Affe, der
sich darunter befand, kletterte sogleich die Tanne hinauf und fing an,
die Aepfel zu beschnuppern, an den Nüssen zu nagen. Der Papagei
flog auf, setzte sich auf einen Zweig gerade zu Häupten seiner Ge=
bieterin und plapperte ihr nach, als sie sprach:

„Ich bringe Euch schönere Belehrung, liebe Kindlein! Wenn
ich meine Blätter aufschlage, lebt darin gleich Alles wie in der
wirklichen Welt. Menschen und Thiere bewegen sich und führen zu=
sammen lehrreiche Geschichten auf; denn bei mir können nicht blos
die Menschen, sondern auch alle Thiere sprechen. („Spreken, spreken!"
schrie der Papagei, um zu zeigen, daß er darin der Virtuos sei.) Die
Ränke, die Ihr auf des Lebens dornenvoller Bahn erfahren werdet,
führe ich Euch in farbigen, beweglichen Bildern vor, und das Gesetz
der Natur, daß jede Schuld sich rächt und jede Gutthat sich lohnt,
dieses ewige Gesetz, welches Ihr in nackten Buchstaben nicht ver=
stehen würdet, kleide ich Euch in deutliche, unterhaltende, bald ernste,
bald lustige Beispiele ein, wobei Alles mitspielt, was da lebt auf der
schönen, aber ach, so oft entweihten Erde. Die Thiere müssen darum
mitspielen, weil ihre Eigenschaften echtfarbig sind, gleichviel wo sie
weilen, ob in der alten, ob in der neuen Welt, weil sie, nicht so
wankelmüthig wie die Menschen, sich wenigstens immer gleich bleiben
im Charakter. An meinen ewig wechselnden Spielen werdet Ihr
lernen, was Gerechtigkeit ist und wie nothwendig sie ist, wenn nicht
Alles, woran Ihr Euere Freude habt, zu Grunde gehen soll. O
möge sie, die Himmlische, der ich in allen Sprachen als Deuterin
diene, durch meine kleinen Bilder Eingang finden in Euere jungen
Herzen — denn sie, ohne welche Euch alle Erkenntniß nichts frommt,
sie ist es, die Euch dem Göttlichen in der Natur am nächsten bringt.
Adieu, Ihr Lieben, bald komme ich wieder — ich, die Fabel!"

Kreischend flog der Papagei herab und setzte sich auf die Schulter
seiner, wieder in den Tisch versinkenden Herrin. Der Affe, der sich
beinahe verspätet hätte, mußte sich noch schnell durch die, wie zwei
Thürflügel zusammenklappenden Buchdeckel durchquetschen.

Nun aber tönte es wie süßer Harfenklang durch alle Zweige der Weihnachtstanne, und wie rosiger Morgenschein strahlte es aus dem dritten Büchlein. Bald war die ganze Stube von magischem Lichte erfüllt und es trat hervor ein wunderlieblich Kind, noch schöner, viel schöner, als unsere schönsten New-Yorker Kinder.

Funkelndes Gold war sein Haar, flimmerndes Silber sein Gewand, auf dem Antlitz blühte zauberische Anmuth, aus dem Auge leuchtete Seligkeit; und geschmückt war dieses Kind mit den prächtigsten Blumen, ja mit einigen Blüthen von so blendender Farbe und so balsamischem Dufte, wie sie auf Erden gar nicht zu finden sind und die es wohl in dem verlorenen Paradiese der Menschheit gepflückt haben muß. Während die unsichtbaren Harfensaiten sanft forttönten, sprach mit melodischer Stimme das Kind:

„Liebe Schwesterchen und Brüderchen! — so muß ich wohl sagen in Amerika, wo die ladies immer zuerst genannt werden, — auf dem Regenbogen der Phantasie eile ich zu Euch. Die Fibel und die Fabel habt Ihr gehört, aber was ich Euch bringe, ist schöner und lieblicher als alles Irdische. Klein wie ich bin, habe ich alle Räume der Welt durchforscht und gefunden, was für Eueren jungen Geist, für Euer kindliches Herz das Kostbarste. Wenn wir beisammen sind, Ihr und ich, kehren wir uns gar nicht an die Ansichten der großen Altklugen. Keinem gewaltthätigen Herrscher bin ich unterthan, keine finstere Macht bezwingt mich, kein Grollen der Natur fürchte ich. Ueber Bach und Steg, über Fels und Abgrund führt mich mein beschwingter Fuß, und über das Toben des Sturmes erhebe ich mich mit goldenem Fittige. Ich flattere über die Oceane von Erdtheil zu Erdtheil, ich kann mir im Dunkel des amerikanischen Urwaldes ein Hüttchen aus Moos bauen, und auf einen Wink erwächst mir der zierlichste Eispalast auf des Alpengletschers lichtverbrämtem Gipfel. Das unerbittliche Fluthen der Zeit, vor dessen Andringen die Stolzesten erbeben, das tausendjährige Reiche unterwühlt, in welches selbst altersgrauer Ruhm versinkt, — mir kann es nichts anhaben. Je älter die Welt wird, desto schönere Knospen sprießen aus meiner Hand, desto lieblicher duften meine unvergänglichen Blüthen. — Und fragt Ihr, woher ich kam, so weiß ich's nicht, wie auch Ihr, kleines Volk, nicht wißt, woher Ihr kamt, Ihr, kleines Volk mit den Engelsköpfchen, die aus dem Himmel stammen könnten, und mit den bösen Zappelfüßchen, in die manchmal ein kleiner Teufel fährt. Wenn ich in stillen, silberhellen Sommernächten, während welcher ich wenig in Städten zu thun habe, draußen im dampfenden Walde lausche und lausche, dann höre ich ein leises Rauschen, welches von Sonnenaufgang kommt und sich weiter und weiter verliert, als lispele viele Tausend Meilen weit, ein Baum dem andern ein süßes Geheimniß zu. In diesem Geheimniß-Flüstern aber erkenne ich die lieblichen Töne, aus denen ich von jeher meine zauberumflossenen Geschichtchen gewoben; und dann erfaßt mich's wie Heimweh, und ich meine, dort im Orient, woher diese, meinem Ohre so trauten Klänge kommen, müsse meine Wiege gestanden haben. Meine eigene frische Erinnerung aber reicht nur in die kühle Dämmerung des unentweihten deutschen Waldes. Wenn ich zu Euch über den Ocean eile, hierher in das lärmende New-York, dann finden wir nur wenige glückliche, stille Stunden, in denen ich leise erzählen, erzählen und erzählen kann. Ich spreche zwar alle Sprachen, aber keine, als Euer liebes Deutsch, hat in ihren Lauten all' die tausend Farben, die ich zum Ausmalen meiner Bildchen brauche. Was den großen Leuten die stolzen Gesänge von Kaisern und Helden, was ihnen die, für Euch zu kunstreichen Erzählungen von Geistesstreit und Menschenleid, von Abenteuer und Lebensfreud' sind, deren Schöpfern sie Monumente bauen und Lorbeerkränze weihen, das sind Euch meine kurzen schlichten Geschichten, so lieb und klein, wie Ihr. Mir braucht Ihr keine Monumente zu bauen, weder auf den Hügeln des Hudson, noch im Centralpark oder auf einem Square, mir braucht Ihr keine Kränze zu winden, weder aus dem Immergrün der Catskills, noch aus den Orangeblüthen Florida's. Mein Ruhm ist Euer leuchtendes Auge, wenn ich erzähle, Eure glühende Wange, wenn meine kleinen Helden in Gefahr sind, Euer frohes Aufathmen, wenn ich sie gerettet und glücklich gemacht habe; und schlägt Euer kleines Herz vollends in Dankbarkeit für mein gutes Walten, dann habe ich meinen schönsten Lohn, den ich nicht um allen Glanz der Erde hingäbe. Die Fäden, aus welchen ich hübsche Geschichten für Euch webe, sind nicht vom irdischen Rocken, sie sind gesponnen aus himmlischem Lichte. Ich brauche mich nicht daran zu kehren, was die kalte, nüchterne Welt für möglich hält. Wenn wir, Ihr und ich, beisammen sind, machen wir uns die Gesetze, welche uns das Herz dictirt; den zwei Tyrannen, Zeit und Raum, schlagen wir ein Schnippchen, wir hüpfen über sie hinweg, wir entflattern ihnen und bauen uns, wo und wann wir wollen, zwischen duftenden Rosenhecken und flüsterndem Schilf eine allerschönste Welt. Ihr armen Großstadtkinder in Eurem engen Mauerwerk, Ihr braucht dieselbe mehr als das Landkind, um glücklich zu sein. So lange Euch die Kindheit blüht, bleibe auch ich bei Euch! Schwesterchen und Brüderchen in Amerika, haltet Euch fest, fest an den grünen Ranken, die ich Euch reiche; je mehr Ihr, der lauteren Stimme des eigenen Herzchens folgend, Euch an meiner Hand daran gewöhnt, auf den herrlich gewölbten Brücken der Phantasie zu wandeln, desto weniger werden Euch später die Fesseln der grausamen Erdenwelt drücken! Auf Wiedersehen, morgen Abend! Es sprach zu Euch — das M ä r ch e n!"

Und wieder ward's still und dämmerig in der Weihnachtsstube. Aus dem anstoßenden Gemache aber hallte es wie ein jauchzendes Echo aus der Traumwelt der Kleinen.

Des Seemanns Christnacht.

„Nie hat sich mir der erhabene Sinn, welcher in der allgemeinen Feier des heutigen Abends liegt, so erschlossen, wie in der stürmischen Weihnacht, die ich im vorigen Jahre auf dem Ocean erlebt, als wir von Hamburg nach New-York steuerten." So sprach ein deutscher Seemann, als beim Erzählen in dem Kreise, der sich um die hell leuchtende Tanne gebildet, an ihn die Reihe kam.

„Wild schäumte die See; kein Stern war sichtbar. Des Schiffes Flanken krachten und die Masten stöhnten. Sonst pflegten auch wir am Abend des Vierundzwanzigsten eine improvisirte Feier an Bord zu veranstalten. Diesmal aber war Ernsteres zu thun. Der kahle Mastbaum, der heftig auf und niederschwankte durch die pechfinstere Nacht — das war heute unser licht- und schmuckloser Christbaum. Fern in der Wasseröde jede Minute unseres Heils dem wüthenden Elemente abringend, gedachten wir des Heims, wo um diese Stunde im frommen Scheine der Weihnachtskerzen gewiß auch unser gedacht wurde. Und als mir ein Moment der Rast vergönnt war, versetzte ich mich im Geiste auf das Festland.

„Welch' stiller Frieden lag jetzt dort ausgebreitet! Wie schien mir das ganze Firmament den heitern Glanz wiederzustrahlen, der aus tausend und tausend Stätten des Familienglücks aufstieg! Ich sah ganze Städte in magischen Schimmer gehüllt; ich sah in den Thälern und auf den Bergeshöhen die Dörfer funkeln ob der leuchtenden Augen, mit welchen jede Hütte in die geweihte Nacht hinausblickte. Selbst in den unwirthlichen Gegenden, wo die Civilisation sich erst die engen Pfade erobert, welche der Schienenstrang bezeichnet, zog sich's wie eine Perlenschnur hin; in unabsehbar langer Reihe überall und überall das freundliche Symbol eines Festgedankens, der wohl das Innerste des Menschenthums erfassen muß, da er den Sterblichen bis in die Wildniß folgt, da er selbst uns mitten in den Wettern einer unheimlichen See wie ein leises Gebet durch die Seele zog. —

„Als eben das Schiff wie himmelan zu steigen schien und die Umrisse des Bugspriets sich an dem schwarzen Gewölk abzeichneten, kam mir's in den Sinn, welches erhabene Schauspiel sich dem Menschenauge bieten müßte, wenn dasselbe im Stande wäre, heute aus Wolkenhöhe weit über alle Lande der Civilisation zu schweifen; und während das wieder zur Wogenfurche niederschießende Fahrzeug meinen Leib mit hinabzog, verweilte ich im Geiste dort oben, wo über tückischem Gewölk ewig klarer Himmel zu erschauen. Ich sah nieder, sah beide Gestade des Oceans, und sah es von weit her flimmern, von den Felsrippen des Urals bis hin zur majestätischen Sierra Nevada. Als habe die millionensternige Milchstraße ihr Abbild auf Erden gefunden, so zog sich, durchsichtig und breit, ein lichtgewebtes Band über die Festlande und selbst die Inselgruppen leuchteten im Dämmerscheine matter Sternhaufen; es rollte sich auf, dieses Band, von Ost gen West, der untergehenden Sonne folgend und beim Verglühen des Abendroths sein eigenes Zauberlicht mehr und mehr entfaltend — es rollte sich auf von den öden Steppen Sibiriens bis an die ewig grünen Gestade des stillen Weltmeeres und darüber hinaus. Sein Lichtsaum reichte bis zum hohen Nord, wohin der Sonnenstrahl erst nach Monden wieder dringt, streifte die Landesspitzen, die zum Südpol schauen.

„Wie bei Jubelfeiern, die ein glückliches Volk seine freien Höhen erklimmen und mit Freudenfeuern krönen lassen, von Landesgrenze zu Landesgrenze ein Lichtschein die Nacht erhellt, so war's in dieser Nacht in allen Ländern der gesitteten Völkerfamilie. Da fühlt' ich, daß das heutige Fest, seines confessionellen Charakters entkleidet und in seiner rein menschlichen Bedeutung erfaßt, in das weit zerklüftete Herz der Menschheit wenigstens vorübergehend ein gemeinsames Pulsiren bringt, daß ein heiliger Friedensgedanke es geschaffen, daß es in der That Menschenverbrüderung meint! Das fühlte ich selbst in der undurchdringlichen Finsterniß, durch welche unsere Nußschale trieb und die uns abschloß von dem heute besonders mild fluthenden Himmelslichte!

„Mein Genoß in der Coje, ein lebenslustiger Sohn Albions, dessen körniger Humor allem Sturmesheulen trotzte, gedachte — da unser Christmas nicht sehr merry war — wenigstens des Merry Old England und schilderte die goldene Zeit, als unter den letzten Heinrichen und der jungfräulichen Elisabeth dem englischen Volke zwischen den zwei großen, das Inselreich erschütternden Stürmen eine Periode des Glücks und des Behagens erblüht war, jenes farbenreiche, poetisch angehauchte Leben, welches wie eine herrlich geschmückte Brücke von der absterbenden Romantik des Mittelalters in die frischere Luft der erwachenden Neuzeit führte und in welchem allein ein Shakespeare erstehen konnte. Er erklärte mir, wie da ein heiteres Volk gedieh und wuchs, geführt von helleren Anschauungen, als sie später der schwertumgürtete Puritanismus duldete; er erzählte von den Herrlichkeiten der ehemaligen Weihnachtsfeste, vom Yule-block, dem aufflammenden riesigen Klotze altsächsischen Ursprungs; er erzählte vom Lord of misrule, vom Master of merry sports, die zu jener Zeit das Festscepter führten. Er sang Carols in den Idiomen dieser alten Tage und ließ mich vernehmen, welcher echt germanische Geist das Old England frei und merry gemacht, wie sich Christenthum und germanisches Heidenthum gerade im Weihnachtsfeste begegnet. Wir sprachen davon, wie dasselbe namentlich in der Gestalt, die es hier zu Lande angenommen — mit der deutschen Tanne, mit dem alt-englischen Laubschmuck und der nordischen Sitte des Speisens der Armen, ja der, durch Schnee von ihrem Korn abgesperrten Luftbewohner — zu einer, in germanische Obhut gegebenen cosmopolitischen Feier geworden, zu einem Menschheitsfeste, das die allerchristlichste der Ideen — das Lieben aller Menschen, gleichviel an welchen Gott sie glauben oder nicht glauben — so zu sagen säcularisirt, und das wie einen kostbaren Schatz den Gedanken an eine Aussöhnung des ganzen Geschlechtes, an den dauernden Erdenfrieden durch alle Brandung der Weltereignisse, durch alle Religionsstürme bergend trägt.

„Ich mußte wieder hinaus aufs Deck. Der Wolkenschleier war gerissen und schon blickte der Sirius nieder auf unser schwankendes Fahrzeug — wie ein Abglanz der ewigen Wahrheit auf die, noch in der Nacht des Irrthums Hin- und Hergeworfenen. Der Britte folgte mir, stieß einen weit ausgeholten Begrüßungsruf für den nächsten der Firsterne aus, meinte, nun könne er auch bald hier oben weiter erzählen und sprach mit „Prospero":

      I will deliver all;
And promise you calm seas, auspicious gales.

„Das schwerfällige Rollen des Schiffes unter einem Himmel, der sich mehr und mehr aufklärte, mahnte mich an das irdische Ringen überhaupt, das uns auch endlos und oft vergeblich scheint, wenn wir die Lichtpunkte, welche uns als lauterste Ideen auf die Lebensbahn leuchten, zum Ziele nehmen. Aber die Baracke arbeitete sich doch voran; sie kam doch näher und näher dem Gestade, dem wir zusteuerten. Und indem ich scharf hinausspähte, ob ich am aschgrauen Horizonte die Wasserlinie erschauen könne, mußte ich nochmals des Bildes gedenken, das mir in der Coje wie ein kurzer Traum am Auge vorübergezogen. Da sah ich es wieder wie einen leuchtenden Wald, der sich hart bis an den Küstensaum ausbreitete; ja, das ist der Wald, in dessen Dunkel einst die alten freien Germanen zum weltumgestaltenden Geschlechte heranreiften; jetzt ist er erhellt durch die, der gesammten Menschheit geltenden erlösenden Gedanken und verbreitet sich über das ganze Erdenrund!

„Möge denn der Seemann kommender Jahrhunderte, wenn ihn der Sturm in der Weihnacht hin und her schleudert, sich aufrichten können an der Zuversicht, auf jedem Fleck Erde, wohin er verschlagen werden mag, das Licht einer liebreichen und hilfbereiten, von Pol zu Pol in Glück und Frieden lebenden Menschheit leuchten zu sehen. Zum Erreichen dieses Hafenplatzes — calm seas, auspicious gales!"

Und darauf stießen sie an.

Im stillen Kämmerlein.

Wenn die Novembernebel aufsteigen, fängt auch schon die Weihnachtstanne zu grünen an. Der Markt, dem sie als Sammelpunkt dient, belebt sich und die Abende sind wieder da, an welchen die im Stillen getroffenen Vorbereitungen für das sinnreichste der Familienfeste dem Leben am heimathlichen Herde besonderen Reiz verleihen. Die erfindungsreiche Liebe der Mutter beschäftigt die Frauenherzen, und Wer allein steht, blickt gelegentlich schon um sich, suchend, wo er sich anschließe während der weihevollen Stunden, welche die Vereinsamung so unaussprechlich fühlbar machen. Der Junggeselle findet wohl leicht seinen Kreis, in dem ein lärmendes Gelage den oberflächlichen Anforderungen des Geselligkeitstriebes Genüge leistet; das auf sich selbst angewiesene Weib findet schwerer Ersatz für die Herzensbefriedigung, die das häusliche Walten gerade an diesem Abend gewährt. Und es gibt ihrer in New-York so Viele, die bei aller weiblichen Empfänglichkeit für die Zauber eines belebten Heims geschlossenen Auges vorüberzugehen haben am Familienleben — wie an einem verlorenen Paradiese!

Sinnend und träumend, und wieder träumend und sinnend sitzt am Arbeitstische die Verwaiste, welche mitten in der volkreichen Stadt ihren Lebenspfad allein wandelt und sich ihrer Einsamkeit nie lebhafter bewußt wird, als wenn die Weihnachtsstimmung wieder einzieht an den, von Familienglück durchwärmten Stätten. Ihr Mütterchen ruht längst in der Erde, fern, fern auf der deutschen Heide, wo das heranwachsende Töchterchen seine ersten Klagelieder den Schwingen des sausenden Herbstwindes anzuvertrauen pflegte. Der Jüngling, welcher sie kräftig durchs Leben tragen wollte, hat sich mit einer anderen Bürde fortgeschlichen; und der ernste schlichte Mann, der sie wohl auch jetzt noch heimführen möchte, geht scheu an ihr vorüber. Die Ungunst der Zeit lastet schwer auf ihm und hat all seine Träume von eigenem Herd und häuslichem Glück verscheucht; die halb gestandene, halb errathene Neigung ist wieder zurückgebannt in sein schweigsames, sein ehrliches Herz; er will nicht leichtfertig tändeln, und da er nicht „handeln" kann, hat er's eben überwunden; sie aber gewahrt bei zufälliger Begegnung an seinem verlegenen Blicke, wie peinlich es ihm ist, durch ihr kummervolles Antlitz an die von ihm nicht erfüllte Hoffnung gemahnt zu werden. So weicht denn auch sie ihm aus, sucht selbst die bescheidenen Bilder der Familien-Existenz, in welche sie sich flüchten zu können wähnte, aus ihrer Erinnerung zu wischen, so wie sie die Thräne aus dem Auge wischt, — und ist allein, ganz allein!

Ergebung in ihr Schicksal!—o könnte sie nur d i e erflehen bei ihrem Ringen um die helfende Hand von dort oben, wohin alle verwaisten kindlichen Gemüther blicken. Gern, gern wollte sie auf Alles verzichten, was die in Aufruhr begriffene Phantasie, die sich regende Begierde sie immer wieder vermissen läßt; wenn nur die gepreßte Brust endlich zur Ruhe kommen wollte, wenn sie bei ihren Entbehrungen nur wenigstens des süßen innern Friedens theilhaftig werden könnte! — Was ist ihr aller Putz und jeglicher Comfort; ernst geworden in der Schule der Vereinsamung, entsagt sie ihm mit derselben Bereitwilligkeit wie das junge Mädchen dem Spielzeug, dem es entwachsen; aber das Bedürfniß, sich anzuschmiegen, gehört zu werden von einer verwandten Seele, im Doppelleben zweier Gemüther selbst das Leid in Freude austönen zu lassen, dieses drängende und drängende Bedürfniß, das nie schweigen will und lauter und lauter wird, je stiller es um Einen herum geworden — es ist schlimmer als Hunger und Frost; es peinigt die sich in ihrer Verlassenheit ängstigende Seele so entsetzlich, daß sie aufschreien möchte in ihrer Qual!

In solchen Momenten entsinkt die Nadel der sonst nimmermüden Hand und zitternd fährt diese über die feuchte Stirn, wie um die Ueberlegung zu wecken, die den innern Tumult beschwichtige. Die arme Dulderin! — dulden hat sie gelernt, entsagen ist ihr zur Gewohnheit geworden; aber nach dem heiteren Sinne, welcher erst das Beglückende in die Ergebung bringt, ringt sie vergeblich. So stark ist ihr Herz nicht, daß sie lächelnden Mundes entsage; das Blut, das Blut, es will noch immer nicht ganz gehorchen und die Sehnsucht nach Mitgefühl greift immer wieder in die Saiten des weiblichen Gemüthes, so sehr dasselbe auch mit sich abgeschlossen haben mag; ein Klang nie schlummernden Weh's zittert durch das tapferste, auf sich selbst angewiesene Weiberherz. Liegt auch Ruhe auf dem Antlitz — sie ist kein nonnenhafter Frieden, sondern nur der erkämpfte Gleichmuth, der fort und fort gegen die innere Glut auf seiner Hut sein muß. Und es ist so schwer, sich der störenden Einflüsse zu erwehren! In stummer Resignation sitzt sie da, gern bereit ein unabänderliches Loos zu tragen. Da rasselt es über die Straße; Equipagen rollen rasch vorüber. Das ist kein Leichenzug — so lebhaft jagen nur fröhliche Menschen einher. Sieh, dort drüben an der Kirche sammeln sich Neugierige; der erste Wagen hält — freudestrahlend tritt eine geschmückte Braut hervor.

Sie sei gesegnet — die Glückliche! — Nieder, nieder, du gemeiner Neid! Es dürfen ja nicht alle unglücklich sein; nicht jedes Herz würde ausharren können in dieser Oede. Noch einen heißen Blick auf die festliche Gruppe und dann schnell zurück an den Arbeitstisch, ehe der Sturm der bezwungenen Gefühle wieder aufgewühlt ist.

Fleißig, fleißig Stich an Stich gereiht; bald ist ja Weihnacht und des Nachbars Kinder müssen auch bedacht sein. Erglänzt die Tanne mit ihren keuschen Lichtern, dann will auch sie, die oben wohnt im kleinen Stübchen, die Treppe hinabsteigen und leise an die Thür klopfen. Mit leeren Händen darf sie nicht kommen. Erwartungsvollen Blickes sollen die Kleinen auch ihr entgegensehen; nicht als abseits stehender Zeuge, welcher nur zehrt vom Anblick fremden Glückes, will sie sich einfinden; sie will mit eingreifen in das Wecken der Freude, an der sich zu wärmen sie herbei kommt. Der wohlthätigen Flamme muß auch sie etwas Nahrung bringen. Darum unverwandt genäht, keine Minute versäumt. Kaum noch fünf Wochen und das Sümmchen für das Geschenk, das sie erdacht, muß erspart sein.

Nach dem Abendbrot trifft sie die Hausfrau wohl bereit, ein wenig über die bevorstehende Bescherung zu plaudern. Dann will sie aufmerksam lauschen, was die Eltern ihren Kindern zugedacht, und will mit keiner Miene verrathen, daß auch sie eine kleine Ueberraschung im Sinne führe. Aber wissen muß sie, was aus der Hand des Vaters und der Mutter kommen wird, damit sie mit ihrem bescheidenen Geschenk kein Duplicat liefere, welches sicherlich nicht bestehen könnte vor der werthvolleren Gabe auf dem Familientisch.

Es würde sie tief beschämen, wenn das Spielzeug, das sie herbeibringen will, verdunkelt würde durch ein schöneres derselben Art. Darum muß sie gar listig zu Werke gehen. Sie muß von dem, was durch ihren Sparpfennig bestritten werden soll, als von etwas Unpassendem oder Ueberflüssigem abrathen. Und innig vergnügt steigt sie wieder die Treppe hinan, wenn es gelungen, das Spenden der ersonnenen Gabe für sich zu retten. Gleich arbeitet sie noch ein Stündchen länger. Vom Schlafe kann sie leicht zusetzen; dieses Capital greift sie ja so oft an und die Zinsen erleiden keine Kürzung.

Kommen dann die Stunden des Ruhens, wird vor dem Entschlummern noch einmal bis auf den Cent berechnet, wie viel schon bereit liegt und wie viel noch hinzu kommen muß, auf daß die Kosten der Liebesgabe gedeckt seien. Die funkelnden Augen der Kleinen, wenn sie eifrig nach dem greifen, was die „Tante" beschert, sind das letzte Bild, welches der Wachenden vorschwebt — und es fließt mit hinüber in ihren Traum.

So träumt sie, selbst ein Kind; so sucht sie träumend vielleicht noch einmal den Schooß der Mutter auf und klagt ihr, daß sie noch immer ein hülfloses Kind! Kindlich wird ihr Herz noch pochen, wenn die Morgensonne wieder ins Stübchen scheint. Die Verwaiste bleibt ewig ein Kind, so ernst auch die Züge, welche der Kummer in ihr Antlitz gegraben. Willst Du kein neues Weh zu ihrem, sich von Tag zu Tag fortspinnenden Leiden hinzufügen, dann sei stets zartfühlend gegen sie wie gegen ein Kind — dem ein einziges unbedachtes Wort Thränen entlocken kann.

Schlichte Geschichten.

Das Liebchen aus Deutschland.

„Ich kehr' zurück und führ' Dich heim, mein süßes Lieb!" so nahm er Abschied von der Maid mit dem vertrauenden Herzen, welche ihn bei Sonnenaufgang unter dem blühenden Apfelbaum erwartete — an jenem verhängnißvollen Morgen, da der kleine Trupp „unruhiger Geister" aus dem Dorfe aufbrach, um ins neue Canaan des Landwirthes zu ziehen.

Was ist heute die Entfernung, welche nur nach eines Meeres Breite zu messen? Ehe der Mond zum zweiten Male voll geworden, ist Kunde da von den Scheidenden; und schneller als der elektrische Funken den rauschenden Ocean durcheilt, hat ja die menschliche Phantasie von jeher sich zurückversetzt an den Herd, wo unverbrüchliche Treue harrt. Weit ist der Weg, doch nur kurz soll die Trennung sein. Sobald der Ausziehende sich auf dem dankbaren Boden der allernährenden neuen Heimath ein bescheidenes Obdach errichtet, will er wieder kommen und der guten Seele, die auf ihn baut wie auf ihr eigen Heil, sich für immer einen. Was soll die herbe Thräne? Die Frist eines, höchstens zweier Jahre, und das Glück eines ganzen Lebens ist begründet.

An der Hecke noch das letzte Liebeswort, und als der rüstig Ausschreitende an der Lindengruppe Halt macht, um im milden Scheine der Morgensonne noch ein Lebewohl zu winken, da erst bricht der Schmerz der Zurückbleibenden hervor. Sie möchte aufschreien, ihn zurückrufen; doch er würde sie nicht mehr hören, schon birgt ihn das dichte Laub des Gehölzes.

Bangen und Hoffen ringen mit einander in der bewegten Brust. Die Zweifel, die sich nicht regen wollten, als noch sein Auge sprach, steigen jetzt, da er verschwunden, wie düstere Nebel auf. Wenn er nicht wieder käme! — Doch die, in der Landluft erstarkte Maid ist resolut. Kommt er nicht, dann wird sie ihn zu finden wissen, und sollte sie die

Reise um die Welt machen. Das steht fest bei ihr, noch ehe sie die Schwelle des Vaterhauses erreicht hat, wo sie in ihrem Kämmerlein erst der Trennung ganze Pein über sich ergehen läßt. Sie geht aus dem Seelenkampfe mit der Ueberzeugung hervor, daß Vertrauen beseligender sei denn schnöder Zweifel, und Tage lang schwelgt sie nur in einer Vision, in der Vision, welche ihr den jubelnd Heimkehrenden zeigt, wie er als gemachter Mann hinter jener Lindengruppe wieder hervortritt, um morgen als amerikanischer Bräutigam sein gegebenes Wort einzulösen.

Inzwischen hat er seine Pritsche in der Seekutsche bezogen. Noch mächtiger als die Wogen draußen gegen die Schiffswand schlagen, tos't in seinem Brustkasten die Brandung, erzeugt durch den Anprall seiner hochgehenden Zukunftsträume gegen die unwiderstehliche Gewalt der Rückerinnerung an das Verlassene. Diese von zwei Seiten kommenden Stöße sind fast zu viel für ein Menschenherz. Doch unser Seereisender hat auch eine starke Natur. Mit Hilfe der Schiffsdiät überwindet er bald den innern Sturm. Und wenn der Sturm draußen tobt, dann hüllt er sich fest in seine Decke, während ein viel zarteres Gewebe vor seinem geistigen Auge aufsteigt, ein duftiger grüner Teppich als Abbild seines erstrebten amerikanischen Heims.

Da schießt sie schon hervor — die erste Saat, die er in der neuen Welt gestreut! Jener Waldessaum bezeichnet die Grenze seines erworbenen Landstückes, das er gepflegt wie einen Garten. Er tritt hinaus aus seiner Hütte. Arbeitslustige Rößlein wiehern, rechts stehen wohl geordnet einige Pflüge, links andere zierliche Ackerbaugeräthschaften amerikanischer Erfindung, wie er sie früher nur aus der Beschreibung gekannt — Alles sein eigen; und morgen, juchch! macht er sich auf, sein treues Lieb zu holen; hier soll sie eine geliebte Herrscherin sein, wenngleich nicht in einem Schlosse wohnend, so doch glücklicher und freier, als im alten Ländchen alle Rittergutsbesitzerinnen zusammen genommen.

Einen Monat später hat ihn alle Phantasie verlassen. Mit dem schaukelnden Boden sind auch die gaukelnden Bilder derselben entwichen. Einmal schrieb er heim; das war am ersten Sonntag nach der Landung. Den Stoff für den zweiten Brief sammelt er noch, sammelt er ein Jahr lang, aber das Hauptcapitel will sich noch immer nicht

finden, auch nicht das richtige Datum. Er wollte aus dem fernen Westen
datiren, wo schon der von ihm gesäete Weizen blühen sollte. Aber ach,
auf dem New=Yorker Pflaster, wo er kleben geblieben, blüht seines
Gleichen kein Weizen. Den Vorsatz, sein Lieb zu holen, hat er längst
aufgegeben. Wenn er nur mit gutem Gewissen schreiben könnte, sie
solle selbst kommen; wenn er wenigstens als Beleg für sein Gedeihen
Reisegeld für nur eine Person schicken könnte!

Es verstreicht das zweite, das dritte Jahr und der Brief, den er
schreiben möchte, läßt sich noch immer nicht schreiben. Die rauhe Hand
des Mühsals hat den letzten Rest der geträumten Idylle auf dem Täfel=
chen seiner Lebensrechnung verwischt. Schlecht lohnende Arbeit und
qualvolle Rückerinnerung, das sind die zwei Eimer, die ihm Tag und
Nacht auf und nieder steigen. Sie daheim weiß nicht, wie er sich um
sie quält; und er weiß nicht, wie sehr sie um ihn trauert.

Neue Jahre rauschen vorüber — und zwei Seelen sind einander
verloren gegangen, die sich trotz alles Ungemachs unzertrennlich fest
umklammert hätten, wenn nicht falsche Scham trennend sich zwischen
sie gedrängt. Ja, das Liebeswort an der Hecke war das letzte. Der
Ausziehende ist nicht wieder gekommen. Noch rauscht es bei Sonnen=
aufgang aus jener Lindengruppe wie eine halbvergessene Mähr von
dem lang, lang entschwundenen Abschiedsmorgen. Doch es ist ein
Abschied auf ewig daraus geworden. —

Ein neues Arbeitsfeld, neue Lebensweise, Neugestaltung der An=
schauungen haben allmälig auch einen „neuen Menschen" aus un=
serem jungen Manne gemacht. Der Lohn redlichen Mühens ist auch
ihm nicht ausgeblieben. Endlich ist er so weit, daß er sich im alten
Heim als „gemachter Mann" ankündigen könnte; doch jetzt ist es —
zu spät, selbst für sein Herz zu spät. Das neue Vaterland führt ihm
auch eine neue Braut zu, die am amerikanischen Herd keine Fremde
mehr ist und ihn erst ganz einführt in den Schooß des Volkes, dem
er nunmehr angehört. Und das „süße Lieb", welches er einst holen
wollte, hat ihn auch vergessen; es mußte ja.

Aber daheim geblieben ist auch sie nicht. Seit sie jenen ver=
zweiflungsvollen Blick über die Hecke gethan, war es vorbei mit der
Zufriedenheit innerhalb derselben. Als er ging, da war es ausgemacht,

daß sie nicht bleiben könne. Ihn konnte sie vergessen — nach Seelenfoltern, die schlimmer waren, als seine — aber das Land, wo er sie vergaß, rückte ihr von Tag zu Tag näher, war nicht mehr aus ihrem Gesichtskreise zu bannen. Amerika hatte ihr ihren Lieben genommen; Amerika muß ihr einen Treueren wiedergeben. Eines Tages ist auch sie hier. Ihn sucht sie nicht, und er weiß nicht, daß der rauschende Ocean sie nicht mehr trennt. Er gedenkt ihrer nur selten, nur noch wie einer Jugendgespielin, in Zwischenräumen, die immer größer und größer werden — wie seine Kinder auch. Sie geht ihren eigenen Weg, ist nur auf „vernünftige Liebe" bedacht und erreicht schneller, als einst er, den gemächlichen Hafen der Ehe.

Später einmal hören sie zufällig von einander. Einige flüchtige Fragen — und sie haben zum letzten Male von einander gesprochen. In den Nachmittagsstunden eines schönen Sommertages treffen vielleicht beide Familien auf einem und demselben Fährboote, in einer und derselben Parkanlage zusammen. Die, nun durch freie Wahl auf immer Getrennten erkennen einander kaum. Die Rosen der Jugend blühen nicht mehr auf ihren Wangen und die einst ländlichen Figuren kommen städtisch daher. Nur noch wie ein mahnender Schatten steigt eine Ahnung vor ihnen auf; zum vollen Eclat des Wiedererkennens kommt es nicht. Aber ernster sind Beide für den Rest des Tages geworden. Jetzt erfreuen sie sich, abseits von einander, eines behaglichen Daseins, von dem sie früher kaum geträumt; nur ein Bruchtheil des Comforts, der sie jetzt umgibt, hätte sie, als sie einander noch nicht vergessen, überglücklich gemacht. Nun nehmen sie ihn hin wie das unerläßliche tägliche Brot. Sie sind zufrieden und blicken mit Herzensfreude auf die Ihrigen. Doch mit der Himmelslust, welche sie durchglühte, als der blühende Apfelbaum Zeuge ihrer Schwüre war, ist's vorbei.

Jährlich kehrt die Blüthenpracht dieses Baumes wieder, aber der Seligkeitstraum, der unter seinen duftenden Aesten geträumt wurde, ist verflüchtigt, hinaus ins harmonische All. Die Linden, an welchen der Abschiedsgruß gewinkt wurde, stehen noch neben einander; Die, welchen dieser Gruß ein Geloben des Wiedersehens war, schreiten in fernem Lande auf getrennten Wegen der Stätte zu, wo jeder Traum aufhört.

Tante Veronika.

Der erste Mai nahte und Theodor Haller benützte den letzten Sonntag vor dem Niederreißen und Wiederaufbauen seines bescheidenen Haushaltes zum Ordnen seiner Papiere. Während sein munteres Weibchen zwischen Kleiderschrank und Commode herumkramte, sichtete er Rechnungen und Briefe. Unter letzteren befand sich manches vergilbte Blatt, das Erinnerungen weckte an heimgegangene Theuere, die ihr letztes Wohnstübchen gefunden, aus dem sie kein erster Mai mehr vertreibt.—Hier lag auch ein dünnes Packet, umwunden mit rother Schnur.

„Sieh da, die Briefe der Tante Veronika!" Es waren ihrer nur drei. Weiter hatte es die gute Frau in ihrer amerikanischen Correspondenz mit dem Neffen nicht gebracht. Später besorgte ihr Lebensgefährte den Briefwechsel. Vierzehn Jahre hatte sie in der neuen Heimath verlebt, darunter dreizehn glückliche. Vor drei Jahren war sie fern, fern im Westen als die Gattin eines bemittelten Holzhändlers gestorben. Ehe der Brave sie heimgeführt, hatte auch sie Tage schwerer Prüfung durchzumachen. Sie war früher als der junge Theodor in die neue Welt gekommen und schon im sechsten Monate ihres New-Yorker Aufenthaltes herzlich — amerikamüde geworden. Beinahe wären sie Beide wieder zurückgekehrt in die deutsche Heimath. Schon hatten sie sich brieflich verabredet zur Rückfahrt. Da kam die plötzliche günstige Wendung in ihrem Schicksale. Die gute Tante Veronika,—daß sie doch ihr Glück noch länger genossen hätte!

Wer das dem achtzehnjährigen Theodor, als er, nach dem Tode seines Vaters in Deutschland, nach Amerika zur Tante aufbrach, gesagt hätte, daß er dieselbe nie wieder sehen solle! Er meinte, sie werde ihn gleich bei seiner Ankunft im Castle-Garden in Empfang nehmen. Aber sie war nicht da, als er am 17. Oktober 1867 von Bord des Bremer Dampfers „Union" den Sprung ans Land that. Statt ihrer fand er nur einen Brief vor; und siedend heiß ward es ihm damals, als er Tante Veronikas Zeilen hastig las! — Wie war's doch? — Jetzt, da er nach sechzehnjährigem Mühen sich auch eine behagliche Existenz gegründet, kann er lächelnd und gleichmüthig lesen, was ihn an jenem düsteren Oktobertage aufs Höchste erregte. Und die zwei anderen Briefe, — welcher Gegensatz in der Stimmung eines Frauengemüthes aus ihnen spricht! Laß doch sehen.

* * *

New=York, 10. Oktober 1867.

„Mein lieber Neffe Theodor! — Es wird wohl eine arge Enttäuschung für Dich sein, bei Deiner Ankunft in New=York mich nicht mehr hier zu finden. Ich kann es mir recht lebhaft vorstellen, wie sehr Du Dich darnach gesehnt hast, nach dieser schrecklichen Seereise im Zwischendeck gleich in die Arme Deiner Dich liebenden Tante zu eilen, und wie es Dir in alle Glieder gefahren ist, statt meiner nur diese leblosen Zeilen zur Begrüßung anzutreffen. Ja, man kann in dem lieblosen Amerika und nun gar in dem gräßlichen, betäubenden New=York, die treue Brust, an der man Zuflucht findet, wohl brauchen. Aber warum hattest Du es so eilig mit dem Kommen in dieses abstoßende Land? Hättest Du doch bis zum nächsten Steamer gewartet! Ich habe Euch noch einmal von New=York geschrieben und habe Deiner Mutter in dem Briefe zugeredet, sie solle es sich noch gehörig überlegen, ehe sie Dich gehen läßt. Das Gold liegt hier ebenso wenig auf der Straße, wie in unserer armen Vaterstadt. Noth an Menschen ist hier auch nicht, und die Gebildeten sind hier noch viel schlimmer d'ran als so gewöhnliches Volk, das es nicht besser gewöhnt ist. Ja, wenn ich nur ein recht kräftiges Weibsbild gewesen wäre, dann hätte ich schnell einen Erwerb gehabt und hätte dazu noch meiner Dienstfrau Vorschriften machen können. So aber habe ich Monate lang vergeblich und vergeblich nach einer anständigen Stellung gesucht. Alles überfüllt und dazu ein Putz, daß man sich fragen muß: wo haben es alle diese Frauenzimmer nur her? Daß der Joseph Mainzinger, Deines seligen Vaters alter Freund, auf den ich mich verlassen hatte, selbst nichts hat, daß er nur geprahlt und längst irgend wohin nach dem Westen verschwunden ist, weißt Du ja. Da mußte ich also, wenn ich hier nicht bei ungebildeten reichen Leuten Dienstmagd werden wollte, mich auch entschließen, weiter im Lande d'rin etwas zu suchen. Gott sei Dank, ich

habe gerade noch zu rechter Zeit, ehe mich die Verzweiflung erfaßte, etwas gefunden. Ich gehe nach Cincinnati, am Ohio, wo ich bei einer netten deutschen Familie unterkomme. Es wird so etwas zwischen Gouvernante und Bonne werden. Doch man muß zugreifen und zwar schnell. Darum muß ich auch gleich abreisen (schon morgen) und kann Dein Eintreffen leider nicht mehr abwarten. Kaum hatte ich den Brief, worin ich Euch all' dies schrieb, zur Post gegeben, als ich auch schon Dein Schreiben erhielt, worin Du mir anzeigst, daß Du in acht Tagen nach Amerika abreisest! Ich war wie gelähmt vom Schrecken. Du und mein Brief, Ihr kreuzet einander also auf dem Meere, und ich selbst kann meine Abreise nach Cincinnati nicht mehr rückgängig machen und auch nicht aufschieben. Das wird ein schlechtes Willkommen für Dich sein, armer Junge! Du mußt Dich halt vorläufig ohne mich behelfen. Hoffentlich führt uns ein gütiges Geschick bald zusammen, obgleich ich jetzt noch gar nicht begreifen kann, wie. Dir, als einem jungen Manne, wird es jedenfalls leichter werden, ein Unterkommen zu finden, als mir. Du warst ja immer so selbstvertrauend. Verliere auch in dem New-Yorker Wirrwarr Deinen Muth nicht! Gott schütze Dich, lieber Neffe, und sei nur recht vorsichtig. Laß Dir ja nicht Deine paar letzten Groschen stehlen (Du bist doch nicht, um Himmelswillen, ohne alles Geld angekommen?) und bedenke, daß man sich in Amerika an unerwartete Unannehmlichkeiten gewöhnen muß. Laß bald von Dir hören. Es umarmt Dich im Geiste
Deine tiefbetrübte Tante
Veronika."

* * *

Chicago, 23. Februar 1868.

"Lieber Theodor! — Dieser eisig-kalte Sonntag-Nachmittag paßt so recht zu der frostigen Oede, der mein Leben gleicht. Und Dir geht es also auch nicht besser? Ja, es hat lange gewährt, ehe Deine Briefe mich erreichten, armer Junge! In Cincinnati war, wie ich mir's gleich dachte, meines Bleibens auch nicht. Nein, solche Demüthigungen für eine Stellung, die man lieber gleich einem Kindermädchen überlassen möchte—das war zu viel! Doch darüber schreibe ich Dir im nächsten

Briefe mehr. Heute will ich Dir nur mittheilen, daß ich Deinen Entschluß, nach Deutschland zurückzukehren, durchaus billige; ja noch mehr, theurer Neffe, — wir reisen zusammen. Auch ich halte es in diesem schrecklichen Lande nicht mehr aus. Himmel, was habe ich Alles ertragen müssen, um nur die äußere Würde als Lady zu wahren! Ja, wer noch jung wäre! Ein paar frische Backen gelten hier mehr als alle Herzensbildung. Wenn man einunddreißig Jahre alt ist, wie ich, soll man hübsch am heimathlichen Herde bleiben. — New=York, die großartige Stadt, wäre noch der einzige Platz, wo sich's leben ließe. Dazu aber gehört Geld, viel Geld. Den Luxus anderer Leute mit ansehen und selbst ärmlich leben — nein, da doch lieber im stillen deutschen Städtchen, als in dieser amerikanischen Weltstadt. Du hast recht, wir gehen. Wäre mir doch nie die unglückliche Idee gekommen, in wildfremdem Lande mein Glück suchen zu wollen! Für unser Einen gibt es keine frohe Zukunft mehr. Halte Dich nur brav und vertrage Dich, so lang Du mußt, mit Deinem Boss. So Gott will, sind wir im kommenden Mai wieder auf See. Darüber nächstens mehr.

Deine unglückliche Tante
Veronika."

* * *

Omaha, 8. Juni 1868.

„Lieber Neffe! — Wenn Du den Gedanken, nach Deutschland zurückzukehren, noch nicht aufgegeben hast, wirst Du ohne mich reisen müssen. Ich komme nämlich nicht nach New=York, und aus Auswandern aus Amerika denke ich auch nicht mehr! Gratulire mir, lieber Theodor, — ich bin seit vorgestern verheirathet, glücklich verheirathet! Wie das so schnell gekommen ist und warum ich Dich noch gar nicht davon benachrichtigt habe, daß ich Braut war, schreibe ich Dir und der Mama bei einer andern Gelegenheit noch ganz ausführlich, bis nur erst mein Honigmonat um ist. Jetzt sind wir auf der Hochzeitsreise nach Colorado. Mein Mann wird ein vortrefflicher Gatte sein; er trägt mich auf den Händen, ist ein Gentleman und hat ein sehr einträgliches Geschäft. Später mußt auch Du zu uns kommen. O, ich fühle mich wie neugeboren! Stelle Dir vor, der Chicago'er Photograph, bei dem wir

uns haben abnehmen lassen, wollte es gar nicht glauben, daß ich älter
als vierundzwanzig Jahre sei — ich, die ich schon eine Tochter von zwölf
Jahren haben könnte! Siehst Du, lieber Neffe, Deine Tante hat sich in
der belebenden amerikanischen Luft wieder verjüngt. Schreibe Deiner
Mutter, daß ein neues, beseligendes Leben für mich angeht, daß mir die
Welt nie so rosig vorgekommen ist wie jetzt. Es gibt nur ein Amerika!
Sie soll doch Hagemann's Tinchen zureden, auch in unser herrliches
Land zu kommen. Die arme Lisbeth, die nun schon so lang ihr Leben
vertrauert, möge sich ebenfalls ein Herz fassen und herüber kommen.
Die findet hier auch noch einen Mann! Es laufen noch viele stattliche
Gentlemen hier herum, die fünf Frauen ernähren könnten und sich
allein durchschlagen müssen. Für ein braves deutsches Mädchen ist's
hier, auch wenn sie das rosenrothe Frühlingskleid schon lange abgelegt
hat, nie zu spät. Never to let! Ich bin jetzt auch scharf aufs Eng-
lische aus; wenn wir zurückkommen von der Reise, nehme ich lessons.
Also, tausend Küsse, mein lieber guter Junge, bleibe auch Du im Lande,
Du machst gewiß noch Dein Glück! Amerika forever!

Deine überglückliche Tante
Veronika."

Kurzer Glückstraum.

Das schöne New-York hat viele lange und viele gerade Straßen. Aber in diesen langen Straßen wird so mancher Traum sehr kurz, und in diesen geraden Straßen wird so mancher krumme Weg gewandelt. Der braungelockte Joseph, welcher in einer Restauration der unteren Stadt aufwartet und in den appetitabstumpfenden Sommermonaten seinen Lieblingsgästen die besonderen Begehrlichkeiten auf der langen Speisekarte so beredt anzupreisen versteht, weiß von den kurzen Träumen und krummen Wegen ein Lied zu singen. Er hat etwas Neigung zur Romantik und da die geographische Lage seines Wirkungsfeldes ihm freie Abendstunden gönnt, so hätte er Gelegenheit, dieser Neigung zu fröhnen, wenn er nur immer wüßte, wie es anfangen. In seinem möblirten Stübchen, sechs Dollars den Monat und nicht weit von einem hohen Kirchthurme, hat er so manchen Winterabend, an dem es keinen Extra-Verdienst auf Bällen gab, darüber nachgedacht, wie er sich auf anständige Weise in eine romantische Affaire verwickeln könnte. Auch ihm ist mit der Zeit der Rath gekommen; und das war am ersten Mai.

Die ehrsame Bäckerfamilie, bei der er wohnte, zog um und nahm auch den soliden pünktlich zahlenden jungen Mann mit. Der Erste fiel in diesem Jahre auf einen Samstag und das kam gerade gelegen. Am letzten Tage der Woche wird das Eßgeschäft in der untern Stadt schneller abgewickelt, und Joseph konnte der Frau Bäckerin in den letzten Stadien des Umzuges noch ein wenig behilflich sein. Die ihm zugetheilte Aufgabe bestand darin, die letzten Reste des Mobiliars zu bewachen, während die übrigen Hausgenossen schon in der neuen Wohnung den Kampf mit dem Chaos aufnahmen. Wie es sich so häufig trifft, so auch diesmal. Die alte Partei war noch nicht ganz heraus, als die neue Partei bereits mit Macht heranrückte. Joseph retirirte immer weiter, bis er endlich in seinem Stübchen hinter dem Material, das die letzte Ladung bilden sollte, verbarrikadirt stand. Im anstoßenden

Zimmer kramte eine sehr schmuck aussehende weibliche Gestalt schon fleißig aus. Daß sie einen zierlichen Wuchs und große schwarze Augen habe, entdeckte unser Jüngling schneller, als sie überhaupt von ihm Notiz nahm.

„Das ist wohl die älteste Tochter, solltest doch eigentlich fragen, ob sie nicht auch möblirt vermiethen werden," ging es durch seinen Kopf. Er wünschte guten Nachmittag und entschuldigte sich, daß er noch nicht das Feld geräumt.

„O, das hat nichts zu sagen; das wird mein Zimmer und ist schnell eingerichtet."

Mit dem Sich=Einmiethen ist's also nichts; er muß seiner Frau Bäckerin treu bleiben. Jetzt hängt die Schwarzäugige, an der er nun auch einen reizenden Nacken entdeckt, einen kleinen Spiegel an die Wand.

„Merkwürdig, da stecken drei Nägel neben einander und sie hat gerade denjenigen gewählt, welcher den Spiegel in eine solche Lage bringt, daß sie in demselben sich und mich zugleich betrachten kann. Richtig, eben hat sie mich betrachtet." Courage, jetzt ist das Eis gebrochen. Er klettert über die aus Stühlen aufgethürmte Pyramide.

„Soll ich helfen?"

„Danke schön!"

Wie himmlisch sie gelächelt hat. „Ich habe wohl die Ehre, das Fräulein des Hauses — ";

„In dem kleinen Zimmer dort ist es recht warm im Sommer?"

„Es läßt sich schon ertragen." Ihm aber war eben jetzt heißer geworden, als den ganzen vorigen Sommer. Ach, wenn dieser Umzugstag nur eine ganze Woche währen wollte!

„Hören Sie nicht, man ruft unten. Das gilt Ihnen. Ich wenigstens heiße nicht Joseph."

„Gleich, ich komme schon! Und Sie heißen?"

„Ei, wie neugierig. Doch da ich zufällig erfahren, was des Herrn Name, — nun, ich heiße Gretchen."

Joseph hatte sich die Gretchen immer blauäugig und blond gedacht; ein brunettes Gretchen — um so interessanter. Jetzt aber mußte er sich losreißen. Es dämmerte schon; trotzdem lief er die Treppe ein Dutzend

Mal mehr auf und ab, als nöthig; er bedauerte nur, daß er nicht jedem Beine jedes Stuhles einen besonderen Gang widmen konnte. Und als sie ihm zur letzten Schachtel die Treppe hinableuchtete und ihre großen schwarzen Augen noch heller und freundlicher leuchteten, denn die Kerze, da strahlte es ihm bis ins Herze hinein und er stolperte.

Unten stand Jan, der „Grocer-Clerk" mit den Sommersprossen, um sich von ihm zu verabschieden. „Good-bye!" rief Joseph und hätte beinahe hinzugefügt — „du Glücklicher!" Kaum saß er auf dem Wagen, als ihn wüthende Reue darob erfaßte, daß er vergessen, etwas zu vergessen, um morgen wieder kommen zu können. Der Weg führte am Kirchthurm vorbei. Die kreischenden Mauerschwalben umkreis'ten denselben. So unmelodisch unser junger Mann diesen zweisilbigen Gesang sonst gefunden, heute schien es ihm, als rufe jede Mauerschwalbe: „Gretchen!"

Dann sah er das brunette Gretchen lange nicht. Gelegentlich schlich er wohl des Abends auf der anderen Seite der Straße vorüber, um zu sehen, ob sein altes Stübchen wirklich bewohnt sei. Er sah es erleuchtet, aber mehr erspähte er nicht. Einmal meinte er, eine Nähmaschine schnarren zu hören. „Muß ein fleißiges Mädchen sein; arbeitet noch spät am Abend." Einige Wochen gingen darüber hin. Ob er seine unfruchtbaren Abend-Fensterpromenaden fortgesetzt? Niemand weiß es, als er; aber darüber spricht er heut nicht mehr.

Eines Sonntags war es, als er im Centralpark auf dem Mall der Statue Walter Scott's gegenüber saß und als gewitzter Bursche, der an den Tischen seiner Restauration manches tiefgedachte Wort fallen gehört, Betrachtungen darüber anstellte, ob man eine Statue, die einen Sitzenden darstelle, auch ein „Standbild" heißen könne. Noch hatte er das Problem nicht gelöst, als sich alle Himmel vor ihm aufthaten.

Wer schritt an ihm vorüber und nickte ihm freundlich zu? Die Inhaberin seines alten Stübchens in der Nähe des Kirchthurms mit den Mauerschwalben. Ihr zur Seite ging eine junge Frau, welche nicht verfehlte, sich zweimal nach ihm umzusehen. „Das ist ermunternd, wenn auch nicht die Rechte sich umgesehen hat; jedenfalls ist von Dir die Rede." Er rafft sich auf und „folgt ihrer Spur." Wie oft er dabei roth und blaß geworden, steht wahrscheinlich in seinem Tagebuche

verzeichnet. Die Damen suchen minder belebte Pfade. Das ist noch
ermunternder. Endlich nehmen sie auf einer der knorrigsten Bänke in
einer schattigen Partie des Ramble Platz und sehen ganz unbefangen
den Jüngling nahen, als ob sie es gar nicht anders erwartet hätten. Er
überläßt ihnen das Anknüpfen und eine Viertelstunde später ist er so
weit, vom gegenüberstehenden „Calico=Busch" (wilder Lorbeer) in Er=
mangelung einer besseren Sorte ein Zweiglein mit zwei Blüthen zu
brechen und es der Schwarzäugigen zu präsentiren. Bescheiden theilt
dieselbe mit ihrer Nachbarin und überreicht ihr eine der zwei Blüthen.
Die Freundin aus Brooklyn — so wurde sie dem jungen Manne vorge=
stellt — riecht, besieht die Blüthe, riecht noch einmal und platzt endlich
lachend mit der botanischen Erklärung heraus: „Das ist ja das, was
die Yankees Calf-kill nennen; wenn das ein Kalb frißt, so stirbt's."

Das brünette Gretchen muß mitlachen und Joseph, obgleich mit
schwerem Herzen, stimmt auch ein. Die Freundin aus Brooklyn hört
gar nicht auf zu lachen. Ihm aber entgeht nicht, welchen wohlthuen=
den, tröstenden Blick ihm das gefühlvollere, seine Absicht besser wür=
digende Mädchen zugeworfen. Nun lacht er erst recht mit.

Und so haben sie noch manches Stündchen an den folgenden Sonn=
tagen, sich stets beim alten Walter Scott treffend, an demselben schat=
tigen Plätzchen im Ramble gelacht und geplaudert, immer auf der
knorrigen Bank, immer gegenüber dem Calf-kill=Busche, die Brooklyner
Freundin immer mit. Oder sie warfen einander mit den kleinen
Steinchen, die sie aus dem Sande auflasen, oder streuten einander
Sandkörnchen an den Nacken, oder ließen einander Käferchen über das
Haar krabbeln und so weiter. Dem Josephchen selbst war es wohl wie
einem Maikäfer. Ging's heim, dann wurde stets der krummste Weg
gewählt, um nicht zu früh an die Humboldt=Gate und von dort aus an
die Car zu gelangen, wo der arme Junge sich immer verabschieden
mußte. Weiter durfte er nicht mit, wenn die Ladies nicht ihren Humor
verlieren sollten.

Am Sonntag vor dem vierten Juli blieben sie aus. Am vierten
Juli selbst auch. Das waren für Joseph peinliche Stunden vor dem
alten Walter Scott. Er hat sich dabei das Denkmal so scharf einge=
prägt, daß er jetzt, wenn er einem Intimus die Historie vom „kurzen

Traume" erzählt, mit einem Stück Kreide die Conturen der Statue ganz genau auf den Tisch zeichnen kann. — Ja, am Vierten waren sie wieder nicht gekommen. Endlich bricht er auf und schlägt in der Zerstreuung den Weg zur Menagerie ein. Gerade als er dem Behälter, der die große Schlange enthält, naht, wird's ihm, als sei das Ungethüm hundert Yards lang geworden und beiße ihn soeben in den Nacken. Da kommt sie — nicht die Schlange, sondern das schwarzäugige Gretchen — am Arm eines Andern! Dieser Andere schreitet sehr selbstbewußt einher. Er hat einen stechenden Blick und der Hut sitzt ihm sehr keck auf dem rechten Ohr. Ihr Antlitz aber glüht mehr als je und ihre Toilette war noch nie so elegant. Sie erkennt den armen Teufel, der zwei lange Sonntags-Nachmittage ihrer geharrt, nicht mehr. O wilder Lorbeer, o Steinchen, Sandkörner und Käferchen, ist das möglich? Sie ist vorbeigerauscht, er starrt ihr nach und stößt sein Knie heftig gegen einen Kinderwagen. Der Mann mit dem stechenden Blick vernimmt das Geräusch und sieht sich um.

„Verruchtes Auge, was durchbohrst auch du mich noch!" Er wankt einige Schritte weiter und bleibt wie mechanisch vor dem Affenkäfig stehen. — —

Es ist schon finstere Nacht, als er die Car erreicht. Jetzt direct hinunter nach der Straße mit dem hohen Kirchthurme! Licht oder nicht Licht; er muß sehen, ob sie schon zu Hause. Heut will er sich das Herz fassen und hinaufgehen, komme was wolle. Schon hört er die Mauerschwalbe, schon sieht er das Fenster — finster, finster.

Also noch in seiner Gesellschaft, in der Gesellschaft des Mannes mit dem stechenden Auge und dem aufs rechte Ohr gedrückten Hute; die Falsche! Es war dem armen Joseph, als müsse er nun kerzengerade die Straße hinablaufen bis an den Eastriver, um sich dann dort zu besinnen, was weiter geschehen solle. An der Ecke bleibt er stehen und blickt noch einmal zurück nach dem trostlos dunklen Fenster. Ohne recht zu wissen warum, schreitet er hinüber. — Wie wäre es, wenn er dicht am Hause vorbeischritte? Vielleicht wird das Fenster doch noch hell. Heut darf er längeres Patrouilliren wagen, denn am Sonntag Abend sind alle Läden geschlossen, selbst die Grocery. Pochenden Herzens schleicht er vorüber. Alles still und dunkel wie zuvor. — Krach! ein Bündel crackers explodirt zu seinen Füßen. Er erschrickt nicht und wäre es ein Donnerschlag. Seine Nerven sind anderweitig beschäftigt. Doch Wer kichert da? Jetzt prallt er zurück. Jan's sommersprossiges Gesicht wird über den, ins Erdgeschoß führenden Stufen sichtbar.

„Sünd Se ock örbentlig bang wur'n?" lachte der blonde Jüngling.

Nicht bange vor Deinem cracker, aber vor Deinem spähenden Blicke, hätte der ertappte Joseph antworten müssen, wenn ihm nicht jede Silbe auf den Lippen erstorben wäre.

„Se kickt wol na Ehr olle Stuv? Nu könnt Se wedder intrecken. Se is weg."

Wer ist weg?

„Na, de Sniderfru!"

Sniderfru? Was für eine Frau?

„De mit de groten swarten Oogen. He het se haalt."

Wer hat sie geholt?

„De Snider, ehr Mann ut Williamsburg, den se dürchgahn wär."

Das schwarzäugige Gretchen durchgegangen? Und ein Schneider hat sie geholt; wirklich sie, sie allein?

„Wat den sönst noch?"

Joseph schwieg. Er starrte das Pflaster an und die Steine tanzten vor seinen Augen. Ihn aber glotzte Jan an, den Mund offen, als erwarte er nur einen Wink, um weiter zu erzählen. Nach kurzem, aber furchtbarem Kampfe gelingt es dem wie gelähmt Dastehenden, lächelnd zu stottern: So so; es geht mich eigentlich nichts an, aber wie ging denn das zu?

„Toerst het se gottsjämmerlig schriet, so dat man't in gansen Huus hören kunn; denn sünd se sick avers bald eenig wur'n und Arm in Arm weggahn; un hier up de Dehl is se em um'n Hals fullen un het em gehörig afküßt. Ick hevv sölbst mit ansehen, ick keek dörch so'n lütte Ritz in de Dör."

„Afküßt"—„sölbst mit ansehen"—das war genug. Calf-kill, ja Calf-kill! Die Posaunenstöße des jüngsten Gerichtes könnten nicht deutlicher sprechen. Hahaha! lacht der Bethörte auf, macht Kehrt und ras't davon.

„Wohin? Wohin?" ruft ihm der erstaunte Freund nach. Aber für Joseph gibt es kein Halten. Er eilt am Kirchthurm vorbei und hört die Mauernschwalben wieder. Heut klingt's ihm, als schreie jede: Calf-kill! Er läuft, als müsse er sich vor Mensch und Vieh verkriechen. In seinem Kämmerlein angelangt, entkleidet er sich mit einer Schnelligkeit wie noch nie. Statt in die Decke hüllt er sich in die Fetzen seiner Illusion. Auf dem Lager nimmt er die Positur eines sterbenden Helden ein. Keine Nacht ist ihm so lang geworden, wie diese. Er hat alle Schüsse gehört, die von Mitternacht bis Sonnenaufgang abgefeuert wurden. Erst die Morgenröthe bringt ihm einen kurzen Schlummer. Am Fünften braucht er wieder nicht ins Geschäft zu gehen und hat Zeit, seinem Grame zu leben.

Doch sieh, des Nachmittags sitzt er wieder auf der knorrigen Bank im Schatten des Ramble. Der Sturm hat ausgetobt; die Elegie beginnt. Er hält doch wieder ein Zweiglein des Calf-kill in der Hand und als er eine schäkernde Gruppe nahen hört, verbirgt er es sorgfältig in der linken Brusttasche. Er liest auch einige Steinchen auf; vielleicht ist eines darunter, das sie ihm tändelnd zugeworfen. Hinein in die Westentasche mit den verschwiegenen Zeugen seines kurzen, wie eine Viert-Juli-Rakete explodirten Traumes. Heut aber wählt er auf der Heimkehr keinen krummen Weg, sondern den geradesten und kürzesten. Diesen Sommer jedoch will er nicht mehr in den Park hinaus gehen.

Neujahrsbesuch.

Wer nie als neujährig geschmückte Jungfrau am Fenster stand und vergebens der Callers harrte — der kennt Euch nicht, Ihr himmlischen Mächte!

Fräulein Maudlin Bourcebake (eigentlich hieß sie: Lene Pürzebach), braver Eltern einzige Tochter, stand am 1. Januar um 10 Uhr Vormittags vor dem Spiegel. Das neue Neujahrs-dress aus hellblauem Merino mit dunkelblauen Sammet-Schleifen stand der etwas brunetten Jungfrau besser zu Wuchs, als zu Gesicht; aber der große Blumenstrauß nahe der Schulter glich den Farbenzwiespalt wieder etwas aus. Heute strahlte Maudlin; sie war Alleinbesitzerin des Parlors, um darin die beglückwünschte Prinzessin des Hauses zu spielen. Der "old man" war in das Erdgeschoß verbannt und die Mama, deren Zungengeläufigkeit an den Geheimnissen des englischen Idioms ihre einzige Schranke gefunden, hatte sich bei Zeiten ins zweite Stockwerk zurückgezogen, um den „Schentelmännern", welche Maudlin erwartete, nicht Red' und Antwort stehen zu müssen.

Am Abend vorher war dem Henry Lomeier mit den großen rothen Händen (einem schon selbstständigen jungen Manne, der sich bisher vergebens um das Herz der Miss Bourcebake bemüht hatte) aufs Strengste verboten worden, heute vorzusprechen und als überflüssiges Möbel Stunden lang im Parlor die holde Maudlin anzuglotzen. — Der Neujahrskuchen, hübsch symmetrisch angeschnitten, stand bereit, zur Rechten eine wohl entkorkte Flasche Dürkheimer, zur Linken eine ditto Portwein für diejenigen „Schentelmänner", welche den sour wine nicht mochten.

Es schlug Zwölf und der erste Caller war noch nicht gekommen; schön' Maudlin hatte Muße genug gehabt, die Neujahrsgratulanten zu zählen, welche hinüber zur blonden Sallie, der Miß Böppelheimer, gekommen waren. Schon ihrer acht — aber was für unfeine Leute! Alle waren zu Fuß gekommen und nicht Einer hatte einen stove-pipe, lauter Derby-Hüte.

Eben schlarft Mama die Treppe hinab, um die letzten Anord=
nungen fürs Mittagsmahl zu treffen. „Na", sagt sie, den Kopf
zwischen die halbgeöffnete Parlorthür steckend, „frischen Wein brauchst
wohl noch nicht. Hast gesehen, wie das Mannsvolk bei den Böppel=
heimers ein= und ausläuft. Ich glaub', die scheppe Alte stellt sich
immer extra ans Fenster, um uns ihr triumphetes Gesicht zu zeigen,
wenn wieder Einer kommt. Siehst, man muß halt nicht so wählerisch
sein!"

"Shut up!" ruft die gekränkte Lene und wirft sich im Sopha nach
der andern Seite. — „Wenn nur wenigstens die Schellberger=boys
kämen, das sind doch gleich drei auf einmal", seufzt sie, während Mama
ins Erdgeschoß niedersteigt.

Es schellt! Maudlin springt auf. Ihr Herz schlägt wie ein Ei=
senhammer. Endlich Einer! „Hab' ich also gerade in dem wichtigen
Augenblick nicht am Fenster gestanden. Desto besser. — Lord gracious!
Da stehen ja noch die vollen Flaschen und man sieht gleich, daß noch
Keiner hier war." Rasch entschlossen greift die hochgeröthete Jung=
frau nach dem Rheinwein und gießt — wohin nur schnell — ach was,
da, auf den Blumentopf — ein tüchtiges Quantum vom Inhalt der
Flasche ab. Der Rosenstock vom Henry wird's schon vertragen.

„Herein!" — Daß dich — — da steht der Zeitungsträger mit dem
Neujahrswunsch. „Mutter ist im Basement!" schreit ihn die ent=
täuschte Maudlin an, ehe er noch den Mund aufgethan.

Und drüben kommen schon wieder Zwei heraus. Mit dem guten
Appetit, dessen Lene sich sonst erfreut, ist's für heute aus. Sie geht
nicht zu Tisch; sie knabbert ein wenig am Neujahrs=cake herum, sie
setzt, wenn die Aufregung zu groß wird, die Flasche Portwein eine
Secunde lang oder auch zwei an die fiebernde Lippe; und je weiter
der Nachmittag vorrückt, desto verzweifelter späht sie hinter der Gar=
dine die Straße entlang nach der Richtung, wo die Station der Hoch=
bahn liegt. Ans Fenster zu treten wagt sie nicht mehr, denn die
Böppelheimer=girls haben es gewiß schon gemerkt, daß sie noch kei=
nen einzigen call gehabt.

Da! eben stehen sie Alle an einem Fenster, glotzen herüber und
lachen!

Maudlin treten Thränen in die Augen. Wenn es nur schon finster wäre! — Der dreizehnjährige Fred, der Stammhalter des Hauses, reißt die Thür auf. — „Was willst?" — „Wie viel calls häst Du schon gehäbt?" — „Get out!"

„Hihihi! — Der Papa sägt, der Henry sei doch der bravst' von all die nice young men, die zu Dir kämen. Gib mir ein Stück von dem Cake anyhow!"

Die schwesterliche Hand ist heute freigebiger als sonst. Das unangebrochene Rund des Neujahrskuchens ist ihr unerträglich. Zwei Schnitte auf einmal hastig ergreifend ruft Lene: „Da!"

Fred langt zu, setzt sich aufs Sopha und kaut. Als er gerade einen riesigen Brocken herunterwürgt, so daß ihm die Augäpfel schier aus den Höhlen heraustreten, fährt ihn Maudlin an: „Warum kommen denn die großen Bengel, die sonst mit Dir herumloafern, gerade heute nicht?"

„Sie mächen calls."

„Der lange Joe wär' schon alt genug, bessere manners zu haben. Warum macht er m i r keinen call?"

„Gelt, jetzt möchst, er käm', weil sunst Niemand da ist. Noch am vorigen Sunntag häst ihn einen nasty fellow geheißen. Ich soll ihn wohl holen? Jetzt thu' ich's justament nit!"

Es tritt eine lange Pause ein. Nichts regt sich als Fred's kauende Kiefer und seine rollenden Augen. Endlich hebt er an: „Wenn Du mir einen Quarter gäbst und den halben Cake dort, dann hol' ich ihn noch."

„Hat er einen ordentlichen Hut?"

„Eine stove-pipe nit, aber einen feinen Derby-hat für einen Dollar und ä halb."

Die Unterhandlungen gelangen zum Abschluß. In einer Viertelstunde steht der lange Joe an der Schwelle des Parlors.

"Happy new year, Miss Bourcebake!"

"Happy new year! — Sie trinken doch ein Glas Wein, thun Sie?"

"Oh yes!"

Der lange Joe trinkt und bleibt sitzen. Er trinkt „Port", er trinkt sour wine, er verträgt die Abwechslung, bleibt aber sitzen. Sprechen thut er nicht.

Drüben aber, neben Böppelheimers, athmet ein glücklicher Mensch hinter einem vorsichtig verschlossenen Attic=Fenster. Henry Lomeier, der verschmähte Liebhaber, schlich sich am Neujahrsmorgen, von Eifer= sucht getrieben, zu seinem Freunde in dem Dachstübchen gegenüber, um dort durch einen engen Spalt neben dem unmerklich verschobenen Rouleau das Aus= und Eingehen seiner Nebenbuhler zu beobachten. Als Stunde um Stunde verging und von den vermeintlichen Anbetern Maudlin's auch nicht Einer erschien, war Henry's Nase zwar schon ganz steif von dem langen Andrücken an die kalte Fensterscheibe, aber sein Herz schmolz mehr und mehr. Und je schwerer Miss Bourcebake's Herz dort unten wurde, desto leichter ward das seine. Als vollends das Abdrehen der Gasflammen im Pürzebach'schen Parlor ihm sagte, daß kein Rivale mehr im Anzuge, da ging er fröhlich pfeifend nach Hause und wußte, was er morgen zu thun habe.

Maudlin hatte sich inzwischen weinend zu Bette gelegt und wußte auch, was sie morgen zu thun habe.

Der Abend des zweiten Januar kam; und als er gekommen war, war auch schon Henry Lomeier zu Pürzebach's gekommen. Indem er Maudlin seine große Hand reichte, frug er: „Heut darf ich doch?"

„Ja wohl, Sie dürfen."

„Darf ich jetzt recht oft?"

„Sie dürfen, so oft Sie wollen."

"Miss Bourcebake! Maudlin! Leno! Soll ich mit den Alten reden?"

„Reden Sie!" — —

Und als am Nachmittag die Böppelheimer=girls sich in ihrem Sonntagsstaat aus Fenster drängten, konnten sie den glücklichen Lo= meier mit neuen Handschuhen an den großen Händen und seiner Braut am starken Arme, stolz aus dem Pürzebach'schen Hause kommen sehen.

Das erste Vierteltausend.

Als es vor einigen Jahren in der New-Yorker Wall-Street wieder einmal „krachte", und erkünstelte Vermögen in wenigen Stunden wie Schaum vergingen, da saß Martin Goll, der Maschinist, in seinem bescheidenen Heim in der Ersten Avenue beim Abendbrod und sprach zu seinem Weibe Francisca: „Uns donnert's da unten lange gut. Was geht uns die Panic der Actienmenschen an! Unser Bischen liegt auf der Sparbank gut aufgehoben. Dort darf nichts verspeculirt werden, und trägt's auch wenig, so ist's doch sicher."

„Gott segne's!" fügte Francisca mit einem Blicke nach oben hinzu.

„Jetzt also sind sie voll, die zweihundertfünfzig Dollars? — Siehst Du, Francisca, da hätten wir uns also nicht verrechnet. Gerade um die Zeit hier wollten wir ja das erste Viertel zum ersten Tausend beisammen haben; und so ist's auch gekommen. Das Sparen hilft doch, und wenn uns sonst kein Unglück trifft, werden auch noch einmal die Tausend voll."

„O je, das dauert aber noch ein paar Jährchen! Darum aber soll meine Freud' am ersten Viertelchen nicht geringer sein; es ist doch ein hübscher Anfang. Plag' genug hat's gekostet — wenn's nur auch wirklich sicher ist! Meinst Du wahrhaftig, Martin, daß auf der Sparbank nichts passiren kann? Die Bärmännin sagt, man könnt' nicht wissen, was über Nacht geschieht, und der Meißel, der Schneider unten, meint, morgen ging's erst recht los und alle Banken müßten d'ran glauben."

„Laß Du die Narren schwätzen; ich weiß, was ich weiß. Und sei froh, daß unsere Zweihundertfünfzig dort und nicht anderswo liegen."

So recht beruhigt war Francisca doch nicht. Diesen Abend sprach sie zwar nicht mehr vom „ersten Viertelchen", am nächsten Morgen aber, als Goll zur Arbeit ging, konnte sie nicht die Frage unterdrücken: „Glaubst nicht, Martin, daß es doch besser wär', wir holten unser Geld?"

„Nein!" — —

In Wall-Street sah es an diesem Tage noch bedrohlicher aus. Auch „Kleindeutschland" meinte, sich ängstigen zu müssen. Kaum hatte Frau Francisca den Fuß vor die Thür gesetzt, als eine Nachbarin ihr zurief: „O, Mrs. Goll, das wird aber schlimm mit dem Gekrach, alle Leute laufen auf die Sparbanken und wollen ihr Geld wieder haben!" — — —

In einer halben Stunde stand auch Francisca Goll, ihr Bankbüchel fest in der Hand, in der langen Reihe aufgeregter Menschen vor einer Sparbank an der Bowery.

Der Andrang war wirklich groß und das Gewühl der Neugierigen, die nichts zu holen hatten, erhöhte die Aufregung. Unsinnige Gerüchte gingen von Mund zu Mund und Jeder, der sein Sümmchen ausgezahlt erhalten und nun leuchtenden Auges die Treppe herab kam, wurde wie ein Glückskind umringt, und die noch in der Reihe Harrenden blickten ihn fast mit Neid, wie einen Bevorzugten an. Endlich kam auch Frau Francisca daran. Ihre Hand zitterte, als sie ihr Büchlein überreichte; ihre Hand zitterte, als sie das Geld in Empfang nahm. Es war wirklich Alles — ja, das ganze „Viertelchen", nicht ein Cent fehlte; und auch noch einige Dollars und Cents mehr, als Zinsen vom vorigen Halbjahr.

„Gott sei Dank, jetzt hab' ich's wieder! Nur fest, fest in die Tasche hinein!"

Da steht ja auch die Frau Bärmann. Kaum erblickt sie ihre, auf die Straße hinaustretende Freundin, als sie ihr laut zuruft: „Das ist recht, Mrs. Goll! Haben Sie's auch geholt? Das ist recht! Ich hab' meins auch."

Sofort sind die zwei erregten Frauen von einer Menge umringt, aus welcher ihnen ein und das andere bekannte Gesicht freundlichen Gruß nickt. Francisca lispelt der triumphirend dreinschauenden Bärmann ins Ohr: „Mein Mann weiß es zwar nicht, aber —"

„O, der wird es Ihnen noch Dank wissen!"

„Ich mein' auch; am sichersten ist es halt doch in der eigenen Tasche. Wenn man's bei sich hat, hier — — ja, was ist denn das? — Ich hab's doch?!" — Francisca wird todtenbleich und reißt das Taschentuch aus der Tasche: „Jesus Maria! Hier hab' ich's doch gehabt!.... Nichts, nichts!.... Ich hab's verloren!.... Gestohlen! Gestohlen!"

Sie eilt wieder die Treppe hinauf, mehrere Frauen drängen ihr nach. Ihr Auge irrt auf dem Boden umher, sie läuft ans Zahlbrett, ruft dem auszahlenden Bankbeamten zu, daß sie ihr Geld nicht mehr habe — als solle er ihr dasselbe noch einmal auszahlen. Er zuckt die Achseln, die Menge gafft, und jetzt schreit Francisca schluchzend auf: „Ich bin bestohlen! ich bin bestohlen!"

Die Freundin, welche inzwischen ihr eigenes Geld rasch an der sicheren Stelle zwischen Busen und Mieder untergebracht, stützt die Unglückliche, deren Jammern einen großen Auflauf bewirkt. Francisca ist der Ohnmacht nahe, als man sie durch das Gedränge die Treppe hinabgeleitet.

* * *

Nach Verlauf einer Stunde liegt sie, ein in Essig getauchtes Tuch um die Stirne gebunden, daheim auf ihrem Lager. Die Bärmann sitzt neben ihr:

„Nur nicht verzagt; vielleicht erwischt man den Dieb doch noch. Der Meixel war noch einmal im Stationshaus und der Capitän hat ihm gesagt, die Detectives seien schon ausgeschickt. — Ihrem Mann aber, dem würd' ich's noch nicht gleich sagen. Warten Sie noch, bis Sie wissen, was die Polizei ausgerichtet hat. — Jetzt muß ich aber gehen, nach Haus zu meinen Kindern. Adje, liebe Mrs. Goll; nur den Kopf nicht verloren und immer ein Herz gefaßt! Adje, Sie Arme! Morgen in aller Früh bin ich wieder hier." —

Es war Zeit geworden, das Abendbrod herzurichten. Wie betäubt besorgte Francisca ihr häusliches Geschäft. Von Zeit zu Zeit mußte sie sich setzen und tief, tief Athem holen. Und als sie ihren Mann müden Schrittes die Treppe herauf kommen hörte, stockte ihr das Blut in den Adern. Sie meinte, es schnüre ihr ein unsichtbarer

Dämon die Kehle zu. Wie eine Verbrecherin kam sie sich vor — sie hatte durch ihre Unbesonnenheit auch ihn beraubt; durch ihre Schuld allein war verloren, unwiederbringlich verloren, woran der Schweiß des Braven, Fleißigen, Sparsamen klebte! Sollte sie ihm bekennen? — Nein, nein — eher hätte sie den Muth, da gerade zum Fenster hinaus zu springen, als ihm jetzt, jetzt schon die Wahrheit zu gestehen. Später vielleicht — augenblicklich aber — nicht um Alles in der Welt hätte sie ein Wort hervorbringen können.

Rasch trocknete sie die Augen, bemeisterte, so gut es ging, ihre Aufregung und legte, pochenden Herzens, noch einiges Geschirr auf dem Eßtisch zurecht.

Goll tritt ein, spricht seine einfachen Begrüßungsworte, begibt sich in die Schlafkammer, wo er in einer halben Minute mit seiner üblichen Abendtoilette fertig wird, und macht sich's hierauf bequem in seinem Stuhl vor dem Tisch. Schweigsamer als sonst beginnen sie ihre Mahlzeit. Die Frau blickt nicht auf und ißt nur wie zum Schein. Goll betrachtet sie — einmal, zweimal — legt dann seine Gabel hin und spricht:

„Was ist denn, Francisca? Wie siehst Du so schlecht aus. Fehlt's wo? — Du hast ja geweint! Warum sagst denn kein Wort?"

„Laß nur, Martin, es ist nichts."

„Ich glaub' gar — fährt er nach einer Pause, während welcher er einen scharfen Blick auf das Antlitz seines Weibes geworfen, die Gabel wieder anfassend munter fort — ich glaub' gar, Du hast wirklich Angst um unsere paar Dollars auf der Sparbank und bist mir gram, daß ich nicht der Narr war, Dich schon heute das Geld holen zu lassen. Da weinst Du am Ende noch dazu? Haha! Sei doch kein Kind! Wenn den Wall-Street-Leuten ihre Hunderttausende so sicher wären, wie uns unser Viertelchen auf der Sparbank, könnten sie heute ruhiger schlafen. Laß Dir nur nichts einreden von der alten Schwätzerin, der Bärmännin, und dem Gscheidtle, dem schnoddrigen Schneider im untern Stock. Ich weiß, daß unser sauer Erspartes gut aufgehoben ist, und da kannst Du, Francisca, auch ruhig sein. Wenn's sonst nichts ist, dann war's um jede Thräne Schade, die Du in Deiner unnützen Angst vergossen hast."

Wie ein Dolchstich trifft sie jedes Wort des so ruhig sprechenden Gatten. Ihr ist's, als müsse sie vom Stuhle sinken. Sie wischt den Angstschweiß von der Stirne und stammelt:

„Wie Du meinst, Martin; — wir wollen also — — nicht mehr davon sprechen."

Goll ißt weiter, jedoch nicht ohne von Zeit zu Zeit einen verstohlenen Blick auf sein bekümmertes Weib zu werfen. „Es geht ihr doch sehr nahe", sagt er sich; und als er den letzten Bissen gegessen und sich die Hände gewischt, spricht er, vom Tische aufstehend:

„Na, meinetwegen! Wenn es Dir gar so d'rum zu thun ist, wollen wir — um Dir Deine liebe Ruhe wieder zu geben — die paar Cents, die wir an Zinsen verlieren, lieber opfern. Wenn's Dich glücklich macht, mir ist's recht: thue das Bankbuch heraus und hole morgen das Geld. — Jetzt bist Du doch zufrieden, was?"

Er naht ihr und legt die schwere Hand liebreich um ihren Nacken. — Ihre Lippe bebt und es versagt ihr fast die Stimme, als sie, die Augen auf den Boden gerichtet, entgegnet:

„Nein, jetzt nicht mehr — — Du hast Recht, Martin, — wir wollen — — das Geld lieber dort lassen —." Ein Thränenstrom stürzt die bleichen Wangen hinab.

„Hab' ich's doch gleich gedacht! Meine Francisca ist ein kluges Weib und sieht ein, was vernünftig ist. — Muß aber auch dazu geweint sein, Du Närrchen? — Komm, komm, gib mir einen herzhaften Schmatz. — So! und leg' Dich heut bald zur Ruhe, Fränzi, Du siehst mir spottschlecht aus."

Bald legte sie sich zur Ruhe — aber Schlaf fand sie die ganze lange, lange Nacht keinen. Und als die Dämmerung herankroch, da war der, in banger Finsterniß unter hundert unterdrückten Seufzern gereifte Entschluß gefaßt: — ich muß heimlich sparen, mir es vom Munde abknausern, Näharbeit annehmen, ohne daß er es weiß, und wieder zusammenlegen, Cent auf Cent, Dollar auf Dollar — bis das Viertelchen wieder eingebracht ist.

* * *

Drei Jahre sind verstrichen. Martin Goll und sein Weib wohnen noch immer in ihrer kleinen Wohnung an der Ersten Avenue. Heute ist Francisca's Geburtstag. Eben wirft die Junisonne ihre ersten Strahlen auf den Küchenherd. Der Gatte hat sich noch nicht erhoben, aber Francisca, in schmuckem, steifgebügeltem Calicokleid, ist schon geschäftig. Im Kaffeetopf brodelt's und sie zupft die gelb werdenden Blätter aus der, in voller Blüthe stehenden, üppigen Geraniumpflanze.

Ihr ist froh zu Muthe; eine gesunde Farbe liegt auf ihrem Antlitz. Der kleine Haushalt gedeiht; seit dem Schreckenstage an der Sparbank hat sich kein Mißgeschick eingestellt. Und durchgesetzt hat es Frau Francisca doch; der kluge Martin ist bis auf den heutigen Tag nicht dahinter gekommen, daß sie damals das Geld erhoben hat und um dasselbe bestohlen worden ist. Den Dieb hat man freilich nie erwischt, aber das „erste Viertelchen" ist doch schon wieder da, und daneben noch ein zweites. Während Martin in den letzten drei Jahren ihr wieder von Zeit zu Zeit kleine Ersparnisse eingehändigt, die schon mehr als zweihundertfünfzig Dollars ausmachen, hat sie mit eiserner Ausdauer es dahin gebracht, daß der einst so schmerzliche Verlust heute fast schon ganz ersetzt ist. Nur noch fünf Dollars fehlen. In mehr als hundert Gängen hat sie das heimlich Erworbene und Ersparte auf die Bank gebracht; und mit den Zinsen sind es jetzt schon zweihundertfünfundvierzig Dollars.

Wie das Glück sie aber auch begünstigt hat! Nie fragte Martin nach dem Bankbüchel; er ist doch eine recht vertrauensvolle Seele, der gute Martin! Einmal freilich — und das war nur wenige Tage nach dem Unglück — kam er verstört nach Hause, sprach nicht, aß nicht und versank in dumpfes Brüten. Damals zitterte sie am ganzen Leibe und fürchtete jeden Augenblick, er werde aufspringen und schreien: „Wo ist das Geld?" Aber es ging vorüber. „Gute Nacht" sagte er ihr freilich nicht an jenem Abend. Am nächsten Morgen jedoch war er wie umgewandelt; er sprach ihr wieder freundlich zu und schien in seinem Nachdenken um Vieles milder. Auch an seiner Handlungsweise änderte sich Manches. War es doch, als habe ein guter Geist ihn bestimmt, ihr das heimliche Sparen recht zu erleichtern. So kam er eines Abends und sagte: „Francisca, das Fleisch soll ja schon wieder theurer sein. Kommst Du denn aus mit Deinem Wochengeld? Du sollst Dir nichts abgehen lassen. Ich denk', wir kommen schon noch durch, wenn ich Dir auch wöchentlich einen Dollar mehr gebe für die Küche." Und so that er, ohne darum weniger bei Seite zu legen. Er muß es sich sonst abgespart haben. Und wenn sie ein neues Kleid brauchte oder ein paar Schuhe, erhielt sie von ihm immer etwas mehr, als sie hierzu verlangte. Dann pflegte er zu sagen: „Kaufe etwas besseres Zeug, es hält desto länger." Ob sie aber wirklich das Bessere angeschafft, darnach fragte er nicht mehr. Zu Weihnachten und am Geburtstag beschenkte er sie nur noch mit baarem Geld, als ob eine gütige Fee ihm dies eingeflüstert hätte. So nur konnte Francisca, ohne daß er es merkte, den in der schrecklichen Nacht gefaßten Vorsatz erfüllen und das ihr gestohlene „Viertelchen" wieder ersetzen; denn ach! — das, was sie hinter seinem Rücken mit der Nadel verdiente, würde dazu noch lange nicht ausgereicht haben. — Heute gibt es gewiß wieder ein Geldgeschenk. — St, er kommt!

Martin öffnet die Küchenthür. — „Guten Morgen, Fränzi, viel Glück zum Geburtstag! Komm, da auf dem Tisch liegt das Geschenk."

Richtig — wieder ein spiegelblankes Fünfdollar-Goldstück. Ehe Francisca es ergreift, umhalst sie den Mann: „Dank Dir, Dank Dir vom Herzen! — Heut, heut machst Du mich recht glücklich damit!"

„Nun, warum denn gerade heut? Was ist's denn, daß Du so arg aufs Cash bist? Du hast am Ende gar Schulden und brauchst heimlich Geld?"

„Ja, ja, heimlich Geld — und es ist mir sehr, sehr sauer geworden — —". Thränen ersticken ihre Stimme.

„Was Du nicht sagst!"

„Und noch mehr, lieber guter Mann; es lastet noch eine große Schuld auf mir und jetzt endlich kann ich sie bekennen!"

„Sapperment! da soll ich wohl gar erschrecken, was da herauskommt —"

„Martin, verzeih mir — damals, vor drei Jahren, Du weißt, als alle Leute nach den Sparbanken liefen, habe auch ich — —

„Unſer Viertelchen geholt", fällt ihr der Mann ins Wort — „habe mir es ſtehlen laſſen, und habe geglaubt, daß der dumme Mann es nicht erfährt, daß er mir meine Angſt und meinen Kummer nicht vom Geſicht ablieſt, — habe geglaubt, daß der böſe Mann mich die langen drei Jahre meine ſchwere Sorge werde allein tragen laſſen, daß er die Hände in den Schooß legen und ruhig zuſehen wird, wie ich mich überarbeite und abhärme —"

Größer und größer werden Francisca's Augen. — „Wie, Martin, Du weißt, — Du weißt ſchon lang und haſt — das Alles nur gethan, um —"

„Freilich, Närrchen, — um den dummen Streich, den die Fränzi begangen, ſo ſchnell wie möglich wieder gut zu machen!"

Schluchzend liegt das Geburtstagskind an der Bruſt ſeines beſten, beſten Freundes auf Erden.

„Gelacht jetzt, Fränzi! Das erſte Viertelchen iſt ja wieder da, und das zweite dazu! Jetzt macht's ein halbes Tauſend, das erſte halbe Tauſend. Nun friſch drauf los mit vereinten Kräften, daß bald die zweite Hälfte dazu kommt!"

Ungesühnt.

Sie saßen beim wohlfeilen Californier und ließen sich denselben desto besser munden, je rauschender draußen das Wasser vom Himmel strömte. Sie sprachen vom nahenden Winter, von der bevorstehenden Zunahme der Verbrechen, von den Gefangenen in den Tombs, von Rachemord und Vendetta. Seit zwei Tagen war der Proceß Scannell's, der den Mörder seines Bruders, den berüchtigten Donohue, getödtet, im Gange. Dieser Racheact, seit Jahren vorbereitet und vor mehreren Monaten begangen, war wieder zum Tagesgespräche geworden. Auch unsere Zecher stritten über die Berechtigung der Vendetta. Ein blasser Mann unter ihnen leerte sein Glas bis auf den letzten Tropfen, so oft der Name Scannell erwähnt wurde. Er sprach wenig und warf von Zeit zu Zeit einen unruhigen Blick auf seinen Nachbar.

„Siehst Du, wie leicht hätte das auch Dir passiren können, wenn der Mathes nicht so leicht darüber weggekommen wäre; sein Bruder Tom ist ein leidenschaftlicher Mensch und hält große Dinge auf ihn;" hatte ihm Dieser zugeraunt.

Es war nämlich im heißen Juli, als eines Tages in einer Werkstätte zur Raststunde Streit entstanden war wegen eines beabsichtigten Strike's. Mathes wurde heftig, beschimpfte den Wortführer der Gegenpartei, wofür ihn der Letztere im Uebermaß seines Zornes mit einer eisernen Stange über den Kopf schlug. Der schwer Verwundete wurde ins Hospital geschafft. Dort lag er noch, doch hoffte man, ihn zu Neujahr wieder in der Werkstätte zu sehen. Der, welcher ihn niedergestreckt, war der Blasse, dem jede Anspielung auf Scannell und Donohue heimliches Grauen bereitete. Daß er dem Staatsanwalt nicht in die Hände fiel, hatte er dem Edelmuth des Verletzten zu danken.

„Du hättest schon längst einmal hingehen und Dich mit ihm ganz aussöhnen sollen," meinte der Nachbar.

„Dazu ist's Zeit, wenn er wiederkommt. Gebüßt habe ich genug durch die entsetzliche Angst, ehe man wußte, ob er davon kommt."

Sprach's, stürzte noch ein Glas herunter und drückte sich.

Das bleiche Antlitz des Mathes, wie er mit der klaffenden Wunde in der Stirn an jenem heißen Mittag so da lag, vermag er aber heute nicht mehr zu bannen. Er sieht es noch aus jedem Winkel starren, nachdem er sein einsames Lager in der dunklen Dachstube aufgesucht. — Wie unwirsch die heutige Nacht.! So pechfinster war es schon lange nicht! Von Stunde zu Stunde scheint es schwärzer niederzusinken auf die Dächer der ungewöhnlich stillen Stadt. Der Schlaf flieht unseren, aus seiner Gemüthsruhe aufgescheuchten Gesellen. Sonst pflegte er doch so schnell zu entschlummern, wenn das Blut der californischen Rebe durch seine müde gearbeiteten Glieder jagte.

„Wie leicht hätte das auch Dir passiren können!" Diese Worte wollen ihm noch immer nicht aus dem Sinn, obgleich es schon lang· nach Mitternacht ist. Er hat einen unangenehmen Nachbar in der „Caserne". Tom, der Bruder des genesenden Mathes, wohnt gerade unter ihm. Sie sehen einander nur selten. Das Letzte, was sie mit einander gesprochen, war eine Drohung Tom's und die trotzige Beantwortung derselben. Doch das ist ja jetzt überstanden. Der Verwundete ist lang außer aller Gefahr. Freilich, von Anderen meinte man dies auch; und doch lagen sie nach wenigen Tagen auf der Bahre. — Ob Tom wohl schon zu Hause ist? Der Kerl ist ein Riese, und wenn er mit einer eisernen Stange zuschlüge, stände der, den er getroffen, sicherlich nicht wieder auf. Mathes war nie so kräftig. Ach, wenn er nur schon wieder auf den Beinen wäre!

Kein Laut im großen, dicht bewohnten Hause. Alle in tiefstem Schlafe bis auf ihn, der da oben horcht, ob wohl auch Tom schon seiner nächtlichen Ruhe pflege. In diesen „Familienhäusern" mit den dünnen Wänden und Decken kann man den Nachbar, der sich eines gesunden Schlafes erfreut, bei einiger Maßen geübtem Ohre schnarchen hören. Heut schnarcht Tom nicht. Ob er vielleicht auch an Mathes denkt.

Horch — war er das nicht? Ja, eben hat er gestöhnt; deutlich vernehmbar drang's durch die Zimmerdecke von unten herauf. Das klang so schaurig durch die stille, stille Nacht; das war ein Ton, der aus gepreßtem Herzen aufstieg, ein Ton, der sonst nicht aus der Brust des robusten Tom zu kommen pflegt. — Auf der dunklen schmalen Treppe des hohen Hauses Todtenruhe; kein Lüftchen regt sich draußen, kein Fenster klappert; wie regungslos scheint Alles unter der Wucht der dicken Finsterniß zu liegen. —

Horch, horch! Der unten will nicht zur Ruhe kommen; jetzt war's wie ein Laut des tiefsten Seelenschmerzes, was so unheimlich durch die schwarze Luft zitterte. Diesmal drang's über die steile Treppe herauf. Tom's Thür muß offen stehen. Was hat er nur?

Wie, wenn der Mathes doch nicht aufkäme — wenn er im Sterben läge — wenn er schon heute gestorben wäre?!

Vielleicht kommt Der unten gerade aus dem Hospital, wo er dem sterbenden Bruder die Augen zugedrückt; und jetzt denkt er an den Todtschläger, sinnt auf Rache! Und die finstere Nacht brütet so leicht finstere Rachegedanken aus; sie nähren sich an den Brüsten der Dunkelheit und wachsen rasch, so rasch, als sollten sie noch vor Tagesanbruch voll entwickelt sein und die Blutthat erzeugen! Ha, wenn er es wie Scannell thäte, wenn der riesige Tom das Wort „Mörder" auf die Lippen nähme und noch heut Nacht schriee: „Leben um Leben!" Ein Schlag von seiner Faust, ein Druck seiner eisernen Finger an der Kehle und es wäre geschehen um seinen zitternden Gegner. — —

Diese entsetzliche Grabesruhe im ganzen Hause! — will sich denn Niemand regen, will keine Menschenstimme erlösend in diesen Bann hineintönen, auf daß die Bilder, an denen sich der Rachebrütende berauscht, verscheucht werden? Will kein barmherziger Schläfer einen Traumschrei ausstoßen, ob dem das blasse, mit Blut besprißte Antlitz des tödtlich getroffenen Mathes, wie es jetzt dem Bruder dort unten mahnend vorschweben muß, in Nichts zerrinne? Wenn er, von dem brechenden Auge gezogen, zur Treppe geleitet — jetzt gleich herankäme, um auch des Mörders Haupt zu zerschmettern? — Horch! — was huschte soeben durch die Halle? Schiebt sich's nicht die Wand entlang, war das nicht ein leises, leises Geräusch, als streiche der von Maschinenöl steife Aermel Tom's über die getünchte Mauer?

Will er Dich überfallen? Könnte er, der Stärkere, Dir nicht furchtlos im hellen Tageslichte begegnen und unter freiem Himmel seine Rache nehmen? Nein, nein; er will, daß sie Dir unverhofft komme, kam ja auch Dein Streich seinem Bruder unverhofft. Draußen schleicht er heran und Du hast gerade heut Deine Thür nicht abgesperrt. Noch ist es Zeit. Sachte hin und schnell den Schlüssel gedreht! —

Wie laut das Tick=Tack der silbernen Taschenuhr jetzt wird, als wolle sie Jenem den Weg durch die Finsterniß weisen. Mit jeder Drehung des Rädchens kommt er einen Schritt näher. War das sein Athem oder der Athem des Horchenden? Es knistert — nicht lauter, als ob ein Sandkorn gefallen sei. Schlug der erste Tropfen des wieder nahenden Regens ans Fenster oder berührte der Fingernagel des Heranschleichenden schon die äußere Thürfläche? — Muth! noch eine vorsichtige Bewegung und der Angstgepeinigte kann das Schloß seiner Thür betasten. Entsetzlich — der Schlüssel steckt draußen! Bewegt sich die Klinke? Ruhig, ruhig; die Nacht ist so kalt, des Zitternden eigene Zähne schlugen an einander. Er faßt die Klinke; langsam dreht er sie mit der feuchten Rechten. Jetzt könnte er den Thürflügel leise an sich ziehen. Wird die Angel nicht knarren? Wird ihm nicht der heiße Athem des draußen Lauernden durch den Spalt entgegenströmen? — Fern von der Avenue her tönt das Rasseln einer Car. Willkommene Unterbrechung der schrecklichen Stille! Aber wenn Der draußen dieses ferne Geräusch benützte, plötzlich hereinzudringen und in der nächsten Secunde den Todesstreich zu führen? Rasch auf und im Nu nach dem Schlüssel draußen gegriffen!

Hu, grausig! wer tappte da nach seiner Hand?! Noch einmal! — Es waren zwei Tropfen kalten Schweißes, die von seiner eigenen Stirn hinabglitten.

Nichts regt sich draußen und doch wagt er es nicht, den Schlüssel zu fassen. Die Berührung des kalten Metalls würde ihn schaudern machen; und dort, dort im Treppenhaus zeigt sich ein fahler Schein. Kauert Tom an der ersten Stufe und will er sein Opfer hinauslocken, um es desto sicherer zu würgen? Horch, horch, das stöhnte wieder wie menschlicher Athem; an den Schläfen des Entsetzten hämmert es, ganz im Tact der gewaltigen Maschine, an welcher er den Mathes mit der

Ungesühnt

eisernen Stange niederstreckte. Da — leibhaftig erhebt sich der riesige Tom vor ihm und das blutende Antlitz seines Bruders, mit der klaffenden Wunde in der Stirn, sieht über seine breite Schulter.

„Kommt Ihr? Kommt Ihr in finsterer Nacht? Und Zwei gegen Einen?"

Wonach greift er jetzt, um sich zu wehren? Er taumelt in die Stube zurück, faßt den eisernen Ofendeckel, springt wieder an die Schwelle —: „Naht mir nicht! Naht mir nicht! Ich wollte ihn ja nicht erschlagen!"

Dumpf hallt es durch den finstern Raum, als wiederhole sich der Schrei von Stockwerk zu Stockwerk. Ein erschütternder Schlag; der Wind hat den Fensterladen aufgerissen — graues Zwielicht erfüllt die Stube. Leer, Alles leer; im Treppenhaus schimmern die Metallplatten, mit welchen die Stufen bekleidet sind; aus dem Hofraum tönen die harten Schläge herauf, welche den Hausbewohnern künden, daß einer von ihnen schon am Holzspalten ist.

Mildes Himmelslicht, wie scheucht schon Dein erstes Flimmern alle Schreckbilder, welche die tückische Nacht ausgebrütet! Frieden zieht auf den Schwingen der Dämmerung einher. Der Mann, dem der Californier so trefflich gemundet, setzt sich auf sein Lager, stützt das Haupt in die flache Hand und fragt sich, ob er wachend geträumt. Nie schien ihm der erste Blick, welchen der erwachende Morgen in die Fenster enger Stuben wirft, so versöhnungsvoll wie heute. Er athmet tief auf und erfreut sich an dem allmäligen Hervortreten der wenigen Gegenstände, welche seine Kammer enthält, aus dem Schleier der Nacht, an die er sein Lebtag denken wird.

Zu früherer Stunde denn je will er heute auf die Straße hinaustreten. Sein erster Gang soll der Erkundigung gelten, um welche Tageszeit er den Mathes im Hospital sprechen könne. Beim Californier aber will er nie wieder an der dritten Flasche noch mit trinken.

Charakter-Figuren.

Der Gentleman-Proletär.

Unter allen Stiefkindern des Glücks, welche beim Herannahen des Winters die düsteren Figuren im bunten Gewühl des New-Yorker Straßenverkehres bilden, fröstelt Niemand so sehr wie den Gentleman-Proletär. Keinem im Netze der Dürftigkeit hängenden Sterblichen kommt das Uncomfortable seiner Lage so empfindlich zum Bewußtsein wie ihm. Das Schlimmste nämlich, was dem Proletär passiren kann, ist: den gerechten Anspruch darauf zu haben, unter die Gentlemen classificirt zu werden, und zu wissen, daß dem so ist. Was andere Darbende nur mit dem Gewichte eines Lothes drückt, wird bei ihm gleich zur Centnerlast. Der Entbehrung lacht er, denn seine Bildung erstreckt sich bis auf seinen Magen und ein gebildeter Magen zeichnet sich nicht blos dadurch aus, daß er das nöthige Verständniß für die ausgesuchtesten Delicatessen besitzt, sondern auch dadurch, daß er ungewöhnlich lange Perioden der Unthätigkeit mit mehr Würde zu tragen weiß, als einer seiner ungebildeten Collegen. Aber alle Vortheile, welche dem Gentleman-Proletär der Stoicismus seines Magens bringt, sind nicht im Stande, die riesigen Nachtheile aufzuwiegen, die ihm aus seiner größeren Empfindlichkeit für das forschende Auge der Welt erwachsen.

Ja, der Entbehrung lacht er; aber daß man sein Entbehren kennt oder ihm ansieht, ist ihm unerträglich, versetzt ihn in die schwärzeste der Stimmungen. Und nie nimmt diese Stimmung ein tieferes Schwarz an, als wenn sich der Sonntagshimmel über New-York wölbt und vielleicht gar aus wolkenleerer Höhe das hellste Sonnenlicht niedersendet. Diese indiscreten Strahlen heben das Mangelhafte an seiner, schon in unbestimmten Farben spielenden Kleidung so unangenehm hervor, mahnen ihn so sehr an den Gegensatz zwischen seinem dürftigen Aeußern und dem Sonntagsstaate der ihm begegnenden Kinder des Volkes, daß er wünscht, es gäbe alle Sonntag Nachmittag eine totale Sonnenfinsterniß. Sucht er aber auf seiner unfreiwilligen Promenade den geputzten Menschen und ihren, ihn so naiv anglotzenden Augen auszuweichen, biegt er in eine minder belebte Straße ab, dann schüttelt es ihn am kalten Decembertage um so mehr. Er sieht einen menschenleeren Straßentheil vor sich liegen — so still, so öde; er glaubt ein Abbild der Oede in seiner Brust zu erblicken, die auch nicht bevölkert ist mit munter auf und ab wogenden Gefühlen; er erschrickt, es schnürt ihm die Kehle zu; ihn friert. Rasch kehrt er um und sucht wieder Menschen auf, zwar Fremde, die theilnahmslos an ihm vorüber eilen, ihm aber doch Zerstreuung bereiten und sei es nur die der Selbstmarter durch schmerzhafte Vergleiche.

In früheren Jahren lustwandelte er so gern! Es gab keinen unterhaltenderen Schwätzer auf der großen Promenade der Residenz als ihn. Im Uebermuthe der Laune flogen damals die boshaften Bonmots dutzendweise von seinen Lippen. Jetzt fallen sie ihm wie ebenso viele Sünden ein. Er, der über alle Welt gelacht, zittert jetzt bei dem Gedanken, daß vielleicht alle Welt über ihn lache. Es ist so ganz anders mit ihm geworden, seit er drüben in der alten Welt alle Bande gelöst und in der Erwartung herüber geeilt, daß es einem Manne von seinem Witze in dem verhältnißmäßig jungen Lande nicht fehlen könne. Der Witz ist ihm geblieben, aber sonst nichts. Eine seiner ersten Erfahrungen bestand darin, daß es unerträglich viel gewitzte Leute in der neuen Welt gebe und daß man mit dem Ansammeln der Capitalien, welche hier vorwärts helfen, früher anfangen müsse, als ihm noch möglich. Fürs Lernen ist er zu alt. Heimkehren mag er nicht: denn der Spott der klugen Leute, die ihm von seiner Abenteurerfahrt abgerathen, würde ihn tödten. Lieber diesseits des Oceans verderben! Auch ist es ja noch immer möglich, daß er mitten in der Wüstenei, die ihm New-York jetzt ist, eines Tages ganz unversehens auf eine Quelle stößt. Wenn nur der Winter schon vorüber wäre! Vor dem Winter bangt ihm so sehr, daß schier sein Herz erbebt, so oft er die Tage zählt, die noch verstreichen müssen, ehe die Frühlingssonne mildere Bedingungen des Daseins hervorzaubert.

Jetzt schleppt er sich so hin, wie hundert Andere, von denen man sagen kann, daß sie der Herr nähre, obgleich sie nicht säen, daß er sie kleide, obwohl sie nicht spinnen und weben. Es ist am Ende so erstaunlich wenig, was der Mensch zum Leben braucht; und der Gentleman-Proletär ist immer dazu noch single. Instinktmäßig hält er an New-York fest. Er kam noch nie über den Harlem hinaus. Er fühlt, daß es westlicher auch amerikanischer wird. Es gewährt ihm eine, ihm selbst nicht klare Beruhigung, hier gewisser Maßen auf dem Sprunge zurück ins alte Land zu stehen. Wie ein Kind, das noch nicht auf amerikanischem Boden gehen gelernt, meint er hier die alte Europa wenigstens noch am Schurzzipfel fassen zu können. So tritt er denn, abwechselnd in Ergebung und Verzweiflung, das grausam harte Pflaster der Metropolis. Ohne daß man es ihm gesagt hat, weiß er, daß weiter westlich der Gentleman es nicht so lang aushalten könnte, Proletär zu sein, und der Proletär nicht so lang, Gentleman zu bleiben. Sein einziger Trost besteht aber gerade in dem Bewußtsein, daß er das Benehmen eines Gentleman habe. Mag auch Alles an ihm reducirt sein, der Schliff ist ihm geblieben. Eine der größten Demüthigungen, die ihm widerfahren, ist der Mangel an Handschuhen. Die Zeit, zu welcher er den noch gut erhaltenen rechten Handschuh anzog, den zerrissenen linken geschickt mit der rechten Hand schwenkend, und dann wieder mit der linken Hand dasselbe Manöver ausführte, weil nun der rechte Handschuh der schlimmer zugerichtete geworden, diese Zeit ist auch schon längst an ihm vorübergegangen. Jetzt birgt er beide Hände tief in den Taschen des kurzen Sackrockes, der trotz aller Strapazirung in Sturm und Wetter immer noch den fashionablen Schnitt für sich hat. Einen Stock hat er auch aus den Trümmern seines Wohlstandes gerettet; und wenn er denselben, mit dem Griff in der Tasche, kerzengerade aufrecht trägt, dann gibt ihm dies sogar noch ein flottes Aussehen. Damit, meint er, könne er die schadenfrohe Welt noch ein wenig täuschen, und täuscht sich selbst.

Manchmal verräth die vom Sattelschluß herrührende, sanfte Rundung im Stellen der Beine, daß er ein Roß zu tummeln versteht, vielleicht Cavallerie-Officier gewesen. Der Gentleman-Proletär dieser Gattung hat eine, sich über alle Schiffbrüche hinaus erhaltende Vorliebe für die Stall-Atmosphäre. Geht er an einem livery-stable vorbei, dann seufzt er wohl auf, der Zeit gedenkend, als er die Stalljungen mit der Peitsche springen machte, jetzt aber die Lümmel beneidend, welche sich so behaglich auf ihren Decken in einem Winkel des warmen Stalles strecken. Für die Gäule hat er sich seinen Kennerblick gewahrt. Wenn er bedenkt, daß die sach= kundige Behandlung einiger derselben ihm den ganzen Winter hin= durch eine, seinen Neigungen entsprechende, nährende Beschäftigung sein könnte, dann blickt er fast mit Ehrfurcht auf den amerikani= schen Gaul. Wäre es nicht um den Hohn, der ihm aus dem Munde einiger guten Freunde droht, er würde längst Kutscher ge= worden sein. War es ein Civilisten=Beruf, in welchem er sich zu seiner jetzigen Hilfslosigkeit herausgebildet, kann man ihn um so sicherer im Bereiche eines Café's antreffen. An die Straßenecke pflanzt sich der Gentleman=Proletär nie hin; dies überläßt er mit richtigem Takt dem Gentleman=Loafer. Je drückender ihm der Mangel an Beschäftigung wird, desto weniger will er die Welt sehen lassen, daß er unbeschäftigt sei. Er eilt stets beflügelten Schrit= tes dahin und wäre es nur, um an der nächsten Ecke wieder um= zukehren und ebenso schnell die zurückgelegte Strecke noch einmal zurückzulegen. Grinst ihm die stiefelputzende Range ihr wie Ironie klingendes "shino, Sir?" entgegen, dann brummt er wohl Etwas in den Bart, aber schon beim dritten Schritte beschleicht ihn der Wunsch: „Ach, wäre ich nur so jung wie Du, mit welchem Enthusiasmus wollte ich Stiefel putzen!"

Den behaglichen Räumen des Café's strebt er wie die Motte dem Lichte zu. Er umkreist es so lang, bis sich einer der wenigen Eingeweihten, die ihm schon ins Herz und in den Magen geblickt, einfindet und ihn mit zum Domino nimmt. Er gewinnt immer. Ist die Seele des Freundes besonders zart besaitet, läßt sie ihn auch dann gewinnen, wenn er der schlechtere Spieler ist; es geht ja — um den Kaffee. Bei einer Tasse werden da der Stündchen drei bis vier und auch mehr dem unschuldigen Spiele gewidmet, besonders wenn es draußen sehr kalt ist. Wird es Zeit, den andern Menschenfreund aufzusuchen, welcher es versteht, unseren Gentleman=Proletär gratis wohnen zu lassen und zu gleicher Zeit die Miene anzunehmen, als

erwarte er später einmal Bezahlung von ihm, dann erhebt er sich
rasch, knöpft sein fadenscheiniges Röcklein mit einem savoir faire zu, als
wäre es der kostbarste Pelz, und entfernt sich, rechts und links in
wohlgesetzter Rede sein „Gute Nacht!" variirend. — Gute Nacht!
Beim ersten Hauch der Nachtluft erstarren die Züge, die er soeben noch
in ein Lächeln gezwungen, zum gramdurchfurchten Antlitz. Fröstelnd
erreicht er die Stätte, wo er eine ihn erdrückende Gastfreundschaft
genießt. Leise wie ein Verbrecher schleicht er sich hinauf in die
Kammer, um ja nicht durch einen lauten Tritt die Miethsleute ein=
mal mehr daran zu mahnen, wie weit er im Rückstande sei. Im
Kamin der dunklen Kammer glimmen vielleicht noch einige Köhlchen.
Der Gentleman=Proletär athmet auf. Wieder geborgen für eine
Nacht. Aber wie lang kann das noch so gehen? Ein langer, tiefer
Seufzer entringt sich seiner Brust. Er starrt in die absterbende
Glut. Eine Kohle nach der andern erlischt. So sind auch die letzten
Reste seiner Jugendträume allmälig verglommen. Kälter und kälter
erscheint ihm die Welt. Ihm ist's, als sei seine letzte Kraft er=
starrt. Noch dieses Aufleuchten eines Köhlchens und dann Nacht,
finstere Nacht! — Ihn friert. Es friert ihn bis ins Innerste der Seele.

Der Unabhängige.

Groß ist die Zahl der Unstäten unter dem Volke, welches noch immer an der Aufgabe ist, der Cultur einen Continent zu erobern. Wer vermag sie Alle zu zählen, die theils der allgemeinen Strömung gen West folgend ihre sieben Sachen unaufhörlich weiter tragen, theils im fortgesetzten Suchen nach dem Plätzchen, das ihnen zur endlichen Rast beschieden, den Wohnsitz ohne Unterlaß, kreuz und quer, ändern? Nicht die Nothwendigkeit allein, auch die Lust am Wandern, auch die Leichtigkeit, Verhältnisse zu lösen, und der Drang, die eigene Kraft in neuer Sphäre zu erproben, macht so viele Bewohner dieses geschäftigen Landes unstät. Darum fehlt es dem wandernden Elemente auch nicht an dem frohen Lebensmuthe, welcher so oft zum Hebel des Gedeihens wird. Ahasveros-Gestalten gibt es unter den Tausenden, denen es entweder durch natürliche Anlage, durch wirthschaftliche oder gar klimatische Verhältnisse nicht gegönnt ist, sich der, unter Umständen ganz beglückenden Vortheile des Sitzfleisches zu erfreuen, sehr wenige; desto mehr fröhlich dahinlebende Bursche, welche sich ein Handwerk zu eigen gemacht, das seinen Mann nicht blos an einigen großen Centralpunkten nährt, sondern allenthalben, wo die Menschen mit ihren Bedürfnissen sich in größerer Anzahl zusammengehäuft. Das Weiterwandern ist hier zu Lande ein Erlebniß, welches in der Regel durchaus keine düstere Färbung trägt. Im Gegentheil, es gibt kein muntereres Geschöpf unter der amerikanischen Sonne, als den Zugvogel der Civilisation. Er singt am lustigsten unter allen Vögeln, welche mit ihm ein und dasselbe Revier bevölkern. Er hält sich zwar gern an den Rändern des Reviers auf, immer bereit, weiter zu ziehen; allein das Bewußtsein, daß er der Kraft der eigenen Schwingen vertrauen kann, wenn es ihm im dermaligen Neste nicht mehr behagt, macht sein Gemüth so klar und heiter, wie der freie Himmel über ihm, und aus keiner Kehle ertönt das Lied von der Freiheit so rein und lebendig, wie aus der seinigen.

Ausnahmen gibt es freilich auch unter diesen Unstäten. Nicht Allen erscheint der sich wiederholende Auszug wie ein lustiger Flug von Forst zu Forst. Das Glück dieser heiteren Anschauung ist Jenen versagt, denen ob der Reflexion alle Lebensnaivetät abhanden gekommen. Sie wandelt es beim hastigen Wandern von Ort zu Ort an, als ginge es wie im sausenden Galopp über eine öde Heide, auf welcher die behaglichen Behausungen nur aus der Ferne blinken, die Baumgruppen, an denen bei Wind und Wetter vorübergejagt wird, gespenstische Umrisse annehmen und die Gestalten der auf Nie=wieder=sehen Verlassenen rechts und links wie mit dürrer Todeshand den letzten Abschied winken. „Vorbei, vorbei! All dies ist auf immer dahin, nie mehr von uns zu erschauen!" so lautet der Refrain des Wanderliedes, das solche Unstäte anstimmen.

Wie ganz anders erscheint dem echten Volkskinde, dem in wechselvollen amerikanischen Verhältnissen aufgewachsenen Unstäten, sein sich im Zickzack bewegender Lebenspfad! Eine blumenreiche Flur erblickt er ringsum, Quellen auf Schritt und Tritt; überall etwas zu kosten; allenthalben Platz für ein neues Heim mit einladender Umgebung. Und Keiner tummelt sich auf diesem weiten Gefilde seelenvergnügter herum, als der Jüngling, dessen Wiege auf amerikanischem Boden stand, gleichviel in welcher Sprache ihm das Wiegenlied gesungen wurde. Hat er sein Handwerk tüchtig gelernt, duldet es ihn überhaupt nicht zu lang an einer Scholle. Independent will er sein; und er ist es. „Immer zum Aufbrechen bereit", lautet die Maxime, nach welcher er sich einrichtet, im Geschäft und im häuslichen Leben — so viel er eben vom letzteren sich erstrebt hat. Wehe dem Sterblichen, der sich unterfangen wollte, ihn irgendwie zu binden! In ihm würde er sofort seinen Todfeind erblicken.

„Da kennt Ihr den Charley schlecht, wenn Ihr meint, daß er je einwilligen werde, nicht mehr independent zu sein!" Er ist jung und liebt die Freiheit; und nichts macht ihm den Genuß der Freiheit begehrenswerther, als wenn er sich dieselbe mit der gehörigen Grobheit erringen zu müssen glaubt. Grob sein im Bewußtsein der persönlichen Unabhängigkeit, das ist sein höchster Genuß. Im shop bekämpft er darum auch fort und fort die Feinde seiner independence,

auch wenn sie nicht da sind; und beim ersten Anspannen der Geschäfts=
disciplin wirft er sein Werkzeug hin. Ihn coujonirt man nicht; er
wartet so wie so nur auf die erste Veranlassung, seiner Wege zu gehen
und zur Abwechslung einmal im Süden oder Westen zu arbeiten.
Panics schrecken ihn nicht; er ist ledig und independent, und einen
guten Arbeiter wie ihn nimmt man überall mit offenen Armen auf.
Wer ihm zu größerer Stätigkeit räth, den blickt er an wie einen
Taschendieb, der ihm seine Unabhängigkeit, seine Lebensfreude stehlen
wolle. Mit Mißtrauen blickt er selbst das Mädchen, das ihm wohl ge=
fallen könnte, an, wenn die Blicke der betreffenden Mary oder Lizzie
verrathen, daß sie im Ernst nach ihm angelt. Der Gedanke, daß sie
ihn fesseln will, genügt ihm, ihr in seinen Augen alle Reize zu be=
nehmen. „Aha, die möchte Dich ins Garn bekommen; nichts da, Du
bleibst independent!" Abmarschirt, ehe die Liebschaft ernst wird! Es
ist so wie so höchste Zeit, das Joch, zu welchem sein jetziges Arbeitsver=
hältniß zu werden droht, zu brechen, wieder einmal — weiter zu
reisen.

Abreisen! Bei dieser Aussicht jagt ihm das Blut lustiger durch
die Adern, eröffnet sich ihm in unbestimmter Ferne ein neues Paradies.
Der ganzen Situation, in der er sich befindet, einen colossalen Tritt
geben, ha, welche Lust! Noch ein wenig Spektakel gemacht im shop,
sich dreimal an die Brust geschlagen mit der Betheuerung, daß er nicht
um alle Schätze der Welt aufhören werde, independent zu sein, daß
keine irdische Macht ihn dazu bringen könne, die Chicanen des
Vormannes zu ertragen oder gar sich zu einer frühzeitigen Heirath
drangsaliren zu lassen; und fort geht's mit einem grimmig lustigen
Fluch!

Gepackt ist schnell. Flink geht es ihm von der Hand, es ist ihm
ja so leicht ums Herz; er möchte aufjauchzen, möchte Purzelbäume
schlagen. Fort, fort! Ledig auf immer aller Plackerei, an die ihn
der Anblick der Stadt mahnt! Dieser Gedanke erfüllt seine Brust
mit Gefühlen der Wonne. Ja, es ist ihm wonniglich zu Muthe; nie
war ihm dieses Wortes Bedeutung so klar, wie jetzt. Es ist ihm,
als fühle er an seinen Schulterblättern Flügel wachsen, als müßte er
im nächsten Augenblicke auffliegen. Auf die leidigen Verhältnisse,

die er abgeworfen, blickt er mit derselben Regung froher Verachtung, wie im holden Mailicht der Jüngling auf die ausgebrauchte lästige Winterjacke, die er weit von sich schleudert, um ins luftige Frühlings=Camisol zu schlüpfen. Am Eisenbahnzuge angelangt, springt er in zwei Sätzen auf den Wagen. Kein Passagier tritt so geräuschvoll ein wie er. Jeder der wenigen Reisenden, die sich schon vor ihm eingefunden, blickt ihn an; er aber besieht sich seine Reisegefährten mit triumphirender Miene, als wolle er ausrufen: „Seht mich nur an; ich bin's, bin's wirklich, bin der Malefizkerl, der Charley, der alleweil independent bleibt und dem kein Mensch was zu sagen hat!" Seine Reisetasche, welche gefüllt ist bis zum Platzen, wirft er so kräftig auf einen Sitz, daß der Staub aufffliegt vom Polster. Dann setzt er sich mit einer Energie nieder, daß Sitz und Lehne krachen. Nun schnauft er mit königlichem Behagen und blickt nochmals um sich, als wolle er gewahr werden, ob die Reisegesellschaft sich schon an seinen Anblick gewöhnt habe. Er räuspert sich fortissimo, schiebt mit gewaltigem Ruck das Fenster auf, spuckt hinaus in die Atmosphäre des Nestes, mit dem er vorläufig nichts mehr zu thun haben will, und blickt sodann auf die Uhr, um sich zu vergewissern, ob die Eisenbahnverwaltung ihn noch nicht um eine kostbare Minute seines Lebens bestohlen.

Der Zug geht pünktlich ab. Kaum hat derselbe sich in Bewegung gesetzt, als unser lustiger Passagier noch eine große Anstrengung macht, von seinem Sitze aus einen letzten Blick auf die Stadt oder Ortschaft zu werfen, die sich nun ohne ihn behelfen muß. Wie lacht er aller Derer, die zurückbleiben müssen, während er neuen Schauplätzen seiner Thätigkeit, einem noch unerforschlichen Ocean neuer Erlebnisse unter der Unabhängigkeits=Flagge entgegeneilt. Fügen es die örtlichen Terrainverhältnisse vielleicht so, daß eine Wendung oder ein sanftes Aufsteigen der Bahn ihm das Ueberblicken des ganzen Communalwesens, dem er den Stuhl vor die Thüre gesetzt, gestattet, dann schwelgt er im Bewußtsein, mit Dampfeseile dem Dunst, in dem es ihm so oft heiß geworden, zu entrücken. Alle Jubellieder, welche je zum Lob und Preis der Freiheit gedichtet wurden, sind erbärmliche Prosa im Vergleiche zu dem Hochgefühle, das seine Brust jetzt durchwogt. Daß in Amerika kein beengendes Zunftwesen den Mann des Gewerbes zur Scholle niederzieht, hat noch Niemand so voll Seligkeit empfunden, wie jetzt der auf dem Schienenwege dahinrasselnde Charley. Ihm ist, als werde all der Lärm, den das Dahineilen des Zuges verursacht, nur seinetwegen gemacht. Er meint sich wie ein Aar „über den Häuptern der elenden Menschheit" zu erheben; und die „elende Menschheit" besteht augenblicklich vorzugsweise aus dem Boss, jenen Schubiaken im shop, die ihm das Leben sauer gemacht, und vielleicht den Intriguanten, welche darauf aus waren, daß er in den Netzen der heirathswüthigen Mary hängen bleibe. Jetzt lacht er sie Alle aus.

Gesegnetes Amerika, sei gebenedeit, daß du keinen jungen, rüstigen Kerl, der independent bleiben will, zu Schanden werden läßt! Er kann es nicht unterlassen, er muß laut aufjauchzen und entsetzt blickt die colored lady, welche vor ihm Platz genommen, sich um; aus ihrer Miene der Bestürzung spricht die Frage: ob ihr Nachbar von hinten wohl plötzlich crazy geworden.

Der stille junge Mann.

Wenn der letzte Werktag der Woche zu Ende geht, in den Fabriken und Werkstätten die Arbeiter sich um das Zahl=brett gedrängt und ihren Lohn mit oder ohne Abzug in Empfang genommen, dann wird es gar lebendig auf den Straßen, welche aus der Gegend der hohen Schornsteine und klappernden Maschinen nach den Quartieren führen, wo der Wirth und der Grocer dicht wohnen und es auf dem Trottoir von kleinem Volk wimmelt. Eiliger denn je zieht der Strom der Heimkehrenden dahin; denn heute werden sie sehnlicher als sonst erwartet. Zu Hause stehen schon die leeren Körbe bereit, welche sofort nach dem Eintreffen des Familien-Oberhauptes zu Markte wandern sollen. Und ist die Sonne unter, dann wogt es in den Avenues, als solle jeglicher erreichbare Vorrath angekauft werden. Fast Jedermann hat Geld und es wird nicht viel gefeilscht. Die Alles belebende Kaufluft verleiht dem Gewühl eine ansteckende Munterkeit, die Gesprächigkeit der Leute kennt keine Grenzen und die Straßen zeigen bei der Sonnabend-Beleuchtung ihr lachendstes Gesicht.

Doch mitten in dieser Geschäftigkeit, in diesem lustigen Schieben und Drängen schleicht eine Figur herum, die jedem wohlgefüllten Korbe respectvoll ausweicht und ihn anstarrt wie den Dolmetsch unerreichbaren Comforts. Das ist der „stille junge Mann", der in der Metropole ein bescheidenes Einsiedlerleben führt und mit heiliger Scheu auf Alles blickt, was an die Freuden glücklicher Häuslichkeit mahnt. So oft er diesen, sich mit Wochenvorräthen freudig schleppenden Frauengestalten begegnet, deren leuchtendes Auge sagt, welch' leichte Bürde ihnen die Haushaltssorgen überhaupt sind, thut er sich Gewalt an und schließt sein Auge vor dem appetitlichen Geflügel, den feisten Keulen und umfangreichen Gemüsen, die ihn mit der Ahnung davon erfüllen, welch' üppiger Sonntagsschmaus daraus werden wird und wie vorzüglich das an eigenem Tische schmecken muß.

An jenem Theil des häuslichen Paradieses, den die Gegenwart des drallen Weibchens selbst schafft, wagt er sich mit seinen Gedanken gar nicht heran. Hierin ist er vorläufig ganz farbenblind, muß er es sein, denn er ist eben ein „stiller junger Mann", vor dem das durch die Verhältnisse gebotene Junggesellen-Leben noch in unabsehbarer Ausdehnung, wie eine unfruchtbare Ebene im fernsten Westen, ausgebreitet liegt. Noch weiß er nicht, ob er je an das Ende dieser Wüstenei gelangen wird. Schritt auf Schritt zieht er geduldig dahin und schaut höchstens nach der nicht zu entbehrenden Quelle aus, von einem schattigen grünen Plätzchen kaum träumend.

Er ist einer der Vielen, die es daheim im engen Kreise ihres amerikanischen Geburtsstädtchens nicht litt. Der Wohnsitz seiner Familie, das Gewerbe seines Vaters konnte dem aufstrebenden Jünglinge nicht genügen. Die großen Männer seines Town's hat er schon als Knabe so gründlich kennen gelernt, daß sie seinem Ehrgeize nicht mehr als Vorbilder dienen konnten. Schon als Schuljunge war er ein leidenschaftlicher Bücherverschlinger; da er aber die Lesekost für seinen jungen Magen selbst wählte, gelangte allerhand unverdauliches Zeug in denselben und es stellten sich allmälig unnatürliche Appetite ein. Seine Phantasie schoß wild ins Kraut und im Handumdrehen war es geschehen — der Jüngling war von unerschütterlichem Glauben daran erfüllt, daß er zu „etwas Höherem" bestimmt sei. Was dieses Höhere sein solle, wußte er selbst nicht; aber eins wußte er ganz bestimmt: er wollte und konnte kein so erbärmliches Leben führen, wie sein Vater, der Handwerker. Der Alte sah in dem Buben, der ihm mit seinen Lesefrüchten desto mehr imponirte, je unreifer sie waren, ein Genie. Eines Tages war es beschlossen, daß derselbe ungehemmt seinen Weg machen und es zu etwas Großem bringen solle. Die Untersuchung darüber, zu welcher Größe der Jüngling vermöge seines Gehirns berufen sei, wurde nie angestellt. Die Dürftigkeit der Lorbeeren, die ihm auf der Schulbank wuchsen, wurde der Unfähigkeit des Lehrers und dem mächtigen Drange zugeschrieben, der schon den ABC-Schützen über die kleinlichen Schulverhältnisse hinweg sehen ließ. Kurz, der Bub' sollte ein self-made-man werden und dazu bedurfte es des vielen Lernens nicht. Er brauchte blos einen großen Schauplatz, um aufzugehen wie der Mais in der Junisonne. Wo anders sollte er diesen Schauplatz suchen, als in der Metropole, wo das Genie alle Bedingungen des Gedeihens vorfindet! So brach denn der Jüngling eines Morgens auf und berechnete unterwegs, ob es zehn oder fünfzehn Jahre währen solle, bis er der Ruhm seines Geburts= städtchens geworden und alle dortigen Mütter heirathsfähiger Töchter sich die Haare darob ausraufen, daß sie nicht bei Zeiten nach ihm geangelt.

Von diesen fünfzehn Jahren sind schon acht dahin — und der junge Mann hat erst zweimal nach Hause geschrieben, beide Mal, als er dem Verhungern nahe war. Von der verschmähten Arbeitsbank des Alten mußten die Dollars, welche den ehrgeizigen Jüngling zur Winterszeit aus der hiesigen Suppenanstalt fern zu halten hatten, nach der undank= baren Metropole wandern; und heute sieht er mit Neid auf jeden Hand= werker, der so froh seines Weges daher kommt und durchaus nicht so schmächtig und melancholisch aussieht, wie der zu „etwas Höherem" Bestimmte. Vorläufig hat er die Höhe eines Schnittwaaren=Clerks er= klommen und sieht mit Beunruhigung auf das Umsichgreifen weib= licher Verkäufer. Die Idee der Frauen=Emancipation durch Erwei= terung der Berufskreise des Weibes ist nicht in seine Weltanschauung verwoben. Es benimmt ihm in der That alle Strebelust, in jeder gewandten Ladenmamsell einen Concurrenten erblicken zu sollen. Die Träume von den hohen Lebenswegen, die er wandeln wollte, sind längst erloschen; jetzt ist sein ganzes Streben nur darauf gerichtet, das obscure Plätzchen, welches er sich errungen, zu behalten. Er ist recht still ge= worden. Viel Blut hatte er nie und die langjährige Clerks=Kost hat dasselbe so dünn gemacht, als mit dem Erhalten des Herzschlages eines Schnittwaarenverkäufers verträglich.

Sein Geschäft ließ ihn allmälig sehr geschmeidig werden; Damen gegenüber ist er die Zuvorkommenheit selbst und das geht so weit, daß er an dem dürftigen Tische seines „wohlfeilen Boardinghauses" von den zwei Kartoffeln, die allabendlich zur Schau gestellt werden, so lang keine zu berühren wagt, als eine Dame mit am Tische sitzt. Sein Magen ist gut dressirt und spielt seiner Höflichkeit nie einen Streich. Die Frau des Hauses schätzt ihn auch hoch als einen ihrer bescheidensten „Boarder". Es nagt aber doch an ihm; er hat zwar gelernt, sich unter allen Umständen als nice young man zu geben; dies hindert jedoch nicht, daß er, wenn er sich unbeobachtet weiß, einen grimmigen Blick über die Tafel schweifen läßt, die seines Einkommens besten Theil verschlingt und selbst so wenig des Verschlingenswürdigen bietet. Und was ihn am meisten drückt, ist — daß er, in seinem Stübchen mit den kahlen Wänden angelangt, Niemand dort findet, dem er seine liebe Noth klagen kann. Bücher verschlingt er noch immer, aber nicht um sich an romantischen Ideen zu berauschen, sondern mehr in Hinblick auf eine gewisse Sättigung. Je mehr er liest, desto weniger quält ihn der Hunger. Außerdem muß man ja lesen, wenn man an den langen freien Abenden angesichts der lockenden aber unerreichbaren großstädtischen Genüsse nicht Tantalusqualen ausstehen will.

Ja, er hat es durchgesetzt, er lebt in der so viele Chancen bietenden, an Pracht und Herrlichkeit so reichen Metropole. Aber wie lebt er! Als „stiller junger Mann", der ebenso leicht einen Goldklumpen auf der Straße als eine neue Chance fände, dem alle Herrlichkeiten New-York's nur eine beständige Veranlassung sind, an das Glück Derjenigen zu denken, die fern vom Weltstadt-Gewühl nicht täglich so viel zu erschauen haben, was sie entbehren müssen. So spinnt er sein dünnes Lebensfädchen ruhig weiter und wandelt einher wie ein Waisenknabe, dem die Gesellschaft keine Mutter sein will. Er weiß nicht wo anknüpfen. Wenig Geld, wenig Witz und kein Muth, in den schwankenden Kahn zu hüpfen, dem der weibliche Insasse nach kurzem Tändeln die gerade Richtung nach dem Hafen der Ehe zu geben pflegt, — das vereinsamt ihn vollständig. Von Jahr zu Jahr wird er stiller und die Frage, welche er als Knabe so keck beantwortet, die Frage „Wie soll es weiter mit Dir werden?" schreckt ihn, so oft sie sich wie eine gespenstische Mahnerin an ihn herandrängt. Die Flügel der Phantasie sind ihm zwar bis auf den letzten Kiel ausgerupft, aber der Gedanke, an seinem armseligen Plätzchen ergrauen zu sollen, faßt ihn doch eisig an. Er blickt um sich und sieht Genossen, die dem dürren Zweige, auf den sie mit ihm sitzen, doch manche gar bunte Frucht abzugewinnen verstehen. Wie sie es machen, weiß er nicht; er weiß nur, daß es ein ehrlicher Mann nicht fertig brächte. Und wenn es ihn auf der nackten Scholle, die ihn allein trägt, so recht schüttelt, da schleicht die gabenreiche Versuchung heran. Soll er noch „seinen Weg machen", den Weg, auf welchem das gute Gewissen nicht mehr mitgeht?

Draußen erschallen die frohen Rufe des genießenden New-York; dort oben aber in der schmalen Stube träumt Einer von sorgenvollem Alter, von Vereinsamung im letzten Stündlein — von lustiger Gesellschaft, von der Gunst holder Frauen, von den Zaubergärten einer, in Genuß durchstürmten Jugend. Stiehlt sich jedoch das erste nüchterne Morgenlicht herein und liegt tiefe Sonntagsruhe auf der ermüdeten Stadt — dann muthet es auch den, seinen Träumen entronnenen „stillen jungen Mann" wieder an, als solle er noch einige Jahre in Ergebung verharren und die Bescheidenheit, die ihn davor schützt, in Gegenwart einer Dame sich an der letzten oder vorletzten Kartoffel zu vergreifen, sich auch dort wahren, wo Dame Justiz den Leuten auf die Finger sieht.

Die Vesperglocke.

„Es ist Zeit, zur Kirche zu gehen; eben kam die Vesperglocke vorbei", sagt der junge Mann, dessen Frömmigkeit sich nicht auf seine Taschenuhr verlassen kann, zu seinem Stuben- und Kirchengenossen, nachdem er durch das Fenster im Schein der Straßenlaterne eine ihm wohlbekannte, sittsam dahin gleitende Gestalt erspäht. Jeden Abend kommt dieselbe vorüber, jeden Abend so pünktlich, daß selbst an einer Uhr von mehr als amerikanischer Genauigkeit der Zeiger getrost zurecht gestellt werden kann, wenn die „Vesperglocke" vorbeiwandelt.

In jedem Kirchensprengel gibt es eine oder mehrere dieser stillen Glocken. Für sie gilt nur der erste Theil des Motto's, das den ehernen Rufern ihr Programm macht, nur das vivos voco. Sie mahnen die Lebenden zum Kirchengange. Es gibt viele ehrwürdige Mahnerinnen dieser Art, welche im Dienste schon ergraut sind; man betrachtet sie wie Reliquien aus einer entschwundenen Generation; sie haben sich daran gewöhnt, wie Ruferinnen in der Wüste durch die öden Straßen zu schreiten. Sie gehen immer den geradesten Weg, wohl wissend, daß auch ein Umweg ihre Anziehungskraft nicht mehr erhöhen würde. Sie dienen in der That nur als Zeiger an der Uhr der Gemeinde; sie führen eine Perpendikel-Existenz. Aber es gibt auch muntere „Vesperglocken", deren Züngleins nicht monoton an die alternde Glockenwand schlägt, sondern eine lebhaftere Weise anzuschlagen versteht, Silberstimmchen, die im einschmeichelnden Klange eines Glockenspieles laut werden, wenn sie gruppenweise die fromme männliche Jugend an die Stätte der Erbauung rufen

Solch ein, noch im Metallglanze der Sechzehn oder Achtzehn schimmerndes „Vesperglöcklein" spielt namentlich im fashionablen Kirchenleben keine ganz unwichtige Rolle. Es hat einen ernsteren Beruf zu erfüllen, als es in seiner Unschuld selbst ahnt. Daß die Kirchen nicht lediglich zu Sammelplätzen des, mit dem Tode und seinen Vorläufern in Unterhandlung tretenden Alters werden, daß eine erträgliche Vertretung aller Altersstufen dort anzutreffen ist und der weltstädtische Jüngling nicht ganz in der Nacht des Unglaubens heranwächst, das ist in nicht unbedeutendem Maße den engelhaften Geschöpfen zu danken, welche als Grazien der Frömmigkeit die sichtbare Vermittlung zwischen dem angestrebten Jenseits und dem strebenden Diesseits herstellen. Faßt man die Aufgabe der jugendlichen „Vesperglocke" in diesem Lichte auf, dann wird man auch Manches erklärlich finden und zu rechtfertigen wissen, was vor der Sittenstrenge nicht bestehen zu können scheint.

Man muß vor allem Andern die holde Maid, die in den Kirchenstuhl einer fashionablen Gemeinde wandelt, sich als ein schmuckes Bräutchen des Himmels denken, das auf Erden — so lang es schmuck ist — keine schönere Pflicht zu erfüllen hat als die, dem profanen Männervolk den Mund wässerig zu machen ob der Süßigkeiten einer besseren Welt. Ihre schöne Seele übt auf die noch verunstalteten Seelen den nöthigen Zauber aus. Doch zur schönen Seele gehört auch der schöne Körper; und heut' zu Tage keine körperliche Schönheit ohne Meisterschaft in der Toilettenkunst! Da sieht man gleich, daß der Schneider für die Kirche fast ebenso wichtig wird wie der Sakristan. Ganz abgesehen davon, daß die Braut des Himmels (und jede solche in den sweet sixteen kann einen heiligen Eid darauf leisten, wie sehr sie sich nach Vater Abraham und den anderen Patriarchen sehne!) nicht blos am Sonntag, sondern bei jedem Kirchengange in feierlicher Gewandung erscheinen soll, wäre alle Einwirkung auf die zu bekehrenden Jünglingsseelen geradezu unmöglich, wenn unsere „Vesperglocke" nicht immer in modischem Glanze erschiene. Die schöne Seele kann sich nicht so direct offenbaren. Leuchtet sie auch aus den Augen, deren Beredsamkeit die des Herrn Pastors an Wirkung weit überragt, so muß doch etwas geschehen, um die Aufmerksamkeit des empfänglicheren Theiles der Gemeinde auf diese zwei feurigen, aber stummen „Auferwecker" zu lenken. Die prachtvolle Umrahmung darf nicht fehlen. Sieht man die, das Apostolat übernehmenden jugendlichen Laien weiblichen Geschlechts so profan geputzt zum Gotteshause wallen, dann ist wohl die Mißgunst geneigt, von einherstolzirenden Pfauen zu sprechen; doch wer tiefer blickt, wird hier ohne Bedenken das Wort anwenden:

> Sollen wir dem Himmel
> Mit minderer Achtung dienen als uns selbst?

und wird begreifen, daß die schmucke Schäferin, welche das Hirtenglöcklein läutet, nicht abschreckend aussehen darf, wenn nicht sämmtliche grünhörnige Lämmlein vor ihr Reißaus nehmen sollen.

Ebenso ungerecht wäre es, das aufopfernde Modefräulein, welches als „Vesperglocke" irgend eine Stätte der Erbauung oder den dort practicirenden Doctor der Theologie in Mode zu bringen sucht, anklagen zu wollen, sie treibe Reclame mit ihrer Frömmigkeit. Weder Schönheit noch Tugend sind dazu gegeben, unter den Scheffel gestellt zu werden. Wie schon Shakespeare in „Maß für Maß" sagen läßt — „das Licht brennt nicht für sich; strahlt nicht aus uns hervor die Tugend, wär' es ganz so gut, als hätten wir sie nicht." Jedem Jünglinge, der sich an ihrer Frömmigkeit erwärmen will, muß auch der Anblick ihrer Schönheit gestattet sein. Unparteiisch geht sie dabei zu Werke, wie mit ihrer Nächstenliebe. Darum sucht sie auch ihr unschuldiges Herz vor dem Stachel der anderen Liebe zu bewahren. Keine ernste Leidenschaft soll ihr mit der Emsigkeit der Biene den Honig aus der Seele saugen, den süßen Honig, der aus lauterer Frömmigkeit quillt. Liebe, echte Liebe auferlegt auch Verpflichtungen; der Mensch, der sich geliebt glauben soll, will keine anderen Götter, wenigstens keine irdischen, neben sich auf dem Altar dulden. Deshalb bleibt ihr Herzenspförtlein der, es zu streng nehmenden irdischen Liebe lieber ganz verschlossen. Das fördert nicht nur die Andacht, sondern läßt auch der Phantasie, ohne welche sich selbst eine wandelnde „Vesperglocke" nicht zurecht finden kann in dieser sündhaften Welt, ihre volle Freiheit. Kein Treuschwur bindet ihr die Flügel. Ungehemmt kann sie hin und her flattern, jetzt bei diesem, im nächsten Augenblicke bei jenem frommen Jünglinge verweilen, an jedem nur so lang Wohlgefallen finden, als es mit dem Verachten aller ernsten Neigung verträglich.

Pocht es manchmal im schamhaften Gemüthe, der Mahnung gleich, daß dieses schrankenlose Hospitiren jungfräulicher Phantasie,

dieses heimliche Naschen auf einem ganzen Beete erträumter Liebes=
blumen zu einer „im Geiste" begangenen Versündigung werden könne,
dann macht ein inbrünstiger Blick zum Himmelsbräutigam empor
Alles wieder gut. Ihm gehört ja die lechzende Seele in Wahrheit;
er weiß, daß er nicht eifersüchtig zu sein braucht auf die armen
Tröpfe, welche wohl die Einbildungskraft, aber nie das Herz seiner
ergebenen Braut beschäftigen. Und wenn sie in aller christlichen
Demuth nicht umhin kann, wahrzunehmen, wie ihre Lieblichkeit,
deren Zauber zu bannen nicht in ihre Macht gegeben, die Kirchen=
jünglinge berückt, wie ihr pünktliches Erscheinen und schwesterliches
Zunicken eine Schaar junger, vielleicht auch schon altersreiferer Büßer
heranzieht, — dann richtet sie sich auf an dem Gedanken, daß der
Himmel sie zu einem seiner Lockvögel auserkoren, daß er sie ver=
muthlich nur darum mit so viel Liebreiz ausgestattet, damit sie ihm
die, in der wüsten Welt planlos herumflatternden lockern Vögel zu=
führe!

Wie ein Edelfalke ruht sie auf der Faust des Herrn Pastors, bei
jedem Aufflug den noch wild umherschießenden Vagabunden des
Forstes den Weg zur Zähmung weisend. Ist aber einmal Gefahr
vorhanden, daß der ehrwürdige Falkner ihr die Falkenhaube zu fest
in den Nacken drücke und dadurch ihre Bekehrungskraft lähme, so ist
dies nur eine Ausnahme, welche der Regel nicht schadet. Hat sie sich
wirklich eingestellt — die brutale Ausnahme, dann sagt die Ergeben=
heit in den höhern Rathschluß tröstend:

Nicht wir sind schuld, nur unsere Schwäch' allein;
Wie Gott uns schuf, so müssen wir ja sein.

Der Mephistoffel.

Nächst dem leichtfertigen Optimismus, der stets in rosigen Wolken schwebt und selbst ein verheerendes Erdbeben sich als eine befruchtende Erschütterung zurecht zu legen liebt, ist der in den dunkelsten Winkeln kauernde, die Welt in beständiger Verzweiflung aufgebende Pessimismus der mächtigste Bundesgenosse des ewig thätigen bösen Princips. Jener färbt noch schön, was bereits in allen Farben rasch fortschreitender Verwesung schillert; dieser streicht schwarz an, was die geringste Makel zeigt; und beide hängen als Bleigewichte an jedem, mit der Wirklichkeit rechnenden Aufstreben. Sie sterben nie aus, diese Abwiegler des rechtzeitigen Eingreifens, hier das Uebel beschönigend, dort die hilfbereite Kraft lähmend. In ihnen wirkt eine Naturanlage und die ist schwer zu bewältigen. Der zum Pessimismus Geborene ist der hartnäckigere von Beiden. Für den Optimisten gibt es noch die Cur, ihm den Staar zu stechen, wenn es zum Aeußersten gekommen ist. Der Pessimist aber sieht im Schlimmerwerden, das er mit verschuldet, nur eine Bestätigung seiner Ansicht von der unheilbaren Schlechtigkeit der Menschen und Nichtsnutzigkeit der Dinge. Was ihn überzeugen würde, das plötzliche Hereinbrechen idealer Zustände, tritt leider nie ein. Anzutreffen ist er überall, wo Lebensäußerungen der Gesellschaft vorkommen und etwas anzufassen ist, wozu mehr als Einer gehört. Handle es sich um ein Werk der Staatskunst oder um das Heben eines Balkens, er wird immer seine schnöden Zweifel, seine entmuthigende Ueberzeugung von der Vergeblichkeit des Mühens anbringen.

Man sollte meinen, daß nur Leute von weitgehender und trauriger Erfahrung sich gern in das bequeme schwarze Mäntelchen der ewig absprechenden Negation hüllen. Allein dem ist nicht so. Schon unter Grünschnäbeln trifft man den Pessimisten an; Leute, welche von der Welt noch nicht mehr gesehen als die Auster vom Sternenzelt, sind schon überzeugt, daß die ganze Welt von Grund aus verpfuscht sei. Es ist eben eine Naturanlage, die ihnen alle Forschung und Weisheit ersetzt und sie befähigt, über alles Bestehende den Stab zu brechen. Will man den echten Pessimisten sehen, dann muß man einen in naiver Fassung nehmen, einen „aus dem Volke", der nicht aus Büchern das Verzweifeln an der Menschheit gelernt, sondern sich aus eigenem geistigen Vermögen die Vorstellung von der Nichts= würdigkeit des Daseins auferbaut hat. In jeder Werkstätte ist er zu finden, an jedem Biertische wird er laut; und „schlechte Zeiten" sind sein wahres Element, in dem er sich heimisch fühlt, wie Meister Satan, der bei ihm in der Regel sehr hohe Achtung genießt, im Feuer.

Wir wollen ihn etwas näher besehen. Der Leser kennt ihn sicherlich. Der gewisse weltverachtende Blick, den er für Alles bereit hat, für sein Werkzeug, für sein Bier, für Bekanntes und Un= bekanntes, für Verstandenes und nicht Verstandenes, genügt allein, ihn unter einem Dutzend zu erkennen. Auch er ist der Ansicht, daß das Erschaffen der Welt das Dümmste war, was je geschehen. Diesen Gedanken unaufhörlich aus seiner Miene sprechen zu lassen, ist sein höchster Stolz. Thut ihm Jemand den Gefallen, in seinem sonst recht harmlosen Antlitz etwas „Diabolisches" zu finden, dann fühlt er sich hoch geehrt und ist auf die Welt, die ihm Gelegenheit gibt, diabolisch auszusehen, gleich etwas besser zu sprechen. Angenehme Züge hat er ja nicht; in seinen Flegeljahren mag er sogar etwas häß= lich gewesen sein; und dadurch wurde auch der Keim zur pessimistischen Weltanschauung schnell in ihm entwickelt.

Während andere Burschen mit einnehmenden Gesichtern allent= halben die Augen der Mädel auf sich lenkten, ließ er das schwache Geschlecht gleichgiltig und flößte bei der Annäherung nur Kälte ein. So gelangte er allmälig dahin, sich auf seine Gescheidheit zu stützen, während die Andern Auge und Herz sprechen ließen. Die Liebesgeschichten seiner Cameraden erfüllten ihn stets mit Groll. Für glückliche Pärchen hatte er nur hämische Worte und Blicke. Daß alle Weiber nichts taugen, hatte er schon heraus, ehe ihm der Bart unter der Nase sproß. Das Anstiften kleiner Händel wurde sein Vergnügen. Hätte ihm nur das eigene, nicht geradezu böse Herz

keinen Streich gespielt, dann wäre er vielleicht ein ausgemachter
Bösewicht geworden. Er hatte den besten Willen, die Menschheit
zu ärgern, allein in Folge seines widerstrebenden Naturells brachte
er es zu nichts Großem in dieser Richtung. Es war ihm nun
hauptsächlich darum zu thun, seine Ueberlegenheit im Verachten der
saueren Trauben zu zeigen. Was Andere vergnügte, bespöttelte er,
und wenn Einer vertrauend liebte, dann höhnte er ihn.

Eines Sonntags Abends sah er sich von der Galerie Goethe's
„Faust" an. Keine Figur interessirte ihn so sehr wie der Mephisto.
Dieser durchtriebene, weltverachtende Teufel flößte ihm „höllischen
Respect" ein. „Das ist mein Mann," sagte er sich, „gerade so habe
auch ich immer gedacht"; und jetzt stand sein Entschluß fest, den
theoretisirenden Teufel zu spielen, da ihm das Zeug zur teuflischen
Praxis fehlte. Er schwärmte für den Mephistopheles und hätte jeden
Augenblick eingewilligt, sich in ein solches „gescheidtes Luder" verwandeln zu lassen. Da ihm das satanische Herz fehlte, ließ er sich
wenigstens den Bart à la Mephisto wachsen und citirte denselben fleißig
auf der Arbeits- oder Bierbank. Durch Beharrlichkeit gelangte er an
das Ziel seiner Wünsche — von seinen Cameraden den Spitznamen
„Mephistopheles" zu erhalten, wobei die Meisten freilich von der Ansicht ausgingen, „Stofeles" sei die lateinische Benennung für den ehrlichen deutschen „Stoffel".

Mephistoffel war nun in seinem Element; die Lehrbuben unter-
richtete er in der Logik des Höllenfürsten; Alles, was gearbeitet wurde,
war ihm werth, daß es „zu Grunde geht", und dem Meister gegenüber
nahm er Stellung, wie Mephisto im Faust'schen Prolog dem Gottvater
gegenüber. Das war noch in der alten Welt und führte allgemach
dazu, daß seines Bleibens nicht mehr dort sein konnte. Die neue Welt
suchte er nicht aus Neigung für dieselbe, sondern aus Verachtung für
die alte Welt auf. Was in der ersteren nichtsnutzig sei, wußte er schon
auswendig, ehe er ihr Gestade erreicht. Keines neuen Wortes Sinn
begriff er so schnell wie den des Wortes „Humbug". Noch hatte er
seine europäischen Stiefelabsätze auf dem New-Yorker Pflaster nicht
schief getreten und schon war „Humbug" ihm der Inbegriff alles
Amerikanischen. Und diese Ueberzeugung wächst heute noch in ihm.

Die Republik ist Humbug; jedes Streben, das Messer an ihre Krebs=
schäden zu legen, ist Humbug; die amerikanischen Arbeitsverhältnisse
sind Humbug und das Erwerben von Capital durch Arbeit ist Hum=
bug; New=Yorker Bier ist Humbug und das Importiren europäischer
Biere ein noch größerer; der Niagara und der Mississippi sind nichts
als ein großer Humbug in Wassergestalt; und daß der amerikanische
Continent überhaupt entstanden, ist die größte Humbugsthat der Welt=
schöpfung. Das amerikanische Volk ist nichts Anderes als ein millionen=
köpfiger Barnum.

Geht es aber ans Politisiren, dann kannegießert unser Pessimist sie
Alle, die es mit ihm aufzunehmen wagen, zu Tode. Mit einem
Trumpfe schmettert er jeden Gegner nieder und der heißt: die Yankee=
Nation ist nicht werth, daß sie der Erdboden trägt; und wenn es nach
seinem Kopfe ginge, dann müßte „so ein Napoleon" kommen und sie
„gehörig zwiebeln". Der „einzige Kerl", der ihm Respect einflößte,
war der Tweed. Alle Reformbestrebungen können höchstens sein mit=
leidiges Achselzucken bewirken. Die Menschheit ist ja so schlecht, daß
nur ein Narr daran denken kann, von ehrlicher Regierung zu sprechen.
Gestohlen wird in aller Ewigkeit werden, und er wird sich nicht so
lächerlich machen, die Menschen bessern zu wollen; im Gegentheile,
recht drunter und drüber muß es zugehen, wenn endlich auch für einen
armen Teufel etwas herauskommen soll. Drum läßt er auch Woche für
Woche Alles draufgehen und ist immer der Letzte, welcher vom Gelage
aufbricht. Er haßt die Pfennigfuchser, welche in ihrem Dünkel es im
Lande der Spitzbuben auf ehrliche Weise zu etwas bringen wollen. Wo
er ihnen einen Possen spielen kann, thut er es und nichts würde er für
einen größeren persönlichen Triumph halten, als wenn es einmal einen
„gehörigen Krach" der Sparbanken geben wollte.

So lebt der Mephistoffel seinem stillvergnügten Pessimismus, bis
endlich auch mit ihm eine auffallende Wandlung vor sich geht. Sein
Blick ist nicht mehr so weltverachtend und aus seiner Miene spricht
sogar etwas wie Gottergebenheit. „Hat ihm schon!" raunen seine
Cameraden einander in der Werkstätte zu. Er hat — seine Teufelin
gefunden. Spät ist sie gekommen, aber sie kam noch zeitig genug,
ihn mores zu lehren. Sonderbar, jetzt faßt er das Werkzeug ganz

anders an, seine Zunge ist nicht mehr so spitzig und sogar sein Durst scheint abgenommen zu haben. Es gibt jetzt wieder ein Wesen, das „ihm Respect einflößt". Für den armen Teufel ist endlich doch auch etwas „herausgekommen"; das Volk hat noch nicht seinen Napoleon, aber unser Mephistoffel hat seine Mephistoffeline, die ihn „gehörig zwiebelt". Der Pessimismus ist ihm allmälig vergangen, seit er einsehen gelernt, daß fleißiges Arbeiten wenigstens dazu taugt, ihm — wenn auch nicht den Himmel auf Erden — so doch etwas weniger Hölle im Hause zu schaffen. Die Pfennigfuchser höhnt er auch nicht mehr; ja eines Tages kann man ihn sogar wie ein frommes Lamm mit dem Sparbankbüchel dahin wandeln und wie ein gelehriges Ziegenböcklein die hohe steinerne Treppe der Bank erklimmen sehen.

Die alternde Modedame.

Der Nordost fegt durch die Straßen, durch die Straßen der Armen und durch die Straßen der Reichen. In den ersteren wühlt er dicke Staubwolken auf; in den letzteren hat ihm die amtliche Fegung weniger Material zum wirbelnden Spiele gelassen. Die fashionablen Stadttheile bieten selbst bei Windessausen eine anziehende Promenade und doch sind sie fast verödet. Jedermann sitzt am Fenster, abwartend, bis die Anderen vorüber gehen und seiner kritischen Beobachtung Stoff liefern. Da sieht man sie denn, die bleichen Gesichter, über welchen sich die neuesten Modefrisuren thürmen; zwischen reich gefaltetem Brocat starren sie hinaus auf die menschenleere Straße, gähnen sie an und werden von ihr angegähnt.

Da sitzt auch die Frau Ehrenwerth Dingsda in ihrem Erker, steif wie die schwere Seide, in die sie sich eingepreßt. Im Hause ist's todtenstill. Das eintönige Ticktack der kostbaren Standuhr läßt die Stunden nur um so träger dahin schleichen. Die Dame langweilt sich offenbar. Doch ist sie es gewöhnt. Seit der Hochsommer ihres Lebens sie tückischer Weise verlassen und all die geschwätzigen Herrchen, welche immer noch eine parfümirte Redeblume ihr zu Füßen zu streuen hatten, mit fortgenommen, mußte sie sich allmälig mit der Einsamkeit befreunden; und sie that's als Frau von Charakter so entschlossen, wie man sich in das Unvermeidliche fügen muß. Besuche, die nicht der persönlichen Huldigung galten, hatten nie Werth für sie. Seit die anderen ausbleiben, behilft sie sich, so weit es die Etiquette gestattet, ganz und gar ohne eine Parlorgesellschaft, in der sie nicht mehr die gefeierte Königin sein kann. Die Verwandtschaft meldet sich nur dann, wenn sie Anliegen hat; und Kinder hat die Glückliche keine.

Im vorigen Sommer, als sie wie gewöhnlich im Seebade draußen war, und der Herr Gemahl ihr wie gewöhnlich von den sieben Tagen der Woche nur zwei zu widmen vermochte, hat sie fürs ganze Leben abgeschlossen. Bis dahin wähnte sie immer noch, es sei blos ein ungünstiges Zusammentreffen von Umständen, wenn sie trotz Entfaltung aller Toilettenpracht, trotz Anwendung aller Künste der Coquetterie nicht mehr den Kreis, der sie früher auf Händen trug, um sich zu sammeln vermochte. Als sie aber Tag für Tag einsam am Strande wandelte und die Wogen allein nie müde wurden, ihr Ohr mit sanftem Geplauder zu füllen, als sie gewahrte, daß andere Kreise, in welchen jüngere Frauen das Scepter führten, so lebendig waren wie je, und daß man ihr eine gelegentliche Auszeichnung nur noch wie ein Almosen und nicht wie den Tribut, den sie zu beanspruchen habe, spende, da durchlebte sie einige Tage des Grams. Allein sie überwand es. „Wohl — good-bye du herrliche Zeit der berauschenden Huldigungen! Die Erste kann ich nicht mehr sein; die Zweite will ich nicht sein; aber ich kann allein sein."

Und als sie wieder am Strande stand, das unendliche Schauspiel vor sich, wie Woge in Woge zerfließt, da fühlte sie wohl, daß es selbst jetzt noch nichts Beseligenderes für sie geben könnte, als zu wissen, das Interesse für sie beherrsche einen Mann ganz und gar; allein sie gestand sich auch, daß sie es nie wieder vermöchte, mit all ihrem Sehnen blos an einer Seele zu hängen. Sie war ehrlich und kehrte heim mit dem Entschlusse, die Saison der Entsagungen anzutreten. Der Herr Gemahl hatte noch nicht Zeit, diese Umwandlung zu gewahren, sonst hätte es vielleicht einen Indianersommer des ehelichen Glückes gegeben.

Jetzt steht sie so ernst und kalt, wie die Bronze-Figuren um sie herum, im Erker. Trippelt eine elegante Gestalt vorüber, deren Haltung noch die Blüthe der Jahre verräth, dann berechnet unsere Beobachterin am Fenster, wie lang es wohl noch währen werde, bis auch Diese vereinsamt in die todte Pracht ihres Parlors gebannt ist. Für die Modethorheiten hat sie gegenwärtig viel schärfere Worte als früher. Keck auftretender Putz kann sie empören. Wie trivial sieht nicht die hohe rothe Feder auf dem Hute der Frau Peacock aus, die soeben vorüberstolzirt! Und ist es nicht zum Todtlachen, daß sogar die „farbigen Weiber" die neuesten Moden nachzuahmen suchen? Das war ihr noch nie so aufgefallen, wie in diesem Herbst. Nun, das muß man sich wohl gefallen lassen; die sind dazu da, die Affen der Weißen zu spielen. Aber geradezu frech findet sie es, wenn die Mittelclasse sich auch nach dem neuesten Modejournal kleidet. Wer ist denn diese da, welche zwei pausbäckige Kinder mit sich führt? Gewiß eine Deutsche; das sagt ihr ganzer Gesichtsausdruck. Wie lustig die einherschwenzelt; und was für impertinent kleine Füße sie hat! Unsere Beobachterin am Fenster kann sich nicht genug verwundern; sie meinte doch immer, die Deutschen müßten alle sehr große Füße haben.

Gähnend wirft sie sich in einen Stuhl. Sie blickt hinüber nach dem Hause auf der anderen Seite der Straße. An einem Fenster des dritten Stockwerkes ist ebenfalls ein blasses Frauengesicht zu erschauen, welches unbeweglich auf die Straße hinausstarrt. Wer das wohl sein mag? Ob sie sich auch gehörig langweilt? Erst seit wenigen Tagen pflegt sich dieses Gesicht zu zeigen. Die Uhr schlägt vier. Unsere Lady blickt im Zimmer um sich. Niemand tritt ihr entgegen, aus keiner Ecke kommt Jemand herangesprungen. Unwillkürlich denkt sie wieder an die zwei pausbäckigen Kinder, die so munter neben ihrer Mutter einherliefen. — Jetzt ist ihr's, als möchte sie den heutigen Abend in Gesellschaft zubringen. Sie macht einen Gang durch das Zimmer.

Oh, sie ist ja nicht allein. Sie hat einen Gesellschafter. Hier, in großem, pompösem Käfig verweilt er — ein hochbetagter Papagei, ein Familien-Erbstück.

Da hockt er, stumm, wie in Ingrimm versunken. Er ist alt und sprechfaul geworden. Wäre es nicht um sein so bösartig blickendes Auge, welches den aufmerksamen Beobachter verräth, möchte man annehmen, er sei zur Sphinx erstarrt; so unbeweglich sitzt er da. Wer erforscht die, seit langen Jahren in seinem kleinen Gehirn angesammelten Bilder menschlichen Gebahrens? Nur selten unterbricht er sein unheimliches Schweigen mit einer lakonischen Bemerkung, als wolle er sich durch seine Wortkargheit entschädigen für die in jüngeren Jahren erlittenen Qualen, als man ihn vom frühesten Morgen bis zum spätesten Abend das Einfältigste, was Menschen zu sagen wußten, unaufhörlich wiederholen ließ. Er hat Jahrzehende lang dem eitlen

Geschwätz der Modemenschen gelauscht und deren geistloses Thun betrachtet; er sah seine jetzige Herrin heranwachsen, er sah sie erblühen und sieht sie nun verblühen; er hat vielleicht schon ihre Mutter in den runden Nacken gebissen, als sie, noch im lockeren Frühlingsgewande, ihn hätschelte und neckte. Er kennt die ganze Familiengeschichte, plaudert aber nichts mehr aus. Dagegen tyrannisirt er das Hausgesinde und alle Hausgenossen. Seinetwegen mußte schon manche chamber-maid das Feld räumen; erst neulich eine, welche ihn geschlagen und ein "nasty beast" geheißen, und im vorigen Jahre eine andere, die ihn "old fool" sagen gelehrt, was der kahlköpfige Bankpräsident, welcher Madame den Hof zu machen liebte, auf sich bezogen.

Das Thier ist mit zunehmendem Alter sehr pedantisch geworden und verlangt die pünktlichste Besorgung. Nachdem es lange Jahre seine Umgebung unterhalten, will es jetzt sich unterhalten lassen; es ist ein schlechter Gesellschafter. Seine Herrin fühlt das mehr und mehr, wenn sie in solchen einsamen Nachmittagsstunden nach dem Käfig blickt und mechanisch einige Worte an den Papagei richtet. Er antwortet nur selten. Eben hat sie wieder einige vergebliche Versuche gemacht, ihn zu einer Conversation anzuregen.

Nach einer langen Pause, während welcher die Dame wieder ans Fenster geschritten, ruft er endlich "nice evening!", rückt auf seinem Sitzstäbchen um einen Zoll weiter rechts und brütet abermals vor sich hin, als zehre er an der Vergangenheit.

Welche tödtliche Stille! Auf der Straße ist's doch unterhaltender. Drüben noch immer das blasse Gesicht am Fenster. Wohl eine recht unglückliche Frau! — Hier unten aber eilt ein Arbeiter vorüber, auf der Schulter eine mächtige Weihnachtstanne tragend. Er bemerkt, daß die Dame ihn beobachtet, und blickt lachend zu ihr herauf; er meint, sie müsse es ihm ansehen, wie fröhlich er seine Weihnachtseinkäufe besorge. „Ob diese Menschen wohl glücklich sind?" fragt sie sich; „wer sich einmal versuchsweise in ihre Lage begeben könnte!" Jetzt läßt sie sich von ihrer Phantasie ein Bild ausmalen: wie es am Weihnachtsabend in einer, mit Kindern gesegneten Arbeiterfamilie aussehen möge.

Die Dämmerung schleicht heran; schon blinkt die Mondsichel. Durch die heftig bewegten Wolken zucken noch die letzten rothen Lichter; dann erblaßt der Himmel rasch und grau hängt es über den Dächern. „Ob nur über die Einsamen eine so trübe Stimmung in der Dämmerungsstunde kommt?" Noch immer die bleiche Frau drüben am Fenster. Doch jetzt erhebt sie sich rasch. Sie verläßt das Fenster. Unten aber steht ein Mädchen, mit einem allerliebst gekleideten Kinde auf dem Arme. Die Hausthür öffnet sich, die Mutter erscheint, das Kind patscht mit den Händchen, es umhalst die Mutter; dieselbe herzt es und eilt mit dem lustig plaudernden kleinen Geschöpf in die warme Stube.

Die Dame blickt noch einige Minuten lang nach jenem Fenster im gegenüber liegenden Hause empor. Das bleiche Antlitz zeigt sich nicht wieder. „Also keine Unglückliche!" Sie faßt die schwere seidene Quaste am Rouleau und zieht dasselbe nieder. Dabei gleitet seit langer, langer Zeit wieder die erste Thräne über ihre Wange. "Dinner-time!" ruft der alte Papagei.

Der Dollar-Mann.

Zu den Glücklichen, deren Ersparnisse durch keine Finanzkrisis bedroht sind, gehört auch der schlaue Geselle Franz Meierle, welcher dem Sperlinge und der Lilie des Feldes die Kunst, sich ohne Arbeit zu nähren und zu kleiden, abgeguckt zu haben scheint. So oft eine solche Krisis eintritt, strahlt sein Gesicht besonders vergnügt. Ein jubelndes „Hab' ich's nicht gesagt!" ist jeder seiner Blicke, wenn er Einem begegnet, der wie ein bekümmerter „Depositor" aussieht. Einem alten Bekannten, der ihn von der Zeit an gemieden, seit er die Arbeit meidet, ruft er, ihn an der Straßenecke treffend, triumphirend zu: „Nun, es kracht ja wieder!"

„Ihnen wird es wohl nicht wehe thun", lautet die Antwort. —

„Gott sei Dank, nein! Oder vielmehr, das habe ich mir selbst zu danken, mir, der ich das kostspielige Geschäft des Sparens nie recht erlernen wollte. Ja, das kommt davon, wenn die Leute sich zu viel rackern, sich den Bissen vom Munde absparen. Mußt' ich doch immer in mich hineinlachen, wenn ich die vielen Bank-Paläste mit den verschiedenartigen Thürmchen und mit vergoldeten Portalen aus der Erde aufsteigen sah. Es steht geschrieben: wenn die Könige bauen, haben die Kärrner zu thun. Ich aber sagte mir da: wenn die Banken bauen, hoch hinaus bauen, sich verbauen, vielleicht auch auf unsichere „Sicherheiten" bauen, haben die Sparsamen im Volke auch viel zu thun, das heißt, sie haben fort und fort herbeizuschleppen; aber mit dem Zurückholen steht's schlecht. — Na, wir wollen hoffen, daß nicht Alles verloren ist; die armen Leute sind gestraft genug dadurch, daß sie überhaupt aufs Arbeiten und Sparen dressirt sind."

„Sie selbst machen es Sich leichter, das weiß ich. Es geht jetzt wohl wieder recht schlecht, obgleich Sie Sich an einem Banksturm nicht zu betheiligen hätten? Noch keinen Winterrock, Meierle, he?"

„Der macht mir die kleinste Sorge. Es wird sich schon um Neujahr herum irgend ein liberaler, freisinniger Mann finden, der seinem abgelegten Ueberzieher eine neue, interessante Carriere dadurch eröffnet, daß er dessen Schicksale mit den meinigen verflicht." —

„Noch immer keinen regelmäßigen Verdienst, nicht wahr?"

„Den suche ich auch gar nicht. Sehen Sie, bei dem, was die „Staats-Zeitung" einmal die, in New-York täglich aufgeführte Arbeits-Symphonie geheißen hat, spiele ich nicht mit; kommt gelegentlich eine Ausnahme vor, so ist es nur ein sehr untergeordnetes Instrument, das ich spiele, etwa die Pauke oder das Triangel. Ich habe sehr lang zu pausiren und nur ein wenig Lärm zu machen. Dagegen habe ich mein eigenes Privatinstrument, das mit der Arbeits-Symphonie gar nichts zu schaffen hat. Sie wissen, ich habe stets mit Verachtung auf das sogenannte „Recht auf Arbeit" gesehen. Das Recht zum Leben, das ist etwas ganz anderes; damit halte ich es. Dabei fällt mir aber gar nicht ein, irgend einen Capitalisten zu beneiden, namentlich den kleineren nicht. Schon beim Deponiren der ersten fünf Dollars fängt die Sorge, die Furcht, die neue Plage an. Ich bedauere Jeden, der es zum Sparen bringt. Bei mir ist stets vollständiges Gleichgewicht zwischen Einnahmen und Ausgaben; wenn nur die ersteren etwas besser sein wollten."

„Sie sollten heirathen; das wird Sie besser dazu anspornen, einen regelmäßigen Erwerb zu suchen."

„Heirathen? O ja, warum nicht; habe selbst schon einige Male daran gedacht. Ich glaube, so eine recht geschickte, fleißige Wäscherin mit sehr ausgebreiteter Kundschaft wäre eine ganz passende Partie für mich. Sollte mir gar nicht darauf ankommen, im Geschäft mitzuhelfen; ich verfüge über eine zierliche Handschrift und einen leidlichen Stil, würde recht gern die Wäschzettel schreiben und das Collectiren besorgen; für Theilung der Arbeit war ich immer. Im äußersten Falle könnte ich mich selbst zum Austragen der Wäsche entschließen; ich glaube sogar, es ließe sich durch das Einspringen der Männer in diesen Theil des Geschäftes etwas zum Fördern der heimlichen Moral beitragen. Doch bisher ist die einzige Mariage, die mir glücken wollte, die mit den Karten. Die verstehe ich aber auch aus dem Fundament.

Mit ihr decke ich mir das bischen Trinken, dessen der Mensch zum Bestehen des Lebenskampfes bedarf. Was das Essen betrifft, fresse ich mich auch so ziemlich durch; davon braucht ja unser Einer nicht viel. Nur mit dem Wohnen hat es manchmal seine Schwierigkeit."

„Was treiben Sie denn?"

„Ich sorge für das Bethätigen der allgemeinen Menschenliebe, ohne welche aller gesellschaftliche Verband reißen müßte; ich sorge dafür — als empfangender Theil. Ich halte mich an Herren von gediegener Bildung, an Männer, denen sich eine Leidensgeschichte mit psychologischer Begründung vortragen läßt. Ich besteuere die Intelligenz dafür, daß sie es nicht verschmäht, dem Mammon zu dienen. Weniger als einen Dollar nehme ich nicht. Man muß die gehörige Distanz zwischen sich und dem Bettelvolk halten, sonst verliert man allen Vortheil. Auf der Kunst, ein Geschäft nobel zu treiben, beruht auch der Erfolg desselben. Das Rechenexempel ist dabei sehr einfach: Wer nur ein wenig in unserer Linie practicirt hat, weiß, daß es viel leichter ist, einmal einen Dollar zu erheben, als hundertmal den Cent. Man muß nur seine Leute zu nehmen wissen und die richtige Auswahl treffen. Dazu gehört nicht blos Menschenkenntniß, sondern auch die Fertigkeit, auf das entdeckte edle Herz schnell Eindruck zu machen. Am sichersten gelangt man zum Ziele, wenn man gerade drauf los geht und dem Manne, um dessen Dollar es sich diesmal handelt, einredet, welch auserlesen edles Herz er habe. Diese Entdeckung wirkt auf ihn — namentlich, wenn man es nicht an Belegen für den Ruf, den er als hervorragender Menschenfreund bereits genieße, fehlen läßt — in der Regel so überraschend, daß er die Taxe gern bezahlt, mit derselben Bereitwilligkeit wie der, in den Ritterstand erhobene „Gründer" die Taxe fürs Adelsdiplom. Sie glauben gar nicht, wie leicht es bei aller jetzigen Verhärtung der Gemüther doch immer noch ist, die Menschen zu rühren, wenn nur der Rührlöffel in in ihre eigene Eitelkeit getaucht wird. Hab' ich erst Einem zu verstehen gegeben, wo überall ich sein gutes Werk ausposaunen würde, dann ist das Spiel zumeist schon halb gewonnen. Und sehen Sie — das ist das Geheimniß meines Erfolges. Die empfangene Wohlthat nicht geheim zu halten, ist dieses Geheimniß. Wer mir gibt, kann dessen sicher sein, daß die Welt es erfährt. Ich bin kein „verschämter Armer". Ich preise meine Wohlthäter in hundert Wirthshäusern. Ich weiß das lange Register dieser Menschenfreunde auswendig und trage es bei vorkommender Gelegenheit mit Gefühl vor. Ich führe auch eine schwarze Liste, auf welcher Diejenigen stehen, die sich die Blöße gegeben haben, mich durchschauen zu wollen, um mit der Taxe für das Colportiren ihres Ruhmes als werkthätiger Menschenfreunde zu geizen. Wie räche ich mich aber an Diesen? Etwa dadurch, daß ich — wie es ein, die Profession ohne gehörige Berechnung Treibender in seinem Aerger zu thun pflegt — darüber schimpfe, daß „so reiche Leute nichts geben"? Nein, so undiplomatisch handle ich nicht. Ich räche mich feiner. Ich schreie Jeden, der mir seinen Dollar vorenthält, als einen bedauerungswürdigen, recht gutherzigen Menschen aus, der gern geben m ö c h t e , aber nicht k ö n n e , obgleich die Welt ihn für einen „gemachten Mann" halte; ich erzähle an allen Ecken, daß man ihn an Dollarswerth außerordentlich überschätze, daß es mit ihm bald schief gehen werde, daß er schon so gut wie bankerott, daß er factisch nahe am Darben sei und demnächst selbst bei seinen guten Freunden werde anklopfen müssen. Das wirkt viel besser. Man muß die Leute nur an der richtigen Stelle zu drücken wissen, dann kommt schon etwas heraus. Sie sehen aber, daß ich es bei dieser Methode nicht unter einem Dollar thun kann. Kleinere Beträge würden sich für dieses etwas complicirte System nicht eignen. Finde ich täglich nur Einen, der sich den Dollar ausquetschen läßt, genügt mir das; ich habe keine großen Bedürfnisse. Die sogenannten „gemachten Leute" sind meine Citronen. Ich halte es mit „Mutter Scherr" im Rosen'schen Lustspiele „Citronen". Wer nicht selbst Citrone ist oder sein will, muß die Citronen pressen; und das muß schon eine sehr faule Citrone sein, die unter meinem Druck nicht wenigstens einen Dollar von sich gibt."

„Sieh da, Sie besuchen auch das Theater?"

„Ja, das halte ich für nothwendig, um mich in einem eigenen Berufe zu vervollkommnen. Andere Leute schnorren sich das Billet. Ich schnorre mir das Geld fürs Billet; das ist der ganze Unterschied. Uebrigens halte ich mich bescheiden im Hintergrund, ganz hinten auf der Galerie, wo ich meinen Wohlthätern nicht ins Auge falle. Ich habe auch meine besondere Absicht dabei, das ganze Publikum vor mir zu haben; ich studire nämlich — das Herz des Publikums, ich suche zu ergründen, was die Menschen am sichersten rührt. Und von Denen auf der Bühne lerne ich, wie man's macht. Sie glauben gar nicht, wie Einem ein bischen Comödie dabei zu Statten kommt. Sapperment, wenn ich es nur erst heraus hätte, zum Beispiel eine Hungerohnmacht so naturgetreu darzustellen, wie diese Komiker einen Rausch; den treuherzigen Ton des Charakterdarstellers und die, empörter Menschenwürde dienende Mimik des Heldenvaters habe ich schon einige Male mit Erfolg angewandt. Es wird Ihnen einleuchten, daß auch ich nicht immer auf denselben Charakter reisen kann, sondern Abwechslung in die Maske bringen muß, mit welcher ich mich meinen Wohlthätern vorstelle. Beim besten Willen passirt es Einem da, daß man dieselbe rührende Geschichte von soeben erlittenem Ungemach zu oft erzählt und mitunter an Jemand geräth, dem man sie vor Jahr und Tag buchstäblich so mitgetheilt. Dann gibt's in der Regel eine unangenehme Scene. Trotzdem habe ich schon eine recht hübsche Sammlung derartiger überzeugender Geschichten von unverschuldetem Unglück. Sie sind mein geistiges Eigenthum. Ich gedenke sie einmal, wenn erst etwas günstigere Verhältnisse für den amerikanischen Literaturmarkt eintreten, auch noch in Buchform zu verwerthen, selbstverständlich copyrighted. Bis dahin wird's wohl bei meiner Ein=Dollar=Limonade bleiben. Sie wird mir schon über den Winter forthelfen. Und hat after all mein Geschäft in seiner Art nicht auch seine Berechtigung — gewisser Maßen als „Ein=Dollar=Store"? Ich verkaufe rührende Unglücksgeschichten um einen Dollar, that's all; und gebe noch als Rabatt das Anpreisen der Humanität meiner Kunden drein. Ich kenne manches Gewerbe, das nicht so ehrlich ist wie dieses."

„Meierle, sehen Sie nur zu, daß Sie mit Ihrer Ehrlichkeit nicht einmal nach einem der malerischen Eilande des East=River kommen, wo die Theilung der Arbeit in geschlossener Gesellschaft besorgt wird. Nehmen Sie Ihre schöne Handschrift in Acht, auf daß dieselbe Sie nicht etwa verleite, eine ganz kurze Historie zu schreiben, welche mit dem Amendiren eines Checks beginnt und im Zuchthaus endet. Es hat schon mancher der dort Graduirenden mit denselben Vorstudien angefangen, wie Sie. Diese gut gemeinte Mahnung ist der Dollar, den ich Ihnen nach dem Anhören Ihrer wahren Geschichte gebe!"

Der Besteurer der arbeitenden Intelligenz wird blaß, als sei er an einem geheimen, finsteren Gedanken ertappt. Doch sammelt sich der gewandte Bursche rasch und entgegnet mit sauerem Lächeln: „Danke ergebenst! Ihr guter Rath mag unter Brüdern einen Dollar werth sein. Als gute Ausrede, mich los zu werden, war er Ihnen jedenfalls auch einen Batzen werth."

Hiermit empfiehlt er sich. Nachdem er einige Schritte gethan, kann er jedoch nicht umhin, sich nochmals zu wenden und zu rufen: „Wenn Sie den armen Teufeln, die Alles, was sie bei der Arbeits-Symphonie sich ergeigt haben, im Krach-Finale so ganz piano verschwinden sehen dürften, einen guten Rath wüßten, wäre derselbe jedenfalls mehr als einen Dollar werth!"

Salon-Sclaven.

Wenn in den großen Städten der Union die frischen Morgen der Herbsttage den während des Sommers erschlafften Thatendrang wieder neu anregen, dann beginnt für den jungen Mann aus „guter Gesellschaft" der inhaltreichste Jahresabschnitt — nicht etwa darum, weil der wichtige Zeitpunkt naht, in welchem des Volkes rührigster Theil an das periodische Eingreifen in die Gestaltung der öffentlichen Angelegenheiten schreitet, — nicht etwa darum, weil die geistige Arbeit überhaupt, welche den allgemeinen Interessen gilt, sich in einer Großstadt während der Wintermonate häuft, — auch nicht darum, weil die langen Abende selbst Denjenigen, der im Stillen strebt und wirkt, zu ernsterem Mühen einladen als die Tage des lebhaften Verkehres mit der erblühenden Natur — sondern darum, weil die Saison der städtischen Lustbarkeiten zurückgekehrt, weil für alle Cliquen und Coterien, in welche selbst die gute Gesellschaft zerklüftet ist, die Zeit der einander drängenden parties angebrochen ist. Das sind die Ereignisse, die den jungen Mann von Schliff im Trab erhalten, kaum zu Athem kommen lassen. Die party, die auf dem Forum laut wird, kümmert ihn wenig; seine party bewegt sich innerhalb der strahlenden vier Wände, auf kostbaren Teppichen, bei dem Klange des mißhandelten Flügels oder dem ihm noch sympathischeren Knalle des Champagnerpropfens.

Wo die seidene Robe rauscht, das neueste Parfüm duftet und von gefärbten holden Lippen die gedankenleere, aber formglatte Phrase ertönt, wo man sich bei Gaslicht eine kleine, den Sinnen schmeichelnde Zauberwelt schafft, in die ja kein nüchterner Strahl aus dem ernsten Leben, das draußen mächtig wogt, eindringen darf, dort ist es ihm wohl, dort fühlt er sich heimisch — der verweichlichte Sohn einer strengen Zeit. Dort verpufft er all seinen Witz, dort findet er sein Geistesturnier. Sein Ideenkreis ist an die wohlige

Parlor-Atmosphäre gebannt; seine Lanzen bricht er nur in denselben
Conflicten, welche auch die Zungen der Kaffeeschwestern zu nimmer
ruhenden Schwertern machen; was seinen Geist bewegt, wird von den
Anschauungen der Backfische oder Coquetten bestimmt, deren cavaliero
servento zu sein ihm alles ideale Streben ersetzen soll. Von dem
Lebensmuthe und der Thatenlust des Jünglings, der im hellen Mittag
sich vom gebärenden Treiben seiner Zeit tragen läßt, die Jugendkraft
am kühnen Anprall gegen das Deraltete erprobt, mit Ungestüm nach
fernen Zielen weist, Ideale wie Frühlingsblüthen aus seiner frischen
Seele hervorspringen läßt und — wenn er zum Liebchen eilt — dasselbe
auf den Fittigen seiner Begeisterung mit emporhebt in die Sphären,
von welchen aus das Leben erst lebenswerth erscheint, — davon besitzt
unser junger Mann aus der guten Gesellschaft in der Regel blut=
wenig.

Fürstlich ausgestattet mit den Gütern, nach welchen die Jünglinge
anderer Nationen lechzen, im Sonnenschein der Freiheit geboren, —
jeder verkrüppelnden Fessel baar zum Manne erstarkt, mit erlangter
Mündigkeit gleich als Vollberechtigter eintretend in die Reihen Der=
jenigen, welche das Geschick ihrer Generation zu bestimmen, das der
kommenden Generationen vorzubereiten haben — ringsum freier Raum
für das Losstürmen noch unverdorbener Schaffensfreudigkeit, ein unab=
sehbares Feld gemeinnützigen Wirkens vor sich, das hier zu Lande wahr=
haftig nicht auf das, die Jugend oft kalt lassende Streng=Realistische
beschränkt ist, kein Hemmniß für das Propagiren idealer Anschauungen,
kein Zurückdrängen der jungen Kräfte durch eine von oben geschützte
Pedanterie, — so steht der amerikanische Jüngling, wenn er nicht schon
als Knabe seinen Nacken dem Arbeitsjoche zu beugen hatte, wie ein
Bevorzugter da unter all seinen Altersgenossen auf dem Erdenrunde!
Hier schreitet er wie ein Liebling der Götter einher, hier muß er er=
proben können, was der sich frei entfaltende Mannesgeist in seiner
frühesten Blüthe zu leisten vermag. Vor allen andern müßten die
Kreise, wo nicht das Herbeischaffen des täglichen Brotes die Geistes=
schwingen lähmt, der Republik ihre begeisterte, dem Volke voranleuch=
tende, uneigennützige Jugend liefern. — Wo aber sehen wir diese?
Wo findet der Beobachter sie als die Trägerin amerikanischer Ideale?

Wo kämpft sie, anfeuernd und bewundert, in den ersten Reihen? Wo schaaren sich die bahnbrechenden Jünglinge dieses Landes, das freiere Bewegung gestattet, als sonst eins, zusammen? Unsere Jugend aus guter Gesellschaft fühlt keinen solchen Drang, kennt keinen solchen Ehrgeiz. Ihren herrlichsten Beruf verläugnet sie, sich damit bescheidend, die Rolle einer jeunesse dorée zu spielen, in Nachahmung des entnervten, politisch entmannten Theiles der großstädtischen Jugend Europa's. Gute Lebensstellung gilt ihr als Enthebung vom Wirken fürs Allgemeine, statt als Erhöhung dieser Verpflichtung. In den ausgetretenen Geschäftswegen trabt sie noch eher eifrig fort, aber auch nur mit dem gierigen Blicke auf den nahen Gewinn, der ihr zu Füßen liegt. Zum Blick nach oben, zum Verfolgen höherer Lebenszwecke, zum Aufstreben im Interesse der Menschheit bleibt ihr keine Zeit. Die Stunden nach Schluß des Comptoirs vertändelt sie.

Unsere in der Gesellschaft bevorzugten jungen Leute sind recht geisteszahm; eine Sturm- und Drangperiode, welche wie das läuternde Gewitter auf die Jünglingsseele wirkt, haben sie nicht; sie gehen gleich im gemessenen Schritte des nüchternen Mannes; aber nicht das gediegene Gold der gereiften Mannesüberzeugung ist es, was ihren Gang bedächtig macht, sondern die Behaglichkeit, die sich durch die Macht der Ideen überhaupt nicht belästigen lassen will — mitunter auch die Blasirtheit, die Mutter der jungen Greise. Das Erklimmen der Höhen, wo — dem ganzen Volke sichtbar — die Wachtfeuer entzündet werden, das Anstimmen der Morgenlieder, welche die Schläfer im Thale des täglichen Mühens wecken und zum Eintreten für die höheren Interessen der Menschheit rufen sollen, überlassen die jugendlichen Schwelger Denjenigen, die daraus ein lohnendes Geschäft machen, ein Geschäft um so lohnender, je trüber das Wachtfeuer brennt, je mehr das Morgenlied zum Gassenhauer wird, dem kein guter Bürger mehr lauscht. Die Jugend mit ihrem frischen Können, ihrem lauteren Wollen steht zurück; der schlauen Berechnung fehlt das gehörige Gegengewicht. Die ursprüngliche mit sicherem Instincte zu Werke gehende Thatkraft, der rein menschliche Drang, der den begeisterten Jüngling als seinen liebsten Herold aussendet, regt sich kaum; und vergebens sehen die Männer, welche das Ankämpfen gegen diese oder jene Entartung zu ihrer Lebensaufgabe gemacht haben, sich nach den schlagfertigen, nicht um Sold kämpfenden Legionen um, welche sich andernorts aus der, einem Ideale zustrebenden Jugend zu recrutiren pflegen!

Und worin besteht der Ersatz, den jene Fahnenflüchtigen für den preisgegebenen stolzen Beruf finden? Was bietet ihnen das amerikanische high life? Das ganze, so viel Aufwand und afteraristokratischen Glanz um sich verbreitende Treiben in diesen Kreisen ist eintöniger, als der Fernstehende vermuthet. Und wie manche klägliche Gestalt vergeudet dort ihr Leben! — Wer eine, in fashionabler Unterhaltung begriffene Gruppe auch nur flüchtig betrachtet, dem wird sofort der äußerst bewegliche junge Mann mit eleganter Tournure auffallen, der dazu bestimmt scheint, das ganze Bild zu beleben. Er ist in der That die einzige, innere Bewegtheit verrathende Figur im Kreise; alle Andern haben studirte Haltungen angenommen, welche, wenn überhaupt etwas, die verschiedenen Grade der Passivität ausdrücken. Wir sehen die Damen in malerischer Pose jeden Augenblick bereit, den Photographen herbeispringen und in einem Lichtbilde ausdrücken zu lassen, wie sie „sich amüsiren"; wir sehen sie, wie sie eine ganze Leidensgeschichte über sich ergehen lassen, um ja nicht den vortheilhaften Faltenwurf, mit dem sie drapirt sind, in Unordnung zu bringen. Wir sehen an ihrer Seite einen oder mehrere „perfecte Gentlemen", die ihr Vergnügen mit derselben Würde bestehen, mit welcher sie am Sonntag ihre Predigt anhören. Nur er, der sich im Hintergrunde der Gruppe unruhig hin und her bewegende junge Mann, bald dieser jungen Dame, bald jener Matrone etwas zuflüsternd oder darreichend, mahnt daran, daß man nicht in der Kirche, sondern in der Oper oder im Ballsaal ist. Er lebt dem Berufe, galant zu sein, sich für das Wohl seiner Mitmenschen, vorausgesetzt, daß sie dem high life angehören, zu opfern. Es schwebt ihm etwas wie die Mission vor, holden Frauen das Leben zu verschönern; nur bekommt er es auf Schritt und Tritt zu fühlen, daß er in Erfüllung dieses Berufes fast ebenso viel dafür thun muß, den männlichen Unholden, welche seine Blumen umlagern, Bequemlichkeiten zu bereiten, beziehungsweise Unbequemlichkeiten zu ersparen, und daß er damit zur Verschönerung des eigenen Lebens nicht das Geringste beiträgt, im Gegentheil ein ungemein belastetes Dasein führt. Wie sich mit kleinen, unbedeutenden Dienstleistungen für Andere ein ganzes Menschenleben ausfüllen läßt, dafür legt sein Thun und Lassen überwältigendes Zeugniß ab. Er ist Sclave fremder Launen, er steht und läuft, wendet sich und bückt sich auf den Wink seiner erkorenen Tyranninnen, er fügt sich ihrem Gebote, ohne daß sie einen Herzensanspruch an ihn haben. Doch er trägt die Ketten gern, er betrachtet sie als Blumengewinde, die ihm vortrefflich stehen. Er ist stolz auf seine Sclaverei; denn wisse, Mitwelt, Du hast den Martyrer der Galanterie an ihm zu bewundern und zu ehren!

Was wäre die vornehme Gesellschaft ohne ihn, den modernen Vertreter der Ritterlichkeit? Daß er ohne Minnelohn, gleichsam als Asceticer der Galanterie, sich der Lebensverschönerung widmet, das läßt ihn nur um so größer, läßt ihn als den gesellschaftlichen Helden erscheinen, der die Galanterie ins rein Menschliche überträgt, ihr ein eigenes stilles Liebesglück opfert. Er hat so viele Bouquets, so viel Parfüm und unzählige andere kleine Liebenswürdigkeiten für diesen reizenden Backfisch, jene glückliche Braut, diese allerliebste junge Frau, jene geistreiche Dame und hochangesehene Repräsentantin der Aristokratie zu besorgen, sein Nervensystem ist so angespannt durch die Mühe, sich im täglichen Labyrinthe von Aufträgen zurechtzufinden, sein armes Herz hat den Tag über so oft zu pochen ob der dankbaren Blicke, die kommen oder ausbleiben, daß ihm für das Fassen, geschweige denn Pflegen einer das ungetheilte Herz verlangenden Neigung weder Zeit noch Stimmung bleibt. Er entsagt und entsagt doch nicht. Die kräftigeren Pulse, die selbst ihm die menschliche Natur nicht vorenthält, sucht er mit einer gar lieblichen Vision zu beschwichtigen. Ihm ist zu Muthe, als sei er eine idyllisch summende Biene, welche von Blume zu Blume fliegt, hier die Rose, dort die Lilie huldigend umkreist, bald rechts, bald links ein wenig zu nippen sucht — vorausgesetzt, daß nicht schon eine Hummel im Kelche sitzt — und sich, wenngleich der Honig Andern gehört, doch stolz herumtummeln kann zwischen all der Blüthenpracht, doch in die Welt hinaussurren kann: „Auch ich sauge Honig!" Bis zu Tantalusqualen läßt er es nie kommen; er ist zufrieden, wenn die Welt ihn glücklich und beneidenswerth w ä h n t.

Eifersüchtelei hat er sich ganz abgewöhnt, blos mit der einzigen, aber um so bedeutenderen Ausnahme: es darf Niemand beanspruchen wollen, galanter zu sein als er, die Schrift, mit welcher kleine, unschuldige Wünsche im Auge der Frauen geschrieben stehen, fertiger lesen zu können, als er. Wer solchen Anspruch erhöbe, dem gälte seine Todfeindschaft! Ihn in der Gesellschaft zu vernichten, wäre von da an sein unerschütterlicher Entschluß; und mit der Kühnheit eines Achilles, mit der Schlauheit eines Ulysses vollbrächte er dies, sollte auch die Hälfte seines Gehaltes für Bouquets draufgehen. Salarirt ist er gewöhnlich; die Behaglichkeit der independence würde ihn längst seinem Martyrium entfremdet haben. Seine Stellung muß derartig sein, daß sie ihm sehr viel Zeit für seinen idealen Zweck läßt; denn nur die Grobheit ist kurz, die Galanterie ist lang. In der Regel ist er Comptoir-Jüngling, um von drei, vier Uhr des Nachmittags an ganz der eleganten Gesellschaft angehören und den Packesel-Dienst für den Kreis seiner Despotinnen ungestört bis in die späteste Abendstunde leisten zu können. Er duldet viel. An Opern-Abenden hat er den Fiaker zu bestellen, und wenn er mitfahren will, auf dem Bocke zu sitzen; er hat Programm und Textbuch zu besorgen, wird für die Vollzähligkeit der Fächer und Operngläser verantwortlich gemacht, ohne es zu einem Sitze in der Loge selbst zu bringen; desto häufiger flattert er aus und ein, desto graziöser weiß er sich als Staffage hinter einer Lehne in Positur zu setzen, die Aperçus zu den Leistungen auf der Bühne zu besorgen, die Sensationen, welche der Nachmittag im high life gebracht, zu colportiren.

Geht's zu Balle, dann ist er zwar schon am Vorabend außer Athem, aber seine Unentbehrlichkeit zeigen erst die letzten Stunden vor dem Balle. Für die desperaten Situationen, die sich durch dieses oder jenes Mißgeschick bei den letzten Vorbereitungen einstellen, muß er, der schon fix und fertig unten im Parlor harrt, Abhilfe zu bringen wissen. Das sind die Stunden, in welchen er häufiger als je in seinem mühevollen Wirken „Mein lieber —" geheißen wird. So eingeleiteten Bitten widerstehe, Wer kann. Er eilt noch in der elften Stunde im Schneegestöber um ein Paar Handschuhe, um einen anderen Domino; er ruinirt seine Lackstiefel dabei; doch die Galanterie erheischt es, das ist ihm genug. Ist er, gehetzt wie ein Wild, glücklich im Ballsaale, dann besteht das ihm zugedachte Vergnügen hauptsächlich darin, das noch fehlende Paar zur Quadrille aufzutreiben und die sitzengebliebene Base vom Lande zum Tanze zu führen. Er thut's ohne den leisesten Seufzer. Zwanzig Mal in der Stunde bricht er sich mit Löwenmuth Bahn durch das Gewühl, um den nie endenden Anliegen der, über ihn gebietenden, mit glücklicheren Sterblichen coquettirenden Damen gerecht zu werden. Ein holdes Lächeln entschädigt ihn wieder für Alles, für die Müdigkeit, für den im Gedränge beschädigten Frackschooß, für die Martern, die ihm ein getretenes Hühnerauge bereitet. Unter der ganzen Gesellschaft ist er vielleicht Derjenige, welcher die engsten Stiefel trägt, und doch auch der Einzige, der aus Galanterie die ganze Nacht nicht zum Sitzen kam. Auch das weiß er zu überwinden. Es schreckt ihn nicht ab, selbst bei der Heimfahrt noch galant vom Bocke auf das Glatteis hinab zu springen, vielleicht einen unfreiwilligen Fußfall zu thun, aber im nächsten Momente doch flink den Kutschenschlag zu öffnen.

Ist der Spaß zu Ende, dann blickt er, für den das Amusement Anderer kein Spaß, sondern nur eine Kette mit süßem Lächeln ertragener Qualen war, dennoch stolz auf sein Tagewerk zurück. In erhöhtem Selbstbewußtsein sagt er sich, wenn er in seinem Stübchen in den Spiegel blickt: „Du bist heute wieder ein galanter Kerl gewesen; Du darfst zufrieden mit Dir sein, Du hast sie Alle ausgestochen!"

Müde wie ein Tagelöhner sucht er sein Lager auf. Erhitztes Blut strömt durch seine Adern und lange wacht er noch, all die Bilder der geleisteten Ritter- und Pagendienste wieder und wieder vor seine Seele führend. In diese Bilder aber mischt sich allmälig der mahnende Reigen der übernommenen neuen Aufträge für den nächsten Tag. Vielleicht bricht ihm kurz vor dem Entschlummern, ob eines zu leichtsinnig übernommenen schwierigen Auftrages, noch der Angstschweiß aus; doch er schwelgt dann um so süßer im Gefühle des Martyriums der Galanterie. Mögen Andere sich durch die Gunst eines bezaubernden Wesens beseligen lassen; er findet es bezaubernd, recht Viele

mit seiner Galanterie zu bezaubern, wenn ihm auch damit die Seligkeit
ernster Hingebung hinweggezaubert wird. Sind seine Erfolge auch
klein, so genügen sie doch seinem bescheidenen Herzen. Selbst über
Kränkungen, die ihm in seinem Diensteifer an diesem Abend vielleicht
begegnet sind, weiß er sich zu trösten. Es wandelt ihn dann an, als
blühe er wie das Veilchen im Verborgenen. Mit sich selbst zufrieden
schlüpft das Veilchen unter die Bettdecke und bald ertönt's wie das
Schnarchen eines müde gehetzten Lohndieners.

Der Hagestolz.

„Schon fünfzig Jahre alt und noch keine Frau und noch — keine office! Es gibt doch sonderbare Menschen!"

In diese Worte kleidet kopfschüttelnd ein wohlgenährter Mann, der soeben einen hagern Gentleman in den hohen Fünfzig achtungsvoll gegrüßt hatte, seine eigene Verwunderung, um jenem Gedanken, auf den er sich nicht wenig einbildet, Gestalt und Farbe zu geben. Der wohl genährte Mann ist — wie dies schon die Verflechtung des Begriffes office in seine Vorstellung vom Berufe des gereiften Mannes andeutet — ein eifriger Stadtpolitiker, der Bürger Pollmeier. Jetzt sieht er wieder etwas restaurirt aus. An die Stelle des stattlichen Panama-Hutes, den er zu tragen pflegte, als noch die Sonne des „Ringes" schien, ist zwar ein schmalkrämpiger, schwarz lackirter Strohhut getreten und die goldene Uhrkette fehlt noch immer, allein er erholt sich sichtlich und gedenkt, dies mit der Zeit gründlich zu thun. Noch einmal blickt er dem Manne ohne Frau und ohne office nach.

„Da geht er hin, steif wie seine weiße bachelor-Cravatte. Immer sauber, das ist wahr; einen feinen Hut, patente Sommerhose, weiß wie Schnee, und allemal die goldgefaßte Brille auf der gescheidt aussehenden Nase. Ob der Mann wohl auch mit der Brille zu Bette geht? Sapristi! Hätte ich den Verstand dieses Menschen, ich wäre längst schon Staatssenator, Departementschef oder sonst was Fettes und hätte keine Ruhe, als bis ich's zum Gouverneur gebracht. Solche Leute wissen gar nicht, wie sie sich an der Natur versündigen, die ihnen so zu sagen die Leiter zum Höchsten, was es in der Republik gibt, an die Wiege gestellt. Da marschirt er an diesem schönen Sonntagsmorgen aus, gewiß in jeder Tasche ein Buch, und in der Schachtel, die er unterm Arme trägt, bringt er am Abend nur Gras und Ungeziefer heim, um sich dann über den Halmen und Käfern den Kopf zu zerbrechen."

„Ein Mensch, der keine Familie hat, bringt's sein Lebtag nicht zu etwas Gescheidtem und wenn er die Weisheit mit Löffeln gegessen hätte. Bälger muß man schreien hören, um ein practischer Mann zu werden. Bei Sanct Tammany! wäre ich so ein bejahrter Studirter, ich wollte dem General-Committee was zu rathen aufgeben! Paar große Buben müßt' ich schon haben und für jeden ein clerkship. Die Familie Pollmeier sollte mir ein gehöriges Wörtchen mitzureden haben. Daß sich so ein feiner und mit gelehrten Sachen vollgestopfter Gentleman ohne Frau behilft — na, man weiß, wie das manchmal geht; aber daß Einer, vor dem selbst unsere big bugs Respect haben, ohne office sich behilft, das scheint mir ganz gegen den Beruf des menschlichen Genie's in der größten Republik der Welt zu gehen. Die politischen bugs würde ich an der Nadel zappeln lassen und nicht die im Park aufgelesenen!"

„Ah, da kommt der kleine Doctor, auch ein Studirter, aber ein practischer. — Sagen Sie einmal, Herr Doctor, Sie kennen ja Ihren Nachbar, den bachelor, der so independent thut und für unser Einen so eine gewisse frostige Höflichkeit hat, daß man fast meinen muß, er möchte sich nur in einer Republik ohne Politiker behaglich fühlen. Eben meint' ich, so ein einzelner Mann habe kein rechtes Gefühl für das sich unaufhörlich mehrende Volk und dessen Beamt—, dessen Bedürfnisse, wollte ich sagen. Fast möcht' ich wetten, daß Der am Wahltage gar nicht stimmt."

Da irren Sie sehr, entgegnet der Kleine, das ist einer von den Stillen, von den silent voters, wie Ihr sagt. Darauf können Sie Sich verlassen, Der hat noch nie an der Wahlurne gefehlt und würde gewiß auch nicht bei Eueren primarios fehlen, wenn er hoffen könnte, seines Gleichen — ich meine, gleich im politischen Begehr oder politischen Verständniß — dort zu treffen. Sie nehmen mir das nicht übel, lieber Freund, aber Sie wissen, ich rede gern von der Leber weg. Eins kann ich Sie bestimmt versichern, Der fehlt am allerwenigsten dann am poll, wenn es gilt, eine Anstrengung zu machen, daß die Maschine die Kränk' bekomme. Lieber Mann, Sie glauben gar nicht, wie viele solcher Menschen es gibt, wenngleich sie nicht alle bachelors sind. Sie bilden die unsichtbare Armee, vor welcher noch jeder Partei=boss gezittert hat, wenn er beim Beginn der Campagne sein Ohr an die Erde legte und diese Armee herannahen hörte. Wenn die Stillen erst einmal sammt und sonders unter einen Hut zu bringen sind, dann Pollmeier, dann hat's wirklich geschellt. — Doch lassen wir dieses Capitel; es fängt heut an sehr heiß zu werden und ich möchte mich nicht gern schon am Vormittag echauffiren. Aber was den Civilstand unseres „frostig höflichen" Freundes, wie Sie sagen, betrifft, — noch ein ruhiges Wort. Ich will Ihnen gern einräumen, daß ein alter bachelor, der sich dem Familienleben entzieht, sich dadurch gewisser Maßen auch der Erfüllung einer Pflicht entzieht. Aber du lieber Himmel, es gibt noch so viele andere Bürgerpflichten. Laßt ihn nur diese alle treu erfüllen und er hat mehr gethan, als der Durchschnitts=Philister. „Kein rechtes Gefühl für die Bedürfnisse des Volkes" sagen Sie. Ja wenn der Junggeselle unter Euch geräth, dann mag sich dieser Mangel bei ihm noch viel rascher entwickeln, als bei Euch, die Ihr die Häupter Euerer Lieben stets als eben so viele Gründe für eine Versorgung durch den Staat oder die Stadt vorzeigt. Aber der bachelor, dem sein Volk seine Braut ist, hat ein weiteres Herz für Euch und Euere Kinder, als Ihr glaubt. Und obgleich er allein zu sein scheint, ist er nie allein.

Ich fragte ihn einmal, als ich ihn zwischen seinen Büchern traf: das ist wohl Ihre Familie? „Was glauben Sie," gab er mir zur Antwort; „das sind meine Freunde, meine gesprächigsten und ver= schwiegensten Freunde, Freunde aus allen Nationalitäten, Freunde aus vielen Zeitaltern. Sie vermitteln mir die Vergangenheit des Men= schengeschlechtes, lehren mich, die Gegenwart gehörig würdigen. Will ich aber in die Zukunft sehen, dann blicke ich auf mein Volk. Jeder Bürger ist mein Bruder, jede Bürgerin meine Schwester, und sie alle glücklich zu machen, wäre mein höchstes Glück. Sie auf Irr= wegen zu erblicken, sie mißbraucht und ausgebeutet zu sehen, ist mein höchster Kummer. Mein Volk ist meine Familie!"

Das kann nun freilich auch Einer sagen, der kein bachelor ist. Aber sehen Sie, ein solches Junggesellenherz hat eben sehr viel Raum fürs Allgemeine. Bei uns sitzen die lieben Eigenen so fest darin, daß wir immer sie zuerst anhören müssen. Wie mancher gewagte, aber ersprießliche Schritt würde gelegentlich gethan, wenn das herzige Zwitschern im Neste drin uns nicht abhielte. Dem Familienvater frommen die kühnen Aufflüge selten. Der Junggeselle aber segelt drauf los wie der verwegene Nar. Er steigt auf und besieht sich aus seiner einsamen freien Höhe das Gesammtbild. Ist er ein weiser Mann, weiß er den weiten Ausblick zu verwerthen. Und wenn er so dasitzt in seinem stillen Zimmer, während wir vielleicht in unserem belebten Heim practische Erziehung treiben, hat er Muße, sich in Erziehungstheorien zu vertiefen und die Ideen auszuarbeiten, welche der würdigen Erziehung des Menschengeschlechtes gelten. Er steht da wie ein Unparteiischer zwischen dem Erzieher und dem zu Erziehenden, behandelt die Frage ganz sachlich und behält den Normalmenschen, oder wenn Sie wollen, den idealen im Auge. Das können freilich Andere auch, aber er vor allen Andern. Und wenn er das Wehe der Gesellschaft betrachtet, glauben Sie ja nicht, daß er es darum weniger fühlt, weil er allein ist. Ihn faßt es in seiner Gesammtheit um so mächtiger. Sie müssen mich verstehen, ich spreche immer nur von dem gebildeten, dem edel denkenden Junggesellen. Als uneigennütziger Fürsprecher des Familienglücks weiß er um so beredter zu sprechen für Alles, was solches Glück fördert, und gegen Alles, was es untergräbt. Sein Wort wird zum Mahnruf des gerechten Unbetheiligten.

Sehen Sie, auch für den bachelor hat die Gesellschaft eine besondere Mission. Es hat Alles seinen Zweck. Als célibataire der Culturreligion steht der alte Junggeselle wie der immer bereite Streiter da. Kein süßes hemmendes Band fesselt ihn. Die irdische Blume wird ihm nur dürftig gereicht; um so fleißiger blickt er hinaus in den Garten seiner Ideale und pflegt sie, auf daß er, wenn er scheidet, sagen kann: „Auch ich habe mir den neuen Frühling verdient, welcher dereinst kommen muß." — Pollmeier, schmähen Sie mir die bachelors nicht! Wer sagt Ihnen, daß dieselben nicht auch ihre Stunden des Ueberströmens haben, daß mein alter Freund, wenn ihm der Leierkasten unter dem Fenster ein Elegisches klagt, nicht sein Buch hinwirft, oder seinen Käferkasten zuklappt — nicht aus Unwillen über

die musikalische Plage, sondern um zu sehen, ob nicht ein armes Kind in
Lumpen dasteht, demselben sein Almosen zuzuwerfen und dann sich
von der einfachsten rührenden Melodie einwiegen zu lassen in schmerz=
liche Betrachtungen über „der Menschheit Jammer" und ihr so
hilflos scheinendes Sehnen? Wer sagt Ihnen, daß der Mann beim
Anblick eines Gemäldes, einer Statue nicht durch eine lebhaftere
Vorstellung von der Menschenwürde entflammt und in dem Vor=
satze, seine ganze geistige Thätigkeit dem großen allgemeinen Werke,
jenes Sehnen nicht einen leeren Traum bleiben zu lassen, dienstbar
zu machen, mehr bestärkt wird, als es alle Demagogen, welche die
altehrwürdigen Sätze vom „freigeborenen Menschen" und vom „An=
spruch auf Glückseligkeit" zu leeren Schlagworten herabwürdigen,
je werden können? Auch unser bachelor webt in seiner Klause mit
an dem Webstuhle, auf dem die Geschicke künftiger Generationen sich
gestalten.

„Und was erfolgt daraus für uns?"

Für Euch so viel, daß der bachelor, wie ich ihn meine, eine
Classe mehr vertritt, welche in ihrer Art dahin mitwirkt, Euch und
Eure Häuptlinge dem Volke nicht ganz über den Kopf wachsen zu
lassen. Einer so, der Andere so.

Selbstständige junge Damen.

Unter den Figuren, welche nur an einigen wenigen Punkten der civilisirten Welt anzutreffen sind als kostbare Pflanzen, die lediglich dem weltstädtischen Boden entsprießen, gibt es keine elegantere und pikantere als die junge Weltdame, die vermöge ihrer Stellung oder ihres Charakters ein besonders selbstständiges Auftreten wagen zu können glaubt. Mit den Gemeinen hat sie selbstverständlich nichts gemein; und in New-York trifft man sie nur an Orten, welche von der respectabelsten Gesellschaft besucht werden; es liegt aber in ihrem Wesen, daß sie dort besondere Aufmerksamkeit erregt, der sich eine minder „unabhängig" auftretende Dame um Alles in der Welt nicht aussetzen möchte. Ihr Benehmen ist durchaus anständig und großes Unrecht würde Derjenige begehen, welcher ihre Respectabilität bezweifeln wollte; aber bei aller Anständigkeit hat ihre Art, sich zu geben, etwas so Herausforderndes, daß die Dame von einfacherem Wesen nicht umhin kann, sie groß anzusehen und bei wiederholter Begegnung ihren Begleiter durch ein gelispeltes Wort oder ein leichtes Zupfen am Aermel auf sie aufmerksam zu machen.

In der Oper, im Concert, auf der vornehmen Promenade, in der Bildergalerie, kurz überall, wo bemittelte und gesittete Leute verkehren, findet auch sie sich ein. Ihr Tact geht so weit, sich die in guter Gesellschaft üblichen Höflichkeiten zu sichern, reicht aber nicht aus, sie Gleiches mit Gleichem vergelten zu lassen. Sie hat in der Regel ein stark entwickeltes Selbstbewußtsein und nimmt das, wozu sie nur vermöge des Uebereinkommens berechtigt ist, gern als eine ihr gebührende Huldigung auf. Ueber das Erwiedern der erfahrenen, rücksichtsvollen Behandlung setzt sie sich hinaus. Ist sie schön, dann meint sie, einen natürlichen Anspruch auf Auszeichnungen zu haben; sie erscheint an öffentlichen Orten gewisser Maßen nur zu dem Zwecke, den ihr geschuldeten Tribut von Bekannten und Unbekannten entgegenzunehmen. Ist sie nicht schön, dann hält sie sich allenfalls für eine bewunderungswürdige Schönheit. Da sie außerdem immer höchst stylish ist und in ihrem Auftreten es nicht an der nöthigen Sicherheit fehlen läßt, so glaubt sie schon dadurch über das gewöhnliche Niveau der gebildeten Welt empor zu ragen und die Vorrechte einer genialen Natur zu genießen. Wer in der Oper oder im Concert ihr Nachbar wird, muß sich glücklich schätzen, so unglücklich der Mensch, von dem sie sich begleiten läßt, auch aussehen mag.

Zu ihren Manieren gehört es, in der Oper die Sänger nur wenig zu beachten, im Concert selbst während einer Symphonie zu plaudern und kokett zu kichern, auf der Promenade gerade dort stehen zu bleiben, wo die Passage schwierig und es für den gewissenhaftesten Zierbengel unmöglich ist, den zur Schonung ihrer Schleppe nöthigen Umweg zu machen. Als heiligstes Gebot aber achtet sie die Sitte, im Theater oder Concertsaal ja zu spät einzutreffen! Die Momente, während welcher sie ein ganzes Auditorium stört und zwingt, Zeuge ihrer Manöver beim Aufsuchen des Sitzes zu sein, die Momente, in welchen das Rauschen ihrer Robe ein Pianissimo übertönt und die nächste Umgebung dafür die extrafeine Qualität ihres Seidenzeuges ermessen läßt, gehören zu den glücklichsten ihres Lebens. Die Art, wie sie Platz nimmt, ist für sich allein Sache eines großen Studiums. Nachdem der, wie ein Bedienter geschulte Cavalier den Shawl, Mantel oder was sonst die Taille verhüllte, demüthig in Empfang genommen, steht die reizende Gestalt in ihrer ganzen Herrlichkeit da. Einige Secunden lang wird Jedem, der sehen will, die Begünstigung gestattet, sich an dem herrlichen Wuchse zu weiden. Dann beginnt das Zurechtlegen des üppigen Faltenwurfes, wobei die zierlichen Hände, vor allem Andern aber die funkelnden Armbänder bewundert werden können. Die angestaunte Dame beugt sich einmal, zweimal; doch erst zum dritten Male will das Finden des Sitzes gelingen. Endlich sitzt sie und dem Herrn Nachbar von hinten ist bereits der Schreck ob der himmelanstrebenden Coiffure, die ihm jede Aussicht raubt, in alle Glieder gefahren.

Nein, sie sitzt noch nicht! Nochmals erhebt sie sich; sie sucht nach ihrem kostbaren Sacktuch, nach ihrem bunten Fächer, und die Draperie hatte sich den Raumverhältnissen des plebejisch engen

Sperrsitzes noch nicht gehörig angepaßt. Der Cavalier sucht die noch nöthigen Arrangements zu beschleunigen. Nur noch einige Tacte der Orchestermusik und sie sitzt wirklich. Das Blut ist ihr doch etwas zu Kopfe gestiegen. Jetzt arbeitet der Fächer mit Heftigkeit. Wo steckt aber das Programm? Wieder einige Bewegungen voll Erregtheit, bis schließlich auch das Blättchen bequem zurecht gelegt ist, nicht um gelesen zu werden, sondern um dem Anbringen kleiner Nuancen im Kokettiren mit der schönen Hand zu dienen.

Nun beginnt das Mustern der Umgebung, das beredte Spiel mit den Achseln, das kecke Aufblicken zu den Logen, abruptes Wegsehen, ebenso unmotivirtes Hinstarren in anderer Richtung, jetzt holdseliges Lächeln, im nächsten Momente strenges Emporziehen der Augenbrauen, und wie die kleinen Manöverchen alle heißen, die verrathen sollen, welches ungestüme innere Leben diese bewegliche anmuthige Hülle in sich berge! Im Bewußtsein, sich im höchsten Grade interessant zu machen, merkt es die sich so unabhängig gebende Weltdame nicht, daß ab und zu ein Blick nicht schmeichelhaften Staunens sie trifft. Die Blicke der Damen nimmt sie triumphirend als stumpfe Pfeile des Neides, jeden Blick eines Herrn als den unfreiwilligen Tribut eines bewundernden Tantalus auf. Und je mehr Aufsehen dieser Art sie erregt, desto geringschätziger behandelt sie den Sclaven, der neben ihr sitzt. Er soll ihr Unterthan nicht blos sein, die Welt soll es auch wissen, daß er es ist. Die Habitués wissen außerdem, daß sie viele Sclaven hat, daß sie wo möglich an jedem Abend einen anderen mitbringt. Wo die Sitzordnung es nicht möglich macht, sich umschwärmen zu lassen, muß der Wechsel der Begleitung zeigen, wie gesucht man ist. Wo es die Terrainverhältnisse gestatten, weiß es unsere selbstständige Weltdame so zu gestalten, daß sie immer die schäkernde Hauptfigur einer lebhaften Gruppe wird. Sie lacht gelegentlich auch laut auf oder stößt gar einen Jubelschrei aus, jedoch nur um die auf sie aufmerksam Gewordenen sehen zu lassen, wie schüchtern zu thun sie auch verstehe, wenn ihr sprudelndes Gemüth ihr den bösen Streich gespielt, ihrer berückenden Glockenstimme einen zu weit tönenden Schall zu geben. Sie erschrickt fast vor ihrer eigenen Heiterkeit, würde sich aber zu

Tode grämen, wenn dieser unschuldige Appell an das Interesse
müßiger Gaffer ihr verwehrt würde.

Sie ist durchaus respectabel, darf sich daher ein wenig gehen
lassen. Man kennt ja ihr respectables väterliches Haus und dort
läßt sie sich noch mehr gehen, wenn Herrengesellschaft kommt. Daß
sie einen kleinen abenteuerlichen Zug hat, welcher ihr das Aufsehen-
Erregen zum Bedürfniß macht und im Benützen der Mittel sie
nicht sehr wählerisch werden läßt, das liegt in ihrem Temperament;
und Temperament kann die amerikanische Belle nie zu viel haben.
Stürzt sie sich mit selbstgewähltem Führer, also gewisser Maßen
allein, in den Ocean des weltstädtischen Vergnügens, so thut sie
nur etwas Landesübliches; ihre Stellung in der Gesellschaft erheischt
blos, daß sie es genialer thue, als das Mädchen ohne Stellung in
der Gesellschaft. Stößt sie in diesem Ocean auf eine kleine Klippe,
dann ist der Schild der Familie als Rettungsapparat bei der Hand.

Doch unsere junge Weltdame ist nicht die einzige Figur, mit
welcher dem sonst eintönigen Gesellschaftsbilde ein wirkungsvoller
Lichtpunkt verliehen wird. Sie hat auch in andern Schichten Nach-
ahmerinnen. Lustige elegante Dämchen, gegen deren Respectabilität
Niemand Zeugniß abzulegen vermag, springen Aufsehen erregend
aus allen Kreisen der großstädtischen Bevölkerung hervor. Fehlt es
diesen gleichwohl an dem feinsten Schliff, so haben sie doch eine
gemeinschaftliche Tournure, die sphinxartig jede Auskunft darüber,
auf welcher Stufe die Wiege der unabhängig Hinausstürmenden
gestanden, verweigert. Den Standesunterschied überwindet sie mit
einem Schlage durch das Anschaffen einer feingearbeiteten Robe aus
schwarzem Seidenstoff und des entsprechenden Zubehörs. Schwarze
Seide ist durch das Uebereinkommen zum Ausdruck höchster Eleganz
gestempelt. Selbst die Frau des Millionärs kann nicht höher. Wie
man sich im eleganten Aufputz benimmt, das haben sie schon als
Schulmädchen den auserwähltesten Damen abgeguckt.

Natürliche Anmuth braucht wenig Unterricht. Ist der modernste
Sonnenschirm bei der Hand, dann geht's los, hinaus in die New-
Yorker Welt, wo es so viele Sammelplätze der gesitteten Gesell-
schaft gibt, an welchen jede, dem Modejournal huldigende Grazie die

gleiche Chance hat, die Bewunderung herauszufordern und sich an dem Gefühle zu berauschen, daß sie Aufsehen errege! Ob sie bei Tage an der Nähmaschine gesessen oder Clavier gespielt, Romane gelesen oder Pappschachteln gemacht, Wer will ihr das bei flüchtiger Betrachtung ansehen? Bei der Nacht sind selbst im hellerleuchteten Saale oder Sommergarten alle gesellschaftlichen Stellungen gleich; nur die Schönheit, das Temperament, das savoir faire und der Aufputz markiren die Unterschiede. Und kokettiren kann das heißblütige Mädchen aus dem Volke allen Ladies aus dem high life zum Trotz. Um vollen Theil zu haben an dem öffentlichen Amusement der Sommerabende, braucht sie nur noch den Begleiter. Das Anschaffen desselben hat in dieser Sphäre seine Schwierigkeiten. Der junge Mann aus solcher Schichte läßt sich auf derartige Fahrten nicht gern ein. Ihm ist's nicht so leicht, sich zum Stutzer aufzuspielen, wie dem unternehmenden girl, die Dame zu spielen. Da muß denn Einer herbei, der in der Regel im Vergleiche zur Donna sehr inferior aussieht. Sie bedient sich seiner dann nur zum Erlangen eines „Respectableren". Er soll sie auf der Suche nach demselben begleiten. Diese Auszeichnung darf er sich schon etwas Geld kosten lassen. Unsere junge Lady aus dem Volke ist zumeist bei gutem Appetit und wenn sie auf Genossinnen stößt, tractirt sie gern. Mit einem stolzen Blicke macht sie zwei Kellner springen. Ist aufgetragen, dann wird der Cavaliere servente durch einen Stoß mit dem Regenschirm dazu aufgefordert, die Zeche zu bezahlen. Die Demuth, mit welcher er in die Westentasche greift, bildet einen erschütternden Contrast gegen das bekannte Bild, auf dem die deutsche Köchin, welche die Zeche ihres Soldaten zu bezahlen hat, mit rührendem Zartgefühl ihm das Geld unter dem Tische in die Hand drückt, auf daß er ja nicht vor dem Kellner gedemüthigt sei.

So macht das unabhängig auftretende Dämchen mit der räthselhaften Lebensstellung allmälig ihren Weg in die Gesellschaft. Entschlossen steigt sie von Stufe zu Stufe, sich immer an einen besser Gestellten haltend. Sie hat Verstand genug, die landesüblichen Respectabilitäts-Grenzen dabei einzuhalten. Sie wird die self-made lady. Und während ihre Temperaments-Genossin aus höherer

Region in ängstlichem Haschen nach Bewunderung, in abenteuer=
lichem Drange nach Auszeichnung oft ein Glück, das ihr bei größerer
Ruhe von selbst in den Schooß gefallen wäre, verscherzt, bekommt
Jener das Abenteuer sehr wohl. Sie wollte nicht im Verborgenen
blühen und hat sich richtig durch Klugheit und Unternehmungsgeist
ein sonniges Plätzchen für das Reifen ihrer Früchte errungen.

Ein trefflicher Mann.

Archibald Jeremiah Fallback, Esq., ist ein sehr patenter Mann. Er hat etwas Gehöriges vor sich gebracht, hat noch nie Bankerott gemacht und geht jeden Sonntag in die Kirche. Er hat auch Gemeinsinn. Als eingeborener Bürger der Republik hat er die Erkenntniß, daß allgemeine Calamitäten dem individuellen Wohle nicht sehr förderlich sind, so zu sagen mit der Muttermilch eingesogen. Er ist somit schon vermöge des „erleuchteten Egoismus" sehr besorgt um die allgemeine Wohlfahrt. Gegen politische Corruption ist er aus dem doppelten Grunde, weil sie erstens unmoralisch ist und zweitens sehr kostspielig für den Bürger werden kann. Archibald Jeremiah Fallback, Esq., ist überhaupt ein sehr respectabler Gentleman; seine Familie ist respectabel; sein Geschäft ist respectabel; die Gesellschaft, in der er sich bewegt, ist respectabel; die Gegend, wo er sein Haus gebaut hat, ist sogar äußerst respectabel und all seine Lebenspläne ruhen auf unvergleichlich respectabler Grundlage. Man darf mit Gewißheit darauf rechnen, daß Archibald Jeremiah Fallback, Esq., sich weder im privaten noch im öffentlichen Leben je irgend einer ungerechten Handlung schuldig machen wird.

Jeder sterbende Vater könnte ihn getrost zum Vormund der hinterlassenen Waisen und zum Administrator ihres Vermögens einsetzen. Die Kinder würden sicherlich am Tage ihrer Mündigkeit das volle, wohlangelegte Capital sammt den aufgelaufenen landesüblichen Zinsen auf Heller und Pfennig überwiesen bekommen. Nur in einem Falle müßte der Testator vielleicht Bedenken tragen, Archibald Jeremiah Fallback, Esq., zum Vormund zu machen, — nämlich dann, wenn die Waisen gewissenlose, habsüchtige Verwandte hätten, von denen mit ziemlicher Bestimmtheit anzunehmen wäre, daß sie die übliche Testamentsanfechtung mit großem Nachdrucke betreiben würden. Das Recht der Waisen gegen energische Angriffe verfechten, das wäre eine That, deren Vollbringung dem respectablen Archibald Jeremiah Fallback, Esq., nicht an der Wiege gesungen worden ist. Er ist ein trefflicher Mann, nur muß man ihn damit verschonen, bei seiner trefflichen Handlungsweise allzusehr von seinem breitgetretenen Alltagspfade abzuweichen. Namentlich zum Verfechter eignet er sich nicht. Er hat weder das Schwert der Zunge, noch den scharfen Stahl der Feder gewandt führen gelernt, ganz abgesehen vom Erlernen des Boxens oder Fechtens, und übt selbst die Künste des Friedens nicht gern aus, wenn sie zum Entstehen eines Kampfes führen. Er ist durch und durch ehrlich; wenn es aber gilt, den Unehrlichen den Weg zu vertreten, dann findet er nicht die nöthige Willenskraft dazu. Er besitzt Tugend, aber nicht den Muth der Tugend.

Hiermit ist dem Archibald Jeremiah Fallback, Esq., auch schon die Stellung angewiesen, die er im öffentlichen Leben seines Vaterlandes einzunehmen hat. Er gehört zu den vielen achtbaren Bürgern, denen es nicht gelingen will, etwas mehr Achtbarkeit ins Parteitreiben zu bringen, die, so oft sie es vermeiden können, sicherlich nicht für einen Candidaten stimmen, der als Halunke oder als das Werkzeug von Halunken bekannt ist, die es aber zugleich für ein Gebot der Achtbarkeit halten, jeder Primärwahl auf sechs Block auszuweichen und auf diese Art dafür zu sorgen, daß der Parteipöbel dort freies Spiel habe.

Ueber die traurigen Ergebnisse solcher Herrschaft weiß Archibald Jeremiah Fallback, Esq., gleich jedem anderen achtbaren Bürger recht achtbar zu klagen; und wenn die Ziffer auf seinem Steuerzettel von Jahr zu Jahr eine achtbarere Größe erlangt, dann kann er sogar in ein sehr achtbares Schimpfen über die Schandwirthschaft in der öffentlichen Verwaltung ausbrechen. Wenn er von betrügerischem Annulliren der Assessments hört, geräth er in großen Zorn; und gleich um die Ecke herum wünscht er dem Freunde, der ihm die Nothwendigkeit einer kräftigen Reformbewegung darthut den besten Erfolg zu diesem Unternehmen, mit dem Bemerken, daß er „bei nächster Gelegenheit" sich auch einer solchen Bewegung anzuschließen gedenke. Vor der Parteimaschine, die wie eine ewig arbeitende, ungeheuerliche Mähmaschine über den Acker der Bürger geht, erfaßt ihn das Entsetzen, welches allem Ungeheuerlichen gebührt. Er würde dem Machtspruche entgegenjubeln, der sie zum Stehen brächte, würde den Blitzstrahl segnen, der sie zerschmetterte. Wenn man ihn aber auffordert, mit Hand anzulegen bei dem Versuche, das Ungethüm unschädlich zu machen, dann bittet er sich die Erlaubniß aus, eine bessere Gelegenheit dafür abzuwarten.

Stellt man ihm vielleicht sogar vor, daß er, wenn er sich die nöthige Energie aneignen wolle, eine passende Persönlichkeit fürs Auftreten als Candidat der gutgesinnten Bürger wäre, dann ist er bereit zur Energie, stellt aber vorher Fragen, welche darauf hinauslaufen, ob seine Erwählung eine sichere Sache wäre. Da man ihm die befriedigende Antwort nicht geben kann, so erklärt er mit aller Energie, er wolle doch lieber eine bessere Gelegenheit abwarten. Die besseren Gelegenheiten sind überhaupt immer die sichere Verschanzung, auf welche Archibald Jeremiah Fallback, Esq., zurückfällt, wenn man ihm vom bevorstehenden Handeln spricht. Er haßt die politischen Gauner wie Gift und Operment. Sein inbrünstiger Wunsch ist, daß sie ihn und die ganze Welt in Frieden lassen. Das Mittel, wodurch er dies am liebsten erreichen möchte, ist — sie in Frieden zu lassen. Das paßt ihnen gerade; sie lassen sich darum doch nicht davon abhalten, Archibald Jeremiah Fallback, Esq., und seinen Mitbürgern in allem Frieden das Fell über die Ohren zu ziehen.

Stünde unser achtbarer Mitbürger mit seinen Maximen allein in der so principienbunten New-Yorker Gesellschaft, dann könnte man ihm seine große Friedensliebe in Folge seiner ebenso großen Achtbarkeit gern nachsehen. Allein das Unglück will, daß er nicht allein steht. Er hat sehr viele Vettern, sehr viele Verwandte, nämlich Geistes- und Charakter-Verwandte. Die Fallback's bilden eine ganze Bevölkerungsclasse. Man sagt so oft: die Bürger New-York's billigen in ihrer Mehrheit das Ruiniren ihrer Gemeinde durch jene Banden sicherlich nicht; wie kommt es, daß sie derselben nicht Herr werden können? Weil die Fallback's aus der nicht billigenden Mehrheit eine nicht Herr werdende Minderheit zu machen verstehen.

Aus dem Kleinleben der Großstadt.

Einsam am Sonntag.

Ist das ungemein bewegte Leben, welches am Samstag Abend in den östlichsten und westlichsten Avenues der Stadt fluthet, der Ebbe gewichen, die nur noch den patrouillirenden Blaurock, das wandelnde Laster und den heimwankenden Zecher wie im trockenen Strombette sich fortbewegen läßt, dann thut New-York seinen gesundesten Schlaf der Woche. Es ist die Rast — nicht vor der Arbeit, sondern vor dem Vergnügen; und schon die kühlen Morgenstunden sehen die Plänkler der großen Excursions-Armee, die am „Tage des Herrn" nach allen Richtungen aufbricht, ausziehen. Zu Hunderttausenden kehren sie der, in den Sabbathsbann gethanen Metropole den Rücken. Kommt der schwüle Nachmittag, dann sieht die Riesenstadt wie entvölkert aus und die wenigen Zurückgebliebenen betrachten einander bei der Begegnung auf dem glühenden Pflaster, als wollten sie fragen: „Was willst denn Du Sonderling hier?" Zwischen den vier Mauern aber weilt noch ein gut Theil der Million, die auf Manhattan wohnt. New-York hat am Sonntag auch sein Stillleben; und unter Denen, welche es leben, befindet sich manches Wesen, das des Belauschens werth ist.

Dort wo die Fuchsia, der abgeblühte Rosenstock, etwas Katzenkraut und ein klein wenig Warzenkraut am Fenster stehen, des kleinen abgebleichten Stiefmütterchens nicht zu vergessen, ist offenbar erst vor Kurzem eine ordnende Frauenhand thätig gewesen. Die kleine Familie dieser Topfpflanzen ist sehr sauber gehalten, jedes welke Blatt sorgfältig beseitigt und sämmtliche Geschirre in die Stellung gebracht, welche die vortheilhafteste Seite des spärlichen Blätterwuchses nach außen kehrt. Das Ganze soll den Eindruck der Niedlichkeit machen und gleichzeitig so wenig Einblick als möglich in die Stube gestatten. Die Bewohnerin würde, wenn sie sich diesen

Luxus gestatten dürfte, ihr Fenster mit hohen laubreicheren Pflanzen füllen, um hinter dem grünen Schirm verborgen die einströmende Luft ganz unbeachtet einathmen zu können. Hier wohnt das vereinsamte Mädchen mit dem entstellten Gesicht. Ihr war die Natur eine grausame Stiefmutter. Das Antlitz, aus dem Herzensgüte und lebendige Theilnahme für das fröhliche Treiben der Welt leuchtet, ist zur Hälfte von unvergänglichem Blauroth bedeckt, einem Riesenmale, das wie ein ächtendes Brandmal die Arme aus dem Kreise Aller, die sich da freuen im rosigen Licht, verbannt. Sie mag ihr abschreckendes Gesicht nicht zur Schau tragen; sie weiß, daß die Menschen sich davor entsetzen und daß es dieselben Ueberwindung kostet, sie freundlich anzublicken. Aufrichtiges Interesse erregt sie nicht und ein von Mitleid gebotenes dünkt ihr wie ein Almosen, das sie verschmäht. So bleibt sie am liebsten allein. Darüber, daß sie ihren Lebenspfad ohne Gefährten zu Ende wandeln wird, ist sie längst mit sich einig. Schonungslose, verletzende Blicke haben sie von allen Promenaden verscheucht. Sie bleibt auch des Sonntags in ihrem Stübchen, wo ihr wahrheitsliebender Freund, der Spiegel, sie nicht durch plumpe Tröstungsversuche kränkt. Ungesehen blickt sie zum makellosen Blau empor, auf daß Frieden in ihre Seele einziehe und die immer wieder laut werdende Klage endlich verstumme. Während ihre schöneren Schwestern draußen im Lebensroman mitwirken, blättert sie in dem Buche, das ihr ein erdichtetes Leben zeigt und erfreut sich an der Gesellschaft, die kein Auge für ihre Verunstaltung hat. So durchträumt sie den Nachmittag, bis die dunklen Schleier niederfallen, welche die häßliche wie die anmuthige Creatur gleich liebreich bergen.

In ganz anderer Stimmung bleibt jener hagere Fünfziger, dessen rechtes Bein sie vor langen Jahren in Virginien verscharrt haben, an seine Stube gebannt, während die Nachbarn ringsum hinausziehen ins heitere Grün. Er verbirgt seine Verunstaltung nicht, sondern ist im Gegentheile stolz darauf. Da er nur Gemeiner war, so ist es ihm nicht gegeben, in National-Conventionen oder an europäischen Höfen als einbeiniger Repräsentant seines Volkes aufzutreten und bewundert zu werden. Es steht ihm auch kein von politischen Freunden gespendetes Gespann zur Verfügung; er hat sich aus eigener Kraft mit dem einen Beine durchs Leben zu schleppen. Früher, als der Invalide noch theilnehmendere Blicke zu erwarten hatte, denn jetzt, ehe auch die neue Welt sich an den Anblick der Verstümmelungs= Denkmäler des Krieges gewöhnt, machte er wohl gern seinen Weg dahin, wo Tausende, die besser zu Fuß als er, ihm ehrfurchtsvoll auswichen. Doch das ist ganz anders geworden. Jetzt begegnet man ihm gerade so wie dem ersten besten Krüppel, der durch einen dummen Zufall oder in einem unrühmlichen Eisenbahn=Massacre ein Glied eingebüßt. Er selbst ist schon längst über die kleine Eitelkeit hinaus, auf Kosten seines Comforts seinen Mitbürgern ins Gedächtniß zurückzurufen, daß er ihnen einen Theil seines physischen Ich ge= opfert. Jetzt liebt er vor allem Anderen die Bequemlichkeit, bringt seinen Sonntag=Nachmittag im Armstuhl zu, läßt sein hölzernes Bein in der Ecke ruhen und legt das lebendige auf die Fensterbrüstung, im Qualm seiner Tabakspfeife sich noch einmal auf die Wahlstatt versetzend, wo nicht Virginier Tabak, sondern das Pulver virgi= nischer Batterien dampfte. Die Erinnerung an Attaque und Sturm läßt sein Auge aufleuchten; das treue Thier, das neben ihm kauert, merkt, daß sein Herr sich Fernem zugewandt, legt die Pfote auf sein Knie und blickt ihm erwartungsvoll ins Gesicht. Noch ehe die Schlacht zu Ende, ist die Pfeife ausgegangen. Der Veteran räuspert sich so forte, als blase der Trompeter zum Angriff, langt nach dem Tabak und stopft aufs Neue. Das kluge Thier beruhigt sich und apportirt den Fidibus. So verleben die Zwei ihren Nachmittag und ein Dritter, der Fink im Käfig, piepst dazu. Färbt sich der westliche Himmel glühend roth, dann gedenkt der pensionirte Krieger der Cameraden, welche beim Leuchten desselben bluthigen Roths in die langen Gruben versenkt wurden, schnallt sein Bein an und sucht die lebenden Cameraden an dem runden Tische auf, wo sie sich jeden Sonntag Abend zum Appell einzufinden pflegen.

Wer auch auf den Sonntagsausflug zu verzichten hat und zwar mit schwererem Herzen, als sonst Jemand, das ist die Mutter mit dem kranken Kinde. Draußen blüht so viel frisches Leben, zu Mil= liarden decken die gesund athmenden Organismen Berg und Thal;

ach, wollte sich nur eines einzigen Rosenblattes Röthe auf die Wangen ihres bleichen Kindes legen! Wird das vielgeliebte junge Leben vielleicht schon geknickt sein, ehe das Laub sich entfärbt? Wird der nächste Weihnachtsschnee nicht auch auf die Stätte niedersinken, wo ihr Liebling auf immer eingebettet ist? O diese strahlende Sonne, zu der so Viele freudig aufblicken, ihr sendet sie nur die tödtlichen Pfeile nieder, die das theure Kindeshaupt treffen! Wie gern wollte sie auf jeden neuen Frühling, auf alle Lust und Freude, die unterm lachenden Himmel erblüht, für immer verzichten, wüßte sie nur das liebe Geschöpf im warmen Mutterarme geborgen!

Ohne Vatersorgen, aber auch fast bis zu Tode betrübt wälzt sich der junge Mann auf seinem schmalen Lager, dem der schäbige Rock und der zerrissene Stiefel am herrlichsten Sonntag-Nachmittag Stubenarrest auferlegt. Am Wochentag wagt er's noch, muß er es wagen, sich als reducirtes Wesen in den Straßen zu zeigen. Er hat auf dem harten Pflaster der Metropole schon manche Demüthigung erlebt, aber so tief gesunken ist er noch nicht, seine in voller Auf= lösung begriffene Garderobe der Sonntagssonne preiszugeben. Er macht seinen Ausflug, wenn es zu dämmern beginnt. Während die Sonne hoch steht, brütet er im Schweiße seines Angesichts dar= über — wie er, aller Erfindungsgabe der Yankees zu Trotz, zu seinem eigenen Bedarf eine neue Manier, Lumpen in Geld zu verwandeln, ersinnen könne, und nebenbei auch noch darüber — wo er heute Abend einen mildthätigen bar-keeper entdecken solle.

Viel ruhigeren Gemüthes sieht in jenem stattlichen Hause, dessen große Fenster bis auf zwei sorgfältig geschlossen sind, die unver= heirathete Tante dem Abende des Sabbaths entgegen. Die ganze Familie ist außer Hause, theils im Bade, theils auf einer Ausfahrt; selbst die Dienstboten, welche unter ihrer Aufsicht das Hauswesen be= sorgen, haben im großen Staat sich zu Besuch begeben. Die Tante allein bleibt in ihren vier Mauern. Auch sie hat ihr bestes seidenes Kleid angelegt, aber nicht der Welt zur Schau, sondern zu ihrer eignen Befriedigung und aus Ehrfurcht vor dem Herrn, dem der Tag gilt und als dessen Braut sie sich schon seit dreißig Jahren be= trachtet. Sie begibt sich jeden Sonntag Nachmittag punkt zwei Uhr in ihr helles Zimmer im dritten Stock; es ist dort Alles sauber, wie geleckt. Sie liest in der Bibel und ihre einzige Gesellschaft bildet ein schmuckes Kätzchen, welches sich auch unaufhörlich beleckt und nur aufhorcht, wenn ihre Gebieterin, mit einem frommen Seufzer, ein neues Blatt umschlägt. Es ist sonst todtenstill im Hause. Das ist der Tante, die stets zur neuralgia hinneigt, höchste Wonne, ist ihr der Vorgeschmack der ewigen Seligkeit. Wenn die Schatten der Häuser sich länger und länger strecken, blickt sie ab und zu nach der Uhr. Noch ein Capitel Jeremias und es ist Zeit aufzubrechen — zum Abend=Gottesdienst. Die unverheirathete Tante ist die Erste in der Kirche; sie sitzt gern so, daß sie die Thür im Auge behalte und kein Eintretender ihr entgehe. Besteigt der Herr Pastor seine Kanzel, dann weiß sie genau, um wie viel fromme Christen mehr oder weniger heut anwesend sind, als am vorigen Sonntag Abend.

Solche und ähnliche Typen bilden das Stillleben eines New=Yorker Sonntags. Fangen aber die Sterne zu blinken an, wälzt sich der Strom, welcher bei Tageszeit dem heißen Stadtbette enteilte, wieder zurück, dann rauscht und braus't es durch die Straßen, als sei die ganze Million Menschen auf der Wanderung begriffen und der, die sabbathgesetzlichen Schranken überschäumende lustige Sonntag=Abend tritt in seine Rechte.

Der junge Souverän.

Er kann noch Präsident werden, und Du nicht! Darum hat sein Blick etwas so Selbstbewußtes, wenn Du ihn von der Außentreppe Deines Hauses fortweisest, an deren Geländer er seine gymnastischen Studien macht, Deinem sorgfältig gefegten Aufgange weniger zur Zier, als sich selbst zum Plaisir. Deine Lebensgefährtin hält viel darauf, daß die wenigen Stufen, welche zu der spiegelblanken Thür hinanführen, recht sauber und einladend aussehen. Einen aus Eisen gegossenen Repräsentanten Jung-Amerika's, in der Nische des Vestibuls oder auf den sechs Quadratfuß Rasen vor dem Erdgeschosse aufgestellt, würde sie sich wohl gefallen lassen; aber das lebendige Exemplar, dessen Außenseite ebenso viel Nonchalance als gründliche Verachtung alles Ornamentalen verräth, erscheint ihr nur wie ein riesiges Ungeziefer, das um so gefährlicher ist, je mehr Menschenverstand und Mutterwitz ihm zur Verfügung steht.

Hast Du also, von den Strahlen der untergehenden Sonne vergoldet, Dein Heim erreicht, um Dich nach vollbrachtem Tagewerke in der Grotte Deines Familienfriedens niederzulassen, dann gesellt sich zur Begrüßung sofort die Mahnung an das Ausüben Deiner männlichen Wehrpflicht; Du sollst die schmutzige Range, die den lieben langen Nachmittag vor Deiner Schwelle genistet, vertreiben. Die Miethe, welche Du zahlst, ist so hoch, daß Du schon beanspruchen darfst, Dein Hausrecht bis an die unterste Stufe der äußeren Treppe eifersüchtig zu wahren. Im Gefühle Deines guten Rechtes und Deiner durch einen jährlichen Miethsvertrag verbrieften Autorität trittst Du mit strenger Miene hinaus, um den ungebetenen Akrobaten, der soeben zu scheußlichem Knäuel geballt das Geländer hinabrutscht, zu verscheuchen. Du nimmst Dein bestes Englisch zusammen und färbst es, des größeren Nachdruckes wegen, mit etwas New-Yorker slang. Doch so classisch Dein Englisch, so New-Yorkisch Deine Betonung auch ist, das feine Gehör der jungen Brut läßt sich nicht täuschen; der Fortgewiesene hat es gleich heraus, daß Deine Wiege auf der anderen Seite des großen Wassers gestanden. Mit studirter Langsamkeit steigt er vom Geländer herab, als sei es noch fraglich, ob er es auch nöthig habe, seinen Sport aufzugeben. Auf der Treppe verweilt er noch einen Augenblick, um Dir zu zeigen, daß Dein Geheiß ihn nicht schreckt. Als ob ihm der Nationalstolz den Nacken steifte, sieht er Dir gerade und sehr ernst ins Gesicht. Wie kannst Du so engherzig sein, einem vollblütigen, schon vier Fuß hohen Amerikaner gegenüber Dein erst im Mannesalter erworbenes Recht so streng geltend zu machen?

Sein Blick sagt: „Ich hätte Ihnen weder das Eisengitter, noch diese steinernen Stufen hier davon getragen." Dann zieht er mit einem energischen Ruck seine in unbestimmter Farbe leuchtenden Unaussprechlichen, die er aus zweiter Hand, vielleicht aus der eines älteren Bruders erhalten, über die Hüfte und steigt so phlegmatisch, als es sein beleidigtes Ehrgefühl gestattet, hinab. Von der letzten Stufe aus spuckt er aufs Trottoir. Das kannst Du ihm nicht wehren. Der Fußweg ist Gemeineigenthum. Er spuckt nochmals und wirft Dir einen Blick zu, in welchem die Frage liegen soll, was Du dagegen einzuwenden habest. Steht ein Baum vor dem Hause, dann lehnt er sich mit der erhabenen Ruhe eines, alle kleinlichen Chicanen ignorirenden Philosophen gegen die Latten, welche den Stamm schützen, fährt mit beiden Händen in die Hosentaschen so tief, als seien dieselben bodenlos, und fängt an zu pfeifen Er pfeift "Hail to the Chief"; er kann noch Präsident werden, und Du nicht! Du kannst nicht umhin, die Würde, mit welcher er sich aus der Affaire gezogen, zu bewundern. Das merkt er wohl und nachdem er die nächste Strophe zu Ende gepfiffen, lacht er laut auf. Von der Stelle aber weicht er nicht Bist Du so "particular", einen freien Sohn des Dich gastlich aufnehmenden Volkes nicht seine Purzelbäume auf Deiner Treppe schlagen zu lassen, dann stehe auch als Schildwache da. Er hat Zeit zu warten; wenn es Dir nicht zu lang wird, er hat keine Geschäfte zu versäumen.

Der Bursche fängt an, Dich zu interessiren. Du willst Dir nicht die Blöße geben, ihn auch von seiner Zufluchtsstätte, welche durch

das neutrale Gebiet des Trottoirs von Deinem Hause, Deiner
„Burg", getrennt ist, barsch fortzuweisen. Im Tone väterlicher
Mahnung sagst Du ihm, er möge nach Hause zu seiner Mutter gehen.
Ein langgezogener Pfiff ist die Antwort. Doch plötzlich hat er sich
eines Besseren besonnen; er macht Kehrt und schreitet wacker aus.
Im Bewußtsein, ein fruchtbares Wort gesprochen und in das Ge=
müth des kleinen Vagabunden hineingegriffen zu haben, willst Du
Dich zu Deiner Suppe begeben, die Dir nach dem gelieferten Beitrage
zur Volkserziehung um so besser schmecken soll. Du trittst ins Haus,
doch während Du die Thüre schließest, siehst Du gerade einen Poli=
zisten gravitätisch vorüberschreiten. Sollte nicht Dein väterliches
Wort, sondern nur der Blaurock dem Quälgeiste der Deinigen flinke
Beine gemacht haben?

Wie nennst Du ihn gleich? Nenn' ihn getrost Jimmy. So heißen
mehrere große Männer in Deinem Assembly=District, die in ihren
jungen Tagen ohne Zweifel auch so ausgesehen und es so getrieben
haben, wie das Dich belästigende Exemplar der aufstrebenden Straßen=
jugend. Nenn' ihn Jimmy, denn sein Unterkiefer hat ganz die Ge=
staltung des gleichnamigen eindringlichen Werkzeuges, welches in den
Polizei=Annalen eine so wichtige Rolle spielt. Heißt er Jimmy, wird
er sicherlich gleich wieder da sein.

Richtig; noch ehe Du am großen Tische im vorderen Erdgeschoß
Deine Suppe ausgegessen, hockt er wieder auf dem eisernen Gitter
draußen. Vor der Polizei, nicht vor Deiner Beredtsamkeit hatte er
die Flucht ergriffen. „Da ist die abscheuliche Range schon wieder!"
ertönt es von drei Seiten des Tisches und Dein Söhnchen ist im Nu
am Fenster. Wie der große Affe in der Centralpark=Menagerie führt
der zurückgekehrte Schlingel eine unbeschreibliche Capriole an der
Gitterthüre aus, wirft einen verschlingenden Blick durch Dein Fenster
und dreht Euch eine riesige Nase. Ereifere Dich darob nicht, denn
Du kannst nicht wissen, ob nicht Dein Bübchen die erste Grimasse
gemacht hat. Genieße Deine Mahlzeit ruhig weiter. Drohe ihm ja
nicht mit der Gabel, sonst wird Dir mit markdurchdringendem Hohn=
gelächter geantwortet. Du mußt den, sich an den Grenzen Deiner
Behausung niederlassenden Strolch nehmen, wie der Ansiedler im

fernen Westen die Rothhaut, die ihm neugierig über den Zaun blickt, ihn aber nicht immer beneidet.

Der junge Straßen-Modoc möchte wohl auch gern mitessen an Deiner einladenden Tafel, aber nicht um den Preis der Freiheit! Das Straßenpflaster ist sein Revier; das ist ihm nicht um ein Linsengericht feil; in seinen Lumpen dünkt er sich ein ganzer Kerl im Vergleiche zu den wohlgekleideten und wohlgenährten boys, die im geschlossenen Raume die Ruthe der Civilisation über sich schwingen lassen müssen. Er erzieht sich selbst und verlangt nur, daß man ihn ein wenig fürchte, ihn respectire ob der selbstauferlegten Enthaltsamkeit, Dir keine garstigen Figuren mit Kreide auf Thür und Treppe zu malen, zur Nachtzeit Deinen Rasen nicht zu zerrupfen, um Mitternacht nicht heftig die Glocke zu ziehen und des Morgens Deine Zeitung nicht zu stehlen. All dies könnte er thun und wird es auch thun, wenn Du Dich auf Kriegsfuß mit ihm stellst. Lasse es als einen stillschweigend geschlossenen Vertrag zwischen Euch gelten, daß Du ihm die Nutznießung Deiner äußern Treppe überlassest, wogegen er sich aller Attentate auf Dein Eigenthum und Deine Nachtruhe enthalte. Widerstand reizt ihn nur; wo man ihn gewähren läßt, wird es ihm bald langweilig; es gibt ja so viele high stoops und er sucht sich bald ein anderes Feld für seine gymnastischen Uebungen.

Siehst Du, schon jetzt bricht er auf und Ihr seid noch nicht an den Erdbeeren. Draußen stößt eine Drehorgel, deren Peiniger in der Dämmerung noch rasch durch einige Jammerblicke Deinen Nachbarn einen und den anderen Cent entlocken möchte, ihre herzerweichenden Klagetöne aus. Ein halbes Dutzend niedlicher kleiner Geschöpfe, herausgeputzt wie die Puppen, sammelt sich um den Orgelmann; bald ist die Tanzlust den Püppchen in die Glieder gefahren; sie reichen einander die Händchen und lustig dreht sich der Reigen; während die zwei ältesten in die wacklig gewordene Melodie des invaliden Instrumentes mit einstimmen. Dabei muß der Jimmy auch sein. Mit einigen kühnen Katzensprüngen ist er an Ort und Stelle. Ein gellender Pfiff kündigt sein Eintreffen an. Ueber den mechanisch drauf los orgelnden alten Mann möchte er sich schier todt lachen und das Tanzen der Kleinen, die neben ihm so sauber und sittig aussehen, fordert seinen Spott heraus. Wie die Banditen im „Fra Diavolo" die singende und tanzende Zerline nachäffen, so springt Jimmy nach dem Tact der gesungenen Weise wie besessen umher, schlägt jetzt die schmutzigen Hände über dem struppigen Haupthaar zusammen, fährt im nächsten Augenblicke mit dem Elbogen gegen das nackt hervorragende Knie, dreht sich auf einem Beine, brüllt mit seiner heiseren Stimme in das Liedlein der Kleinen hinein und carikirt in seiner tollen Art das unbefangene Treiben des lustigen Kinderkreises. Die Tänzerinnen aber zu stoßen oder am Kleide zu zupfen, fällt ihm nicht bei. Dazu ist er, trotz Ermanglung von Handschuhen, Schuhen, Cravatte und Hut, schon zu sehr gentleman. Wenn aber das Tänzchen zu Ende ist und der Leiermann abzieht, kann er nicht umhin, die verstummte Orgel auf dem Rücken ihres Besitzers durch einen derben Faustschlag hohl erdröhnen zu machen. So „bezahlt er die Musik".

Am nächsten Abend siehst Du ihn vielleicht an der Treppe des gegenüber liegenden Hauses sitzen, die spitzen Elbogen in die mageren Schenkel gestemmt und sein schmales blasses Gesicht zwischen den flachen Händen ruhend. Er harrte Deines Kommens, jeden Augenblick bereit, sich Dir unbequem zu machen, sobald Du ihn ins Auge gefaßt. Beachtest Du ihn nicht, dann findet er es auch unter seiner Würde, Dir den üblichen Besuch abzustatten. Dein friedfertiges Benehmen genügt ihm. Und eines Tages ist er ganz verschwunden, untergetaucht in der großen Menge seines Gleichen, vielleicht nach einem andern Stadttheile verschlagen. Wenn Du bei guter Gesundheit bist, liest Du vielleicht nach fünfzehn Jahren eines Tages in Deiner Zeitung, daß der Jimmy So-und-so bei einer Primärwahl die Boys der rivalisirenden Faction hinausgehauen — und weißt nicht, daß es derselbe Jimmy ist, den von Deiner Treppe hinabzufegen eine diplomatische Aufgabe war.

Niemals mündig.

Wenn in der Großstadt Hunderttausende mit den Vorbereitungen für das Fest der Kleinen beschäftigt sind, gibt es gelegentliche Arbeit genug für so manches große Kind. Der unterstützte Hausfreund zum Beispiel, der immer sehr viel Zeit hat — weil es ihm trotz längst erfolgtem Verblühen seiner Jünglingsjahre noch immer nicht gelingen will, sich in der freiwillig gewählten neuen Heimath in einen nährenden Erwerb hineinzuleben — ist dann nicht in Verlegenheit um Aufträge, durch deren Erfüllung er einen Theil der Schuld, in welcher er bei dem, sich seiner annehmenden Landsmanne steht, abzutragen sucht. Dieser Wohlthäter stammt in der Regel aus seinem engeren oder engsten Vaterlande. Er ist vielleicht selbst auf schmale Kost gesetzt; doch für den unbeholfenen, obgleich schon vollbärtigen Schulfreund, der wie ein rathloser Waisenknabe in der Weltstadt herumirrt, wahrt er sich das hilfbereite landsmannschaftliche Herz.

Gar manche Familie, namentlich unter den unbemittelteren, sieht einen solchen Waisenknaben bei sich aus- und eingehen. Was Rechtes gelernt hat er nicht; und zum Erlernen der amerikanischen Energie ist es bei ihm auch noch weit hin. Daß man in Amerika sich gehörig zu schinden habe, wenn man auf ehrliche Weise ein Millionär werden wolle, das wußte er wohl; er meinte aber, daß Einer, dem es nicht gerade auf die volle Million ankomme, es auch in puncto der Anstrengung leichter nehmen könne. Daß man so zu sagen spielend in eine behagliche Existenz hineingelangen müsse, wenn man nicht ganz auf den Kopf gefallen sei, hielt er für ausgemacht; hätte ihm aber Einer gesagt, daß ein Mensch von so bescheidenen Ansprüchen, wie er selbst, je in Verlegenheit um die nothwendige Mahlzeit oder das unerläßliche Lager sein werde, so würde er ihn für verrückt erklärt haben. Das, was er zum Leben brauche, sei jedenfalls so bequem zu erlangen, daß man sich nur darum zu bücken brauche; mit dieser Ueberzeugung kam er, in dieser Ueberzeugung hielt er es für überflüssig, sich unterwegs zu fragen: Was willst Du eigentlich drüben treiben? Und in diesem Sinne treibt er's noch immer; das heißt, er arbeitet noch immer nicht.

Die Kleinarbeit versteht er wohl; allerhand leichte, zum Theil überflüssige Verrichtungen, mehr Tändelei als ernste Beschäftigung, das ist's, was ihm behagt. Er weiß überall zuzugreifen, so lang es nur der Oberfläche der Dinge gilt. Wo aber das kräftige Ansetzen des, den Stoff fest erfassenden und bewältigenden Werkzeuges anfängt, da hört seine Geschicklichkeit und seine Lust am Zugreifen auf. Er beschäftigt sich nur gern mit „Sächlein"; darum bringt er es auch nie weiter, als zu einem gelegentlichen „kleinen Verdienstchen", so wie bei ihm überhaupt Alles nur im Verkleinerungs-Maßstabe vorkommt. Der Mann, der ihm stets als letzter Rettungsanker zu dienen hat, ist sein „Freundchen", und die Beträge, mit denen er ihm ab und zu aushilft, sind ein „kleines Pumpchen". Er fühlt sich in dieser neuen Welt mit ihren colossalen Anstrengungen so klein, daß Alles, was mit ihm in Berührung kommen soll, selbst das Liliputaner-Maß annehmen muß. Er ist darum auch immer sehr höflich. Für voll zu gelten im regen Wetteifer der thätigen Männer beansprucht er gar nicht; er will nur so mit unterlaufen, als Einer, der hier und da ein Restchen aufschnappt, um auch „sein bischen Leben" zu erhalten.

Ueber die Ungunst der Zeit klagt Niemand so wenig wie er. Er spricht wohl oft von ihr, weiß aber auch, daß „gute Zeiten" seine Lage nicht wesentlich ändern würden; im Gegentheil, während allgemeinen Mißstandes kann er es besser verbergen, daß sein Geschäft schon darum nicht aufzublühen vermag, weil er sich nicht entschließen will, eines ernstlich zu ergreifen. Auf gefährliche Abwege des Müssiggängers ist er noch nicht gerathen. Er ist eine ehrliche Haut; nur das ehrliche Stück Arbeit, womit er seine amerikanische Laufbahn einleiten soll, will ihm nicht zu Passe kommen. Betteln zu sollen, wäre ihm entsetzlich; lieber würde er sterben, sich ein Kügelchen durchs Gehirn jagen. Darum hält er fest an den Freundchen, die ihn nicht ganz sinken lassen. Heut kommt das Albertchen, morgen das Fritzchen und übermorgen das Karlchen an die Reihe in dem verdienstlichen Werke, die ganze Landsmannschaft vor der Schmach zu bewahren, daß Einer aus ihrer Mitte vielleicht doch noch betteln gehe.

Er weiß, daß es eine Existenzfrage für ihn ist, mit der Gattin seines Freundes und Gönners auf sehr gutem Fuße zu stehen, sich ja nicht auf irgend eine, noch so geringfügige Spannung oder gar einen Conflict, und gelte er nur der Ansicht über den Teint der Frau Nachbarin, mit ihr einzulassen. Er behandelt sie im großen Ganzen wie in jedem einzelnen Punkte als eine seelengute, sehr gescheidte Frau, über deren Schönheit zu sprechen er nur aus Bescheidenheit unterläßt, weil er ja wissen muß, daß den Frauen nicht viel an dem Lobe liege, welches aus dem Munde dienstbarer Geister kommt, und daß seine gesellschaftliche Stellung unter dem Dache des Landsmannes nicht wesentlich verschieden sei von der eines freiwilligen Gelegen=heits=Domestiken. Ob die Gebieterin, deren Veto gegen sein Gut=aufgenommen=werden stets wie ein Damoklesschwert über ihm hängt, die volle heilige Drei der obengenannten Eigenschaften in der That besitze, darüber hat er nie ernstlich nachgedacht; in dieser Frage beschäftigt ihn nur der Gedanke, daß es gegen sein Interesse wäre, daran zu zweifeln. Er zweifelt also nicht und handelt nach dem Glauben, der ihm zum Vortheile gereicht.

Wenn er in der engen Stube der duldsamen Familie das bis=chen Raum, welches von seiner unbedeutenden Persönlichkeit aus=gefüllt wird, wegnimmt, ist jeder Blick, jede Bewegung eine an die Gebieterin gerichtete Entschuldigung; besonders demuthsvoll wird seine Haltung, wenn ihn das Bewußtsein drückt, beim Familienvater mit etwas Cash in der Kreide zu stehen. Als derselbe ihm das letzte Mal die erbetenen zwei Dollars in die Hand drückte, war die Haus=frau zwar nicht anwesend; allein es beschleicht ihn, so oft ihr kluges Auge auf ihm ruht, die Ahnung, daß sie um jene Anleihe wisse oder ihrerseits mindestens ahne, es bestehe zwischem ihm und ihrem Gatten neben dem Freundschaftsverhältnisse auch das Verhältniß des Schuld=ners zum Gläubiger; er nimmt daher an, daß die gescheidte Frau nur aus Herzensgüte „sich nichts davon merken lasse." Fügt es sich im Laufe der mißlichen Ereignisse, mit denen er fort und fort zu kämpfen hat, so, daß er das gastliche Heim seines Freundes eine Zeit lang gemieden hat und eines Abends ganz unverhofft mit der wackern Frau auf einem Marktplatze oder an einer Straßenecke zusammentrifft, dann bereitet ihm dies zwar eine kleine Verlegenheit; allein die ihn nie verlassende Höflichkeit bringt ihn auch darüber hinweg. Sofort erbietet er sich, den Korb zu tragen oder sonst einen Auftrag zu übernehmen. Die menschenkundige Frau aber durchschaut sein Motiv und dankt ihm bestens; sie fragt, warum er sich jetzt so selten mache, und ehe er die Antwort zu stammeln vermag, fügt sie offenherzig hinzu:

„Wenn Sie mit meinem Manne noch etwas ins Reine zu bringen haben, brauchen Sie darum nicht scheu zu werden. Sie sind noch immer willkommen. Gott sei Dank drücken uns solche Kleinigkeiten noch nicht!"

Unwillkürlich greift er in die Westentasche und flüstert: „Ich wollte schon längst —".

„Sie brauchen Sich gar nicht zu übereilen; wenn es Ihnen zu hart ankommt, gerade jetzt vor Weihnachten, nun — wir können schon ein bischen warten."

„Das ist mir lieb, denn ich könnte jetzt wirklich nicht —."

„Na, sehen Sie, das hab' ich mir gleich gedacht, als Sie mit dem Finger nach der Tasche fuhren, und deshalb wollte ich es Ihnen nur erleichtern, mit der Wahrheit herauszurücken."

„Habe ich wirklich — richtig, da steckt mein Zeigefinger noch in der Westentasche. Das geschah nur so in der Zerstreuung."

Er lacht, sie lacht, und dann lachen sie Beide. Gerührt von ihrer Gutmüthigkeit, läßt auch er sein Herz überströmen: „Wie schlau Sie sind, Madamchen! Ihnen kann man nichts weiß machen. So will ich Ihnen denn gleich gestehen — auch ich habe diese, bei mir nichtssagende pantomimische Bewegung nur gemacht, weil ich mir ebenfalls gleich dachte, Sie würden dieselbe schon verstehen und mit mir in meiner Verlegenheit Mitleid haben."

„Und jetzt ist der Stein vom Herzen, nicht wahr? So seid Ihr, Männervolk."

„Sie sind halt ein gescheidtes Frauchen; ich sage es immer dem Albert, daß Sie mehr Verstand haben, als wir Beide zusammen genommen."

„Sie kommen doch ein bischen herauf am Christabend? Die Kinder haben schon oft nach Ihnen gefragt und sehen Sie gern, wenn Sie auch ohne Bescherung kommen."

„O recht gern will ich mich einfinden. Soll ich das Bäumchen aufputzen helfen?"

Das ist wieder eine der Verrichtungen, die er aus dem Fundament versteht. Am Nachmittag des 24. December ist er sicherlich zur Stelle. Beim Anblick der in einer Ecke lehnenden Tanne ist sein erstes Wort: „Das ist ein ziemlich großes Bäumchen, dazu müssen wir ein gehöriges Postamentchen machen." Und dann nimmt er einige zolldicke „Brettchen", eine Säge und ein „Hämmerchen" und zimmert darauf los. Solche Dinge, woran die Kinderchen sich erfreuen sollen, gehen ihm flink von der Hand, gelingen ihm vortrefflich. Er ist wieder am Schnitzeln und nur zu froh, bei dieser kleinen Welt von Pappe die große wieder einige Stunden lang vergessen zu können. Wenn er von dem „Täßchen" Kaffee schlürft, welches die aus und ein wandelnde Hausfrau ihm von Zeit zu Zeit füllt, wird es ihm ganz behaglich und eine Idee, dem „Bäumchen" noch einen neuen Zierath anzuhängen, drängt die andere.

In der Pause, welche er beim Eintreten der Dämmerung macht, schleichen zwar wieder die ernsteren Gedanken an ihn heran und er starrt aus seinem Winkel wie geistesabwesend auf die immer matter werdenden Umrisse der bunten Zweige. Vielleicht geht noch einmal sein eigener Kindestraum, in dem ihm die Welt selbst wie ein riesiges Spielzeug und das Leben als ein unaufhörliches Tändeln erschienen war, durch seine Seele und er schaudert zum tausendsten Male bei dem Gedanken, welche Summe männlicher Anstrengung mit verflochten sei in ein erträgliches Dasein, wie auch er sich werde binnen Kurzem ermannen müssen; doch kein Zucken der Lippe verräth, welch finsteres Bild soeben an ihm vorübergerollt.

Die Hausfrau bringt Licht; lächelnd tritt er ihr entgegen, erbittet sich ihr kritisches Urtheil über das Geleistete; mit unsäglichem

Vergnügen streicht er ihr Lob ein und beschäftigt sich weiter mit den niedlichen „Sächlein", die noch an Ort und Stelle zu bringen sind. Naht die Stunde, zu welcher die Tanne in ihrer festlichen Pracht erstrahlen soll, zündet er noch rasch die Lichter an, mustert noch einmal sein Werk, nimmt dann den Hut und geht. Er hat heut' Abend noch allerhand Aufträge für andere „Frauchen" zu besorgen.

Später kommt er wieder. Das ist um die Stunde herum, wenn die Festfreude der Kleinen ausgetobt hat und aller Wahrscheinlichkeit nach die Großen sich an die substantielleren Genüsse des Abends machen werden. Schüchtern tritt er ein, als ob ihm die ganze Herrlichkeit, die da aufgebaut ist, etwas Neues wäre. Auf die Frage, warum er so lang weggeblieben, antwortet er kleinlaut: „Unser Eins paßt ja nicht zu dem gemüthlichen Stündchen, welches den Kinderchen gehört" und schielt dabei, das leichtere Backwerk stoisch übersehend, nach dem zolldicken Pfefferkuchen, der noch unberührt liegt. Es dampft wohl auch eine Bowle und er reibt die Hände, die bittere Kälte draußen schildernd. Sitzt er dann am Familientisch, Alles, was die umsichtige Hausfrau ihm vorlegt, mit einer, seinem guten Appetite widersprechenden sanften Abwehr empfangend, ist's ihm zu Muthe, als habe der dem Lebenskampfe besser gewachsene Freund ihn für die Dauer dieses Abends an Kindesstatt angenommen. Vielleicht sitzen sie noch um Mitternacht beisammen; und er vernimmt des Freundes Mahnungen — im neuen Jahre Ernst zu machen mit dem tapferen Anfassen eines, wenn auch noch so kärglichen regelmäßigen Erwerbes — mit demselben heimlichen Grauen, mit welchem die nun entschlummerten Kinder die Vorschriften vernahmen, von deren Erfüllung Santa Claus das Spenden seiner Gaben abhängig erklärte.

Die Alten im Winkel.

In den Gerichten der Weltstadt taucht periodisch auch der verstoßene alte Mann auf. Da enthüllen sich oft Familiengemälde, anzuschauen wie eine, ins Bürgerliche übertragene Lear-Scene. Der altersschwache Mann war stets eine der traurigsten Figuren im amerikanischen Leben. Nicht blos in den Schichten, wo zum täglichen Brod auch tägliche Anstrengung gehört, selbst in höheren Stockwerken unseres gesellschaftlichen Gebäudes wird mit dem old man sehr hart umgegangen. Daß er, wenn es ans Betteln geht, so lange bei Seite gestoßen wird, als weibliche Concurrenz vorhanden, ist allbekannt und auch ganz in Ordnung. Dazu ist er Mann, daß er mit der Noth besser zu ringen verstehe; und verhungert gelegentlich einer trotzdem, dann darf das öffentliche Gewissen sich wenigstens zum Theile beschwichtigen durch die selten fehl gehende Annahme, daß der Hungertod ein „selbstverschuldeter" war; wenn nicht gerade in den letzten Lebensjahren, so hat der Verhungerte doch sicherlich früher einmal Etwas gethan oder unterlassen, woher sich der Anfang seines mit dem Verhungern aufhörenden Elends datiren läßt.

Aber auch der Greis in comfortabler Lebensstellung wird, sofern er es sich gefallen läßt, gar oft von zärtlichen Verwandten aus seinem eigenen Heim verdrängt; nicht gerade mit einem Male, etwa durch ein unbarmherziges An-die-Luft-setzen, aber so allmälig, wie es sich durch eine geschickt geleitete Familien-Intrigue gegen den geistesschwachen old man, der ja doch „zu nichts mehr gut ist", ohne zu großen Eclat ins Werk setzen läßt. Wie es in der englischen Comödie von jeher der Fall war, so auch gelegentlich in jener Comödie, welche die gute oder sich gut dünkende Gesellschaft aufführt; „der Alte" spielt eine sehr klägliche Rolle. Alles ist ihm über den Kopf gewachsen; selten greift er als Charakter durch.

Fast scheint es, als ob die erhöhte Energie, welche anglo-sächsisches Leben kennzeichnet, auch der alternden Kraft strengere Bedingungen dafür, daß sie sich behaupte, auferlege. Man hat wenig Ehrfurcht vor dem Alter an und für sich, nur das noch leistungsfähige, noch geistesjunge Alter achtet man. Wehe dem, sich allmälig zur Grube Niederneigenden, gleichviel wie seine Lebensstellung, wenn er zu früh der zweiten Kindheit verfällt, wenn er zu bald aufhört, zu leisten oder geistig wach zu sein! Er ist in beständiger Gefahr der Entrechtung. Seines Looses schlimmster Theil ist: daß man ihn schon bei Seite zu drängen pflegt, wenn er sich des Abnehmens seiner Kraft noch bewußt ist. Sie brauchten es ihm gar nicht so schonungslos zu verstehen zu geben — er sieht es ja auf Schritt und Tritt selbst ein — daß er Herrgotts überflüssiger Kostgänger geworden und auch von Tag zu Tag überflüssiger wird. Er sieht ihn stätig wachsen den Kreis, der wie eine Atmosphäre der Vereinsamung sich um ihn schließt. Je älter er und je schwächer seine Stimme wird, desto größer die Entfernungen, die sein Rufen bewältigen muß, wenn die lärmende Welt noch irgend wie von ihm Notiz nehmen soll.

Hat er noch einen Rest von Mutterwitz gerettet, findet er selbst es abgeschmackt wie ein alberner Papagei immer und immer dasselbe plappern, fort und fort wiederholen zu sollen: „Ich bin auch noch da!" Er befreundet sich mit der Oede, die ihm wie eine baum- und wildlose Reservation von der, sich in lustiger Jagd tummelnden Gesellschaft großmüthig überlassen wird. Vielleicht noch ein Glück für ihn, wenn er es stumpfsinnig hinnimmt und das allmälige Absterben sich nicht durch herbe Reflexion erschwert. Schmerzloses Verflackern ist dann Alles, was ihm noch bevorsteht. Wehe, wenn er noch eigenwillig genug ist, dagegen anzukämpfen, aber nicht Herr genügender Geisteskraft, um trotz physischer Verarmung in seinen Siebenzig oder Achtzig noch eine, ihn wärmende und bereichernde Welt um sich zu sehen!

Siehst Du, Alterchen, es hat Dich der eisige Winter erreicht, in dem Du auf das Kämmerlein der eigenen inneren Welt angewiesen bist! Hast Du Dein Lebtag Dich in der äußeren Welt mit ihrem Haschen und Naschen, mit ihrem Gaffen und Raffen so sehr verloren, daß Dir nicht Zeit und Sinn dafür blieb, dieses Kämmerlein wohnlich einzurichten — stehst Du jetzt zwischen kahlen Wänden und findest die Stube, welche allein sie Dir gelassen haben, frostig.

Zu Gast kannst Du Niemand dahin bitten und wenn Du an die trübe Scheibe trittst, um Dein alterndes Auge hinausblicken zu lassen ins Treiben der Jüngern, erfüllt Dich kein Behagen; Du siehst nicht wie Einer, der sich selbst gut gebettet, auf die wirre Jagd nach nichtigen Dingen, sondern erkennst darin nur das grinsende Spiegelbild der eigenen Thorheit. Viele stürmen vorüber, Keiner hält es der Mühe werth, Dich anzublicken; und doch warst Du, wie sie sind; doch werden sie sein, wie Du bist. Warum sollen sie Dich beachten, da ja Jeder meint, es ungleich klüger zu treiben, als Du es einst getrieben! Jetzt wollen sie nichts mit Dir gemein haben und lassen Dich allein stehen und Dein fröstelndes Gebein sich an der allgütigen Sonne wärmen. Sinkst Du hin, dann piepen sie noch nicht so viel, wie der Spatz vor Deinem Fenster.

Sieh mal, wie wohl sich's diese Spatzenfamilie in der Januar-Sonne sein läßt! Gleich lustig hüpfen sie alle, die Alten und die Jungen; sie lassen ihre Hochbetagten nicht abseits stehen; Du kannst die Greise unter ihnen nicht erkennen. Wie leicht doch dem dummen Vogel sein Alter fällt! Er braucht eben in seiner Dummheit nicht die wärmende Decke, in welche der Mensch sein spätestes Alter hüllen muß, wenn es ihm erträglich sein soll.

Weisheit ist des Alters schützender Pelz. Hast Du sie angesammelt, als Dein Blut noch genügte, den Frost zu bannen? Hast Du, während das Silber Deiner Locken mehr und mehr erstrahlte, in der Truhe Deiner Lebensweisheit das Gold sich häufen lassen? Jetzt brauchst Du's, aber erwerben kannst Du es nicht mehr. Sie haben Dich genarrt, die Dir da sagten, das Himmelslicht ermunternder Ideen sei nur dazu da, daß die Jugend und das kräftige Mannesalter sich darin tummle. Je tiefer Dein Rücken sich beugt, desto mehr bedarfst Du des aufrichtenden Gedankens. Er allein kann Dich noch vor Erstarrung schützen, wenn der Lebenssaft nicht mehr treibt. Niemand thut der milde Sonnenschein eines unvergänglichen Ideals so wohl, wie gerade Jenen, die schon mit einem Fuße im Grabe stehen; fehlt es ihnen, ist's Nacht um sie, ehe sie das müde Auge geschlossen.

Doch gib Dich zufrieden, Alter, der Du diese Nacht schon dunkeln siehst; sie kommen Alle daran, die in ihrer Jugend es Dir gleich thun. Den alten Lear haben sie zwar einst mit den Worten auf die Bahre gelegt:

> „Den Aeltesten wird das schwerste Loos gegeben,
> Wir Jüngern werden nicht so viel erleben."

und unter „nicht so viel" meinten sie: nicht so viel Elend. Das waren eben die Jüngeren, die noch dem Elend zu entlaufen wähnten. Aber es setzt ihnen nach, und holt sie ein; denn der alte Lear, der nie stirbt, das ist die, den Menschengeist zerrüttende, Reue zeugende Thorheit. Die old men, welche so lieblos bei Seite geschoben werden — weil ihnen die echt männliche Art, der Gesellschaft Liebe zu erweisen, das gedankenkräftige Mitleben in der Arbeit der jüngeren Generation, fehlt — marschiren fort und fort in unabsehbarer Reihe auf, und neben ihnen zieht die Legion der jungen old men, die im wüsten Taumel des gedankenlosen Alltagstreibens, auf der Flucht vor gemeinnützigem Manneswirken sich frühzeitig um die eigene Jugend bestehlen.

Die mütterliche Schere.

Wenn das Quecksilber sich in die Neunzig versteigt, dann wird aller überflüssige Ballast weit fortgeschleudert, selbst die stattlichste Zier des Manneshauptes wird freudig geopfert. Hat man in New-York nie Mangel an „Kurzhaarigen", so ist dann geradezu die Saison der glattgeschorenen Köpfe angebrochen; und durch alle Altersstufen hindurch vollzieht sich dieser obligate Verkürzungsproceß. Selbst abseits in den Stadttheilen, wo man die liebe Jugend sonst ein gut Theil des Kampfes gegen die Elemente auf eigene Faust auskämpfen läßt, sind die Zottelköpfe — die nur durch die verschiedenen hellen Schattirungen, vom Aschblond bis zum sogenannten impertinenten Blond, zu verrathen pflegen, daß der Besitzer nicht ein verlaufener kleiner Sioux oder Comanche sei, sondern einem Volksstamme angehöre, der dem nordischen Heim des Caucasiers entsprossen — sind auch diese sterotypen Zottelköpfe im raschen Schwinden begriffen. Schön rund oder viereckig zugestutzte Knabenhäupter treten an ihre Stelle. Allenthalben wird an den Jünglingslocken herumgesäbelt. Die heilige Maxime, daß die Buben bei hohem Thermometerstand „recht kurz geschnittene Haare" haben müssen, wird gewissenhaft befolgt. Man frage nur nicht, wie sie manchmal zur Ausführung gelangt. Daran hängt manch schreckliches Martyrium des heranwachsenden Bürgers der Republik.

Die Zeiten werden wieder schlecht. Es muß an allen Ecken und Enden gespart werden. Und außerdem macht sich der Drang, das Gebiet der Frauen-Betriebsamkeit mehr und mehr auszudehnen, mächtiger als je geltend. Da schreitet denn mit größerer Entschlossenheit, als es sonst der Fall gewesen wäre, lieb Mütterlein selbst daran, den männlichen Nachwuchs zu scheren. Es geschieht dies in der Regel dann, wenn das Familienhaupt durch Abwesenheit verhindert ist, die Häupter seiner Lieben vor Verunstaltung zu schützen.

Die mit der Execution Bedrohten haben einen instinctiven Schrecken vor solcher Procedur. Seit dem fernen Unglückstage, an welchem Delila sich am Haupte Samson's freventlich vergangen, hat sich des Knaben Entsetzen vor der Haarschere in der Hand eines Weibes, und sei dieses Weib die Mutter selbst, durch alle Generationen hindurch fortgeerbt. Die Mannesnatur rebellirt dagegen, daß Frauenhand sich am Sinnbilde männlicher Stärke vergreife. Jedes Knäblein ahnt, sobald die ersten Anstalten zu einer Schur unter solchen Umständen getroffen werden, daß nichts als Verwüstung angerichtet werde und daß selbst die flammendste Mutterliebe in diesem Punkte nicht im Stande sei, einem Fiasco vorzubeugen.

Beim ersten schrillen Klang der Schere sieht das erkorene Opfer bereits die ganz unberechenbaren krummen Linien, in welche das zu schaffende Stoppelfeld sich von Ohr zu Ohr, von der Stirne bis in den Nacken über sein geduldiges Haupt ausdehnen wird, vor seinem prophetischen Auge aufsteigen. Dem jungen Erdenbürger ist zu Muthe, als sollten die Ohrlappen mit abgemäht werden, und jedes Fühlen des Metalls im Nacken geht ihm durch Mark und Bein. Er lernt begreifen, wie's Demjenigen ums Herz ist, der unter die Guillotine soll!

Jedes Haar steift sich zur elektrischen Nadel, jede Stirnader schwillt fingerdick an. Alle mütterliche Liebe scheint ihm in solchen Momenten sich in Megären=Grausamkeit verwandelt zu haben. Am Hinterhaupt wird herumgesäbelt, über die Stirne wird das Haar stramm hinabgekämmt und liegt so dicht und schwer über den Augen, als sei ein Sargdeckel über das junge Blut geklappt. Nach jedem Schnitt folgt ein herzloser Stoß mit den Fingern an das edle Manneshaupt, womit angedeutet wird, daß dasselbe jetzt tiefer gebeugt und in der steinernen Ruhe einer Statue gehalten werden müsse. Und stumm soll der Dulder auch bleiben, trotzdem daß in sehr kurzen Zwischenräumen die unvermeidlichen Scherenstiche in die zartesten Theile des Ohres und seiner Umgegend eindringen. Wird der Schmerzensruf laut, dann folgt, wie zum Hohne, auch noch die Belehrung, dies „schade nichts", ein heranwachsender Mann dürfe „nicht so wehleidig" sein.

Da hämmert nun das Mannesgefühl gar mächtig in der jungen Brust: Wäre ich nur erst ein Mann, dann würde ich mich aus Leibeskraft gegen solche raffinirte Qual wehren!

Unter den obwaltenden Verhältnissen aber preßt der erwachende Groll nur Thränen und Angstschweiß aus. Jetzt aber fängt es im Nacken auch noch ganz niederträchtig zu beißen an. Die Mutter hat nicht den großen, energischen Schnitt los. Die Schere ist eine kurze Zeugschere und wird, wie durch ein unabänderliches Gebot des Fatums, bei solcher Gelegenheit immer gleich stumpf. Nur in kurzen Theilchen fällt das geschnittene Haar. Das beißt um so mehr! Wie eine Legion von Stechfliegen krabbelt's den Hals und Rücken herab. O stände er doch lieber, ein zweiter Winkelried (den er aus seinem „Bilderbuche für die halberwachsene Jugend" kennt) vor den Speeren des Tyrannen, als diese heimtückische Tortur durch tausend unsichtbare, ihn im Rücken fassende Feinde ertragen zu müssen!

Sein Kopf glüht, wie der Mond, durch großstädtischen Dunst gesehen. Die Thräne quillt reichlicher und reichlicher, und die Nase wird in Mitleidenschaft gezogen. Der Zeigefinger fährt mechanisch nach dem überströmenden Born schmerzlicher Ergüsse. Da war aber gerade die unglückselige Schere daran, eine sanfte Abrundung von der Schläfe gegen das Auge zu Wege zu bringen, und der hilfbedachte Finger ist selbst in die Enge gerathen.

„Au!"

„Ruhig, Kind, gleich ist's geschehen!"

In der That ist das Kunstwerk schon bis zu dem Stadium gediehen, welches man das Herausarbeiten aus dem Groben heißt. Die feinere Arbeit beginnt. Der Bube wird beim Kinn gefaßt und Mama betrachtet ihr Werk. Sie muß sich selbst gestehen, daß dasselbe noch sehr unvollkommen ist. Es will sich noch keine Symmetrie einstellen. Mama hat über kein allzuscharfes Augenmaß zu verfügen. Rechts zu kurz, links zu lang, vorn schief, hinten zackig, und allenthalben unsymmetrisches Staffelwerk. Es muß nachgeholfen werden. Verlängern läßt sich nichts mehr; es muß also je nach Bedarf gekürzt werden. Immer und immer wieder wird ein bischen abgezwickt. Wie auf einer Drehscheibe muß der kleine

Martyrer sich drehen und das Nachhelfen will gar kein Ende nehmen. Die müde Schere fängt an, den Dienst zu versagen, und lieb Mütterlein beginnt selbst an dem Vollbringen einer tadellosen Schur zu verzweifeln.

„Nun ist's genug. Wir sind fertig. Besser kann ich's nicht. Du siehst ja ganz hübsch aus, Fritzchen! Es steht Dir sehr gut, viel besser als das wirre lange Haar."

Der Bub' seufzt tief auf. Ihm ist, als habe ihm Jemand das Leben gerettet. Er springt an den Spiegel — und ahnt nicht, daß sein wahres Herzeleid jetzt erst kommt. Er erschrickt vor seinem eigenen Gesicht.

„So soll ich in die Schule gehen? Und morgen ist Picnic, wo alle Buben sich netter als sonst herausstaffiren!"

Wie sie ihn verhöhnen werden! Er möchte in die Erde sinken oder aufs Dach klettern. In unbeschreiblicher Verzweiflung blickt er auf den Boden, wo das Wochen lang unersetzbare edle Haar in grausem Chaos liegt. Jetzt auch noch die Qual der Abbürstung. Das arme Opfer fühlt nichts mehr. Die Seelenpein überwiegt die leibliche Qual. In stummer Resignation wird das Heimkommen des Vaters erwartet. Nie wurde er so ersehnt, wie heute. Das Söhnchen harrt seiner instinctiv wie eines natürlichen Bundesgenossen in der Auflehnung gegen das weibliche Attentat. Richtig; da ist er — und sein erstes Wort, nachdem er sich ein wenig umgesehen, lautet:

„Der Bub' aber ist schön zugerichtet! Wenn Ihr Weiber nur davon die Hände lassen wolltet!"

Triumphirend blickt der Sprößling auf, in seiner Schmach wenigstens diese Genugthuung findend. Nach kurzem Familienrath wird beschlossen, daß morgen der Barbier doch noch daran müsse. Dem bleibt nichts übrig, als den Buben nun vollends kahl zu scheren. Derselbe sieht abschreckend aus und „gekostet hat's dasselbe Geld". Im Schooße der Familie aber gelangt die Maxime zur Anerkennung: schon am halberwachsenen Söhnchen achte die Mutter den werdenden Mann, dem den Kopf zu bearbeiten nur Mannes Sache ist.

Sommernacht.

Der classische griechische Himmel, welcher die Menschen beinahe ganz im Freien leben ließ und demgemäß ihre Anschauungen formte, ist dem New-Yorker nicht beschieden, auch nicht das vielbesungene italienische Klima, das so viele Kinder des Volkes ihr Dasein mit einem Minimum von Arbeit fristen läßt. An ihrem Sommer aber besitzt die amerikanische Metropole eine Jahreszeit der Oeffentlichkeit par excellence, die Jahreszeit, während welcher der Betrieb auf offener Straße nicht mehr das Vorrecht der Quacksalber, Hausirer und wegelagernden Kleiderhändler ist. Es schiebt dann Jedermann sein Krämchen so weit als nur thunlich in die freie Luft hinaus; die gemeinnützigen Anstalten, wo der vom Tagewerke ermüdete Mensch pokulirt, schwadronirt und vaterländische Lieder anstimmt, sorgen für das Verscheuchen tödtlicher Abendstille aus ganzen Quartieren; es kommen wieder die idyllischen Nächte, während welcher ganze Familien unter dem Schutze des von den Straßenlaternen verbreiteten Halbdunkels sich in Negligé auf den äußeren Treppen niederlassen und über die Angelegenheiten sämmtlicher Bewohner ihres „Block's" berathen.

Dann ist sie angebrochen — die Saison der grenzenlosen Gesprächigkeit, der unzähmbaren Mittheilsamkeit, des in der Sommerhitze wie geschmolzene Butter hinfließenden Klatsches. Wenn die Blümlein aufgehen, gehen auch die Herzen auf, und wo jedes Vögelein zwitschert, kann auch die Menschenzunge nicht ruhen. Je lieblicher der Abend, desto lauter das Geplauder; und die verschiedenen deutschen Mundarten sind nicht die letzten, welche zur Belebung, zur Durchgeistigung einer New-Yorker Sommernacht beitragen. Daß der Germane nicht von Natur aus dazu bestimmt war, sondern nur durch die Irrwege der Geschichte dahin gebracht wurde, im parlamentarischen Leben von anderen Völkern überflügelt zu werden, zeigt sein unerschöpflicher Redefluß, seine Vorliebe für hochlautes Gespräch, wo nur immer sich Gelegenheit dazu bietet. In jeder Restauration, in jedem Wein- und Bierhause kann man dies beobachten. Die deutschen Gäste sind in der Regel die sich am nachdrücklichsten unterhaltenden. Nicht nur im Frohgesang, auch im fröhlichen Lautgespräch thut es ihnen kein anderes Element der Bevölkerung gleich!

Ein unverbesserlicher Menschenfeind ist Derjenige, welchen an solchen Stätten das lustige Plaudern mit den vielen markigen Betonungen nicht sogleich zum willigen Zuhörer macht und mit Behagen erfüllt. Offenherzig und geradeheraus wird da Alles gesagt, zu Nutz und Frommen aller Anwesenden. Geheimnisse gibt es in solcher Gesellschaft nicht. Die Herzen überströmen und Jedermann ist eingeladen, Vertrauter zu werden. Oeffentliche und private Angelegenheiten stehen auf gleichem Fuße. Es hängt nur vom Zufalle ab, ob Du nicht, ohne es im Geringsten zu begehren, in die delicaten Angelegenheiten einer Dir ganz fremden Familie eingeweiht wirst. Wenn das Vorurtheil, welches unserem deutschen Mitbürger Mangel an Gemeinsinn nachsagt, manchmal behauptet, er unterhalte sich über öffentliche Angelegenheiten am liebsten privatim, so muß der deutschen Zunge selbst vom Neide eingeräumt werden, daß sie sehr oft Privatangelegenheiten öffentlich verhandelt.

Diese nur offenen Gemüthern entsprudelnde Redseligkeit, welche zur Winterszeit in die vier Mauern gebannt ist, kann sich unterm Sommerhimmel, namentlich wenn er ein traut blinkender Sternenhimmel ist, über das ganze Stadtgebiet verbreiten. An jeder Straßenecke, an jeder Hausthür, unter jedem Fenster kann der, in vollen Brusttönen gepflogene Austausch vertraulicher Mittheilungen vor sich gehen. Und sitzest Du des Abends bei offenem Fenster hinter den paar Blumenstöcken, welche für Dich die amerikanische Flora zu bedeuten haben, wirbeln die Rauchwölklein Deiner Cigarre wie flüchtige Traumfiguren in die Nachtluft hinaus, dann kannst Du wähnen, Du seiest in einer Loge und unten sei ein kleines theatrum mundi. Die Acteure wechseln unaufhörlich, aber die Scenen bleiben einander so ziemlich gleich. Monologe kommen nicht vor, es sei denn, daß ein an die Luft gesetzter Zecher schreckliche Verwünschungen zum „Großen Bären" emporsteigen läßt. Ist einer der Civilisations-Marksteine, nach welchen man im Urwald vergeblich ruft, in der Nähe, dann weißt Du vor Ablauf einiger Minuten den Vornamen jedes lustigen Bruders, der dort dem Sorgenbrecher zuspricht. Hast Du einen stark entwickelten Sinn für Arithmetik, dann mußt Du aus dem Lärm und Jauchzen der sich vergnügenden Gesellschaft schon längst heraus gehört haben, wie viel Glas jeder Anwesende heut Abend und gestern und vorgestern überwunden. Du wirst auch vernommen haben, welcher der Tischgenossen zu Hause eine böse Sieben hat, die ihm bei der Heimkunft eine Solo-Arie vorsingen wird, es wird Dir bekannt geworden sein, aus welchem deutschen Gau sie kommt und wie lang sie ihren Gatten schon knechtet.

Im nächsten Augenblick kannst Du, keine zehn Schritte von Deinem Fenster, ein lebhaftes Gespräch über die Angelegenheiten eines Gesangvereins hören, aus welchem Gespräch sich sofort eine heftige Erörterung über die häuslichen Angelegenheiten des Dirigenten, seines Vorgängers und seines muthmaßlichen Nachfolgers entwickelt. Irgend eine schlau eingefädelte Intrigue, die in der nächsten General-Versammlung ins Werk gesetzt werden soll, gelangt, wenn Du nicht inzwischen eingenickt bist, zu Deiner Kenntniß.

Ehe Dein Vorhaben, sie schleunigst zu vergessen, noch ausgeführt ist, betheuert schon auf der andern Seite eine sehr treuherzig klingende Baßstimme der sie begleitenden heiseren Tenorstimme, nicht den Charley, sondern seine Mary treffe die Verantwortung dafür, daß „nichts daraus wird". Der gutmüthige Baß kennt alle Liebhaber, welche die Mary seit vier Jahren gehabt hat, und einer war ein größerer Lump als der andere; und daß sie selbst auch nichts tauge, flüstert er dem sich räuspernden Tenor so vorsichtig ins Ohr, daß darob der Papagei Deines Nachbarn wach wird und sich ins Gespräch mischt. Um eine Octave höher loslegend, ruft jetzt der discrete Baß den Mond zum Zeugen dafür an, daß er's dem Charley längst prophezeit habe, und daß die Mary einmal auch auf ihn, nämlich den Baß, ihr Auge geworfen.

Der nächste Dialog, dessen unfreiwilliger Zuhörer Du wirst, entspinnt sich zwischen einem zu ebener Erde wohnenden, an seinem Fenster die Nachtluft genießenden Herrn und seinem soeben vorübereilenden Geschäftsfreunde. Sie rufen einander einen guten Abend zu, der so schrill klingt, daß an der nächsten Ecke der patrouillirende Polizist aufmerksam wird. Aus dem plötzlichen Einhalten weithin tönender, bleischwerer Schritte kannst Du entnehmen, daß er stehen geblieben. Die zwei Freunde am Fenster haben sogleich einen abwesenden Dritten beim Schopf. Er hat ein kleines geschäftliches Malheur gehabt und jetzt heißt's die Sache ventiliren. Da wird nun ventilirt bis ins vierte Glied hinein. Sein Großvater hat schon als Schuljunge einen Sack Aepfel gestohlen und seine Frau hat bei einer Wäscherin waschen lassen, die um einen Schilling mehr für das Dutzend verlangt, als ehrliche Leute zahlen können.

Der Herr auf der Straße redet sich so in die Hitze hinein, daß er zur Bekräftigung seiner Aussagen bei jedem Punktum mit seinem spanischen Rohr an den Fensterladen seines im Fenster liegenden Freundes schlägt. In einem oberen Stockwerke finden die Leute das Gespräch, welches einen in der Ward ziemlich bekannten Mann betrifft, so interessant, daß sie anfangen, die Fenster aufzureißen. Die Vermehrung des Publikums feuert den Ankläger auf der Straße so an, daß er auf rhetorische Ausschmückung seiner Philippika bedacht wird; doch gelingt ihm kein anderer Zierrath, als derjenige, welcher sich zu einem Schimpfnamen schnörkelt.

Nun wird auch der mocking bird des Advocaten, der gegenüber wohnt, rege und während der Spottvogel sich vernehmen läßt, kichert ein mit seiner Gattin auf der Freitreppe sitzender Hausbesitzer so laut, daß Du's auch hören mußt:

"Jetzt ist's aber Zeit, daß Der aufhört, der Spottvogel meldet sich schon; und wenn man erst von Dem so laut sprechen wollte, wie er von ihm, dann würde auch an Dem kein gutes Haar bleiben."

Hierauf besorgt der gute Mann, ermuntert durch das schallende Gelächter seines Gesponses, das Geschäft selbst und hat an „Dem", ehe noch die Uhr das nächste Viertel geschlagen, wirklich kein einziges gutes Haar gelassen. So wird schwarz angestrichen mitten in der schwarzen Nacht. Die Luft ist dicht erfüllt mit „Libell"; man könnte den Stoff zu Injurien-Processen per Cubikfuß herausschneiden.

Hältst Du noch eine Weile aus, dann meldet sich vielleicht schon der Bote des nüchternen Morgens. Der Hahn kräht; die Fensterläden fliegen zu; die Nächstenliebe ruht.

Der Festzug.

New-York, unter demselben Breitegrade liegend wie Madrid und unter einem südlicheren, als die meisten italienischen Städte, mit deren Namen der Carneval unter freiem Himmel verwoben ist, hat zwar keine Fastnachtsfeier auf den Straßen, allein es findet Ersatz dafür in den „Volksfesten", die sich allmälig eingebürgert haben. Die bei solcher Gelegenheit veranstalteten Umzüge und selbst einige wesentliche Merkmale des Treibens auf dem Festplatze erinnern sehr lebhaft an den Carneval im Freien. Es fehlt blos die Maske, und die ist, als dem Charakter des öffentlichen amerikanischen Lebens zuwider, leicht zu entbehren. Ein bedeutender Unterschied besteht darin, daß das Publikum nicht mit agirt, wie beim Straßen-Carneval einer europäischen Stadt, sondern nur den passiven Zuseher spielt, gerade so wie bei unseren Redouten zur eigentlichen Fastnachtszeit auch. Desto schwieriger wird die Aufgabe des activen Theiles, desto mehr Enthusiasmus ist erforderlich, um trotz der Zurückhaltung der Massen den nöthigen Schwung in die Festthat zu bringen.

Für Völkerschaften, bei denen so zu sagen jedes Menschenkind ein geborener Bajazzo, ist das carnevalistische Vollbringen ein Kinderspiel im Vergleiche zu der Herkulesarbeit, dem biederen, von Haus aus etwas schwerfälligen Germanen die erforderliche Beweglichkeit beizubringen. Und die Herkulesse, welche sich mit bewunderungswürdiger Aufopferung dieser Aufgabe unterziehen, finden — allen Göttern des Olymps sei es geklagt! — durchaus nicht die Anerkennung, welche ihnen gebührt. Eine eisigkalte Kritik pflanzt sich an die Straßenecken hin und läßt es namentlich nicht für die Wunderleistungen, die sich als Festzug präsentiren, an liebloser Beurtheilung fehlen. Angaffen ist leicht, Ausstellungen machen noch leichter. Aber die Aufstellung, die Aufstellung des Zuges — die versuche Einer nur, wenn er all die himmlischen und irdischen Mächte kennen lernen will, welche die Arrangeure zur Verzweiflung bringen können!

Die Arrangeure — ja, sie figuriren vielleicht auf einer langen Comité-Liste, aber die Hauptlast liegt doch in der Regel nur auf Einem, auf dem seltenen Genie, welches durch Naturanlage, Neigung, künstlerisches Studium und lange, mühsam errungene Erfahrung in den Stand gesetzt ist, das Außerordentliche auf sich zu nehmen, beim Herstellen des, sich mit Pomp und Glanz durch die Straßen wälzenden Leviathans der spiritus agens zu sein. Viele Hände und Beine, ja selbst viele Köpfe wirken mit, aber der schöpferische Gedanke, die künstlerische Gestaltung desselben entspringt am Ende doch nur einem Kopfe. Und das muß ein findiger, ein gewitzter Kopf sein. Mit einem Worte, das ist er — d e r Arrangeur. Dutzende zehren an seinem Ruhme, aber was wären sie ohne seinen Erfindungsgeist, ohne seine Thatkraft, ohne seinen Feldherrnblick, der ihn mitten im chaotischen Getümmel der Vorabende des Festes die richtigen Persönlichkeiten für würdige Darstellung der „Germania", des „Hermann", des „Gambrinus", des „Barbarossa" und wie die Honoratioren des Zuges sonst heißen, schnell entdecken, ihn keinen Augenblick darüber in Zweifel läßt, welchen Eindruck sich mit dieser Zugabtheilung machen, wie jenes Frei-Corps sich verwerthen läßt. Andere glänzen mitten in der Action, er aber, der wie ein Moltke alle Fäden derselben in der Hand hält, wird unsichtbar fürs Publikum, nachdem er vielleicht lange Nächte über dem Plane gebrütet, wie das vorhandene Material am vortheilhaftesten zur Geltung zu bringen sei, über dem schönen, wohldurchdachten Plane, den das erste tückische Ungefähr, das plötzlich dem Straßenpflaster entsteigt, schmählich in die Brüche gehen lassen kann.

Der Mann ist Künstler. Dies muß im Auge behalten werden, wenn man ihn und sein Wirken richtig beurtheilen will. Auch bei ihm kommt zuerst die Conception. Ideale fehlen ihm so wenig wie dem Bildner, dem Dichter. Ist die Stunde da, zu welcher er an den ersten Entwurf schreitet, dann faßt auch ihn das mächtige Sehnen, Etwas ins Werk zu setzen, was seinem Ideale entspricht. Ja könnte er Euch einen solchen Zug hinstellen, wie er sich ihn im stillen Frieden seines Ateliers „denkt", ließe sich das spröde Material so kneten und formen, wie es seine Ideen erheischen, dann sollte

Euch ein Schauspiel werden, von dem noch Euere Kindeskinder erzählen würden! Was soll aber aller Aufflug einer künstlerisch geschulten Phantasie, wenn gleich die lähmende Wirklichkeit ihr Veto einlegt?

Da kommt zuerst das Budget, an das er sich halten soll, ein Budget, in der Regel von Leuten aufgestellt, die keine Ahnung davon haben, in welchem Verhältnisse Pracht und Kosten zu einander stehen. Alles soll wo möglich noch prächtiger sein als bei dem letzten Umzuge eines wetteifernden Vereines, aber der Fiscus tritt viel bescheidener auf, als bei jenem. Mit schwerem Herzen muß der Componist des Zuges die schönsten Gruppen, welche die Glanzpunkte desselben bilden sollten, streichen. Nur ein Tragödiendichter, welcher — um die Aufführung seines Werkes zu ermöglichen — ganze Scenen, die er mit seinem Herzblut geschrieben, unbarmherzig hinopfern soll, kann annähernd fühlen, wie es dem Manne, der mit seinem Renommée am Erfolge des Festzuges betheiligt ist, bei solcher Verkrüppelung seines Entwurfes zu Muthe wird.

Und hätte es wenigstens dabei sein Bewenden! Allein auch die geretteten Bruchstücke bleiben bei der Ausführung weit hinter der Conception zurück. Namentlich das malerische Element kommt schlecht weg. Die derbste Realistik bricht durch alle aesthetische Rundung hervor. Nicht blos Draperie und Costüme, auch die Illusion geht in Fetzen, wenn die robusten Gestalten, die auf dem schwankenden Boden der Festwagen das Gleichgewicht zu halten vermögen, die delicate Aufgabe allegorischer Darstellung zu lösen bekommen. Dazu will es noch ein merkwürdiges Verkennen des individuellen Berufes, daß gerade immer die eckigsten Menschenkinder die stärkste Vorliebe für Figuren haben, bei denen Grazie das wesentlichste Erforderniß. Der Bürger aber, der trotz seines über alle Maßen prosaischen Aeußeren bei dem Festzuge sich seinen Mitbürgern als poetisch gedachtes Wesen zeigen will, ist vielleicht ein einflußreicher Mann im Ausschuß. Man darf ihn nicht so ohne Weiteres bei Seite setzen. Da kommen die Augenblicke, in welchen der künstlerisch fühlende Arrangeur beginnt, verzweiflungsvoll in die Haare zu greifen. Das Ausreißen kommt später, wenn er zur verhängnißvollen Stunde des Zugstellens in den, so ungemein nüchtern aufs Straßengewühl herabsehenden Tableaux die Kinder seiner Phantasie kaum wieder erkennt. Der Mann hat auch seine Rivalen und weiß, daß sie auf der Bowery stehen, mit scharfem Adlerblick nach den Mängeln und Blößen seines Werkes spähend.

Wenn Booth und Irving den Hamlet um die Wette spielen, wenn in der Wahlcampagne eine Partei die andere durch Effect haschende Demonstrationen zu überbieten sucht, ist die Rivalität nicht höher gespannt, als bei diesen Proben für die Leistungsfähigkeit des Volksfestzugs-Arrangeurs. Während der Zug sich bewegt, Lücken entstehen, Ungeschicklichkeit der Mitwirkenden die schönsten Absichten des Ordners zu nichte macht, mühsam gestellte Gruppen sich aus Ermüdung oder Behaglichkeit in eine unmalerische crowd auflösen und an allen Ecken und Enden irgend ein Sakermenter, der keinen Sinn für die Harmonie des Ganzen hat, Unheil stiftet, ist's dem Arrangeur zu Muthe, als laufe er Spießruthen. Wäre das ungeschlachte Individuum, welches soeben eine seiner besten Absichten durchkreuzt, nur nicht ein souveräner Bürger — er würde es gleich beim Schopf fassen und schütteln wie einen täppischen Schuljungen. Was so schön erdacht, wird so jämmerlich verpfuscht; und das wie eine tausendköpfige Kunst-Jury die Trottoirs füllende Publikum hat keine Ahnung davon, wie ganz anders dieses oder jenes Prachtstück im Zuge gemeint war, als es sich jetzt in seiner Verwirklichung dem Auge bietet.

Das sind Stunden des Martyriums für den aesthetisch strebsamen Mann, der sich vermessen hatte, mit ungeschultem Personale künstlerische Wirkungen erzielen zu wollen. Er wie Keiner ist in der Lage, tiefen Einblick in die Ethnographie des New-Yorker Deutschthums zu thun, die charakteristischen Merkmale der verschiedenen deutschen Stämme unauslöschlich einzuprägen in seine künstlerische Anschauung vom Festtags-Menschen. Er könnte ein Capitel zur amerikanischen Culturgeschichte liefern. Eigenthümlichkeiten, welche der eherne Gang der Jahrhunderte nicht zu verwischen vermochte, soll er als Schöpfer einer ephemeren Volksstamm-Verschönerung mit einem Male überwinden. Und doch hängt sein Künstlerstolz daran. Macht der Zug fiasco, dann muß er sein Antlitz verhüllen, wie ein

Feldherr, der eine Schlacht verloren, wie der Parteiführer, dessen Partei aufs Haupt geschlagen worden. Die Wucht der Niederlage lastet so lange auf ihm, seine Rivalen triumphiren so lange, bis wieder ein neues Volksfest, das ihn zum spiritus agens erkoren, Gelegenheit bietet, die Scharte auszuwetzen.

Da tummeln sie sich zu Tausenden, jubiliren und pokuliren, nicht ahnend, daß Einer vielleicht tief gebeugt und ins innerste Herz getroffen auf dem Festplatze sitzt wie Marius auf den Trümmern Carthago's — der Arrangeur, dem der Festzug mißlungen.

In früheren Jahren, als New-York noch nicht so vielsprachig war, wie heute — in den fernen, fernen Tagen, als der Fremdenhaß noch organisirt auftreten durfte — hatte man bei solchen Festthaten auch mit der bösartigen Antipathie der eingeborenen Beherrscher der Straßenecken zu kämpfen. Es war geradezu ein Wagniß, bei hellem Tage, auf offenem Markte Schauspiele fremdländischen Gepräges zu bieten. Das ist nun schon seit mehreren Jahrzehnden ganz anders. Man schelte den New-Yorker Pöbel nicht mehr! Er ist manierlich geworden und beweist es, so oft ihm durch einen, die souveräne Kritik des Straßenpublikums herausfordernden Umzug Gelegenheit geboten wird, seine des Jahrhunderts würdige Toleranz zu bethätigen.

Eine fastnächtlich ausgestattete Wagenburg — belebt mit Bildern deutschländischen Stadt- und Dorflebens, dem echten New-Yorker Kinde so fremd, wie ein Culturgemälde asiatischen Charakters — stundenlang anzustarren, ohne das nationale Vorurtheil sich in höhnenden Glossen ergehen zu lassen, ist sicherlich höchst anständig von dem Rough der amerikanischen Metropole. Er zeigt dadurch, daß ihn die Cultur der polyglotten Weltstadt in der That beleckt hat. Wäre er nicht besser als sein Ruf, dann würde er sich durch den Anblick dieser kirmeßartig aufgedonnerten Bäuerlein, dieser wie aus mittelalterlichen Gräbern erstandenen, über das Pflaster des modernen Gotham galoppirenden Landsknechte, dieser randalirenden Böttcher und Corpsburschen ohne Zweifel zu derb kritischen Demonstrationen oder beleidigenden Interpellationen verleiten lassen. Nichts von all Dem! Gutmüthig sieht er sich den Spektakel an, ohne seinen schmutzigen Witz dazwischen zu werfen. Nicht einmal die gekrönten

Vierfüßler, durch welche die Wappen-Menagerie vertreten ist, provociren ihn. Er achtet auch deren Freizügigkeit. Das ist kein kleiner Sieg, den er über seine vandalischen Instincte errungen, und man muß ihn darob beloben. Vielleicht hat das Werthschätzen deutscher Fäuste, das er im internationalen Verkehre an den corners sich allmälig zu eigen gemacht, etwas damit zu schaffen. Doch auch diese Berücksichtigung der vorhandenen Elemente gesellschaftlicher Ordnung ist rühmenswerth.

Kurz, er hat sich civilisirt — der berüchtigte New-Yorker Rowdy. Sieht er jetzt seine Mitbürger deutscher Zunge mit dem schwäbischen Dreimaster oder spitzen Tirolerhut über die Straßen ziehen, dann faßt ihn nicht mehr ein heiliges Entsetzen, erweckt durch die Vorstellung, das Streben der deutschen Einwanderung gehe dahin, den schwäbischen Bauernhut mit der Zeit als amerikanische National-Kopfbedeckung zu octroyiren; erblickt er den Gambrinus, wie er im Purpurmantel hoch oben auf einem phantastisch aufgeputzten Brauerwagen thront, dann beschleicht ihn nicht mehr der Verdacht, der Präsident der Vereinigten Staaten müßte sich, wenn es nach dem Kopfe der Deutschen ginge, so kleiden, wie der erlauchte Bierfürst; und fährt ein Festwagen an ihm vorüber, auf welchem deutsche Bäuerinnen leeres Stroh dreschen, dann empört sich sein Nationalgefühl auch nicht mehr ob des vermeintlichen ruchlosen Vorhabens der Deutsch-Amerikaner, die Ackerbaumaschinen abzuschaffen und amerikanischen Weizen durch country-ladies dreschen zu lassen. Er begreift jetzt besser den Unterschied zwischen unschuldigem Spiele und ernstem Trachten, zwischen harmlosen Reminiscenzen und thatenlustigem Bahnbrechen; er ballt sich nicht mehr wie ein Stachelschwein, sobald ihn das Fremde, wenn auch nur in scherzhafter Gestaltung, anstarrt; er versteht jetzt die Leutchen, denen es gegeben ist, mit ihrem practischen Begehren in einer, und mit ihrer Phantasie in einer anderen Welt zu leben.

Auch er ist im Laufe der Zeit duldsam geworden und gönnt einem lebenslustigen Völklein sein Vergnügen, sofern man ihn nicht in seinen Freiheiten und seinen, vertragsmäßigen, Beziehungen zur Polizei stört. Wer will noch läugnen, daß der Pöbel unserer Weltstadt genteel geworden? Und wohl darf derselbe sich in die Brust werfen und die Frage erheben, ob seines Gleichen in andern Weltstädten unter ähnlichen Umständen sich ebenso duldsam und human benähme; ob zum Beispiel selbst in der Hauptstadt unseres geeinigten und verjüngten alten Vaterlandes Alles glatt abliefe, wenn der schlagfertige Witz der „Nante" durch ein, ihnen ganz fremdartiges Straßenschauspiel aufgestachelt würde, ob dabei nicht ein gemüthliches Durcheinander entstände, in welchem die geflügelten Worte: „Mathes, jetzt man druff!" oder „Hau' ihm, Lukas!" und wie die kriegerischen Apostrophen, in welche die Namen der Evangelisten verflochten sind, sonst heißen mögen, eine neue Nutzanwendung fänden.

Das Gegensätzliche verträgt sich hier besser. Man übt, wie durch stillschweigendes Uebereinkommen, die wechselseitige Duldung in großem Maßstabe. „Heut ich, morgen Du" ist die Losung. Im April will die grüne Processionsschlange zu Ehren des irischen Apostels sich unbelästigt durch die Straßen wälzen; im August ist selbst auf den überfüllten Verkehrswegen der Hudsonstadt freie Bahn für jedes deutsche Ländchen, dessen ausgewanderte Söhne ihre Freude daran haben, mit bildlichen Darstellungen des altheimathlichen Schaffens und Feierns Staat zu machen.

Sie ist kein leeres Wort — die amerikanische Toleranz. Nicht blos dort, wo die Satzung es verfügt, wird sie geübt; sie hat auch in dem, sich außerhalb der staatlichen Einrichtungen bewegenden Volksleben ihr Gebiet erobert; sie ist bis in die untersten Schichten gedrungen und im großen Ganzen läßt auch der verwahrloseste Geselle sich nicht nachsagen, daß sein Mangel an Bildung oder Gesittung ihn hindere, die freie Selbstbestimmung und Rechtsausnützung Anderer zu achten. Bei allen Klagen über einzelne, periodisch auftauchende Versuche, uns den Vollgenuß individueller Freiheit zu kürzen, müssen wir doch bekennen, daß dadurch keine wesentlichen Rechte bedroht werden und daß es kein Volk auf Erden gibt, dem die echte Toleranz so ins Blut übergegangen, bei dem selbst die rohen Elemente so vom Geiste der Duldung durchdrungen sind, wie dem amerikanischen.

Auf den Pfaden der New-Yorkerin.

Der Typus der New-Yorkerin.

Amerika zieht seine Leute. Die schroffste Individualität, die aus fremdem Himmelsstrich zu uns herüber versetzt wird, muß sich dem Abschleifen unterwerfen, wenn sie hier nicht in ein Sonderlings-Dasein versinken will. In New-York wird dieser Proceß dem Europäer erleichtert, weil der New-Yorker Typus kein streng amerikanischer, sondern eine Spielart zwischen diesem und dem westeuropäischen ist. Fertig ist er überhaupt noch nicht; alle sich im hiesigen Leben geltend machenden fremden Elemente wirken bei seiner Gestaltung mit; seine Contouren schwanken noch, er ist noch in der Evolution begriffen. So ist es denn auch zum Schlagworte geworden: daß auf der bunten Volkskarte unserer Metropole alle Racen und Nationalitäten verzeichnet stehen, alle typischen Arten des Amerikaners vorkommen, nur ein scharf ausgeprägter New-Yorker Typus nicht.

Es mag noch keinen typischen New-Yorker geben; die New-Yorkerin jedoch ist auf dem Wege zu einem bestimmten, faßbaren Typus ziemlich weit vorgeschritten. Im Gewühle der ungleichartigen Elemente findet das Weibliche sich rascher, als das Männliche; jenes hat nicht so viel abzuschleifen wie dieses, um zu einem gemeinsamen Ausdruck zu gelangen. Die New-Yorkerin ist bereits erkennbar; schon hat sie gewisse Eigenthümlichkeiten — oder sage man aus Höflichkeit lieber — gewisse Vorzüge, die sich in stärkerem oder schwächerem Grade an allen Schichten des weiblichen New-York ausprägen. Und wahrlich, keine der schwächsten unter diesen — Eigenthümlichkeiten ist die Findigkeit, dem männlichen New-York, ohne daß dasselbe es zu sehr merkt, Gesetze zu geben nach dem Grundsatze: der Mensch lebe nicht blos um zu arbeiten, sondern auch um sich seines Daseins zu freuen!

Zwar gibt es auch unter den New-Yorkerinnen gar manche, welche einen Beruf so passionirt treiben, daß sie darob vergessen, das

Leben zu genießen, und andere, welche an den Fesseln der Arbeit so schwer tragen, daß die Lebensfreude ihnen ganz fremd geworden; allein von diesen abnormen Erscheinungen abgesehen, ist die normale New-Yorkerin eine werkthätige Bekennerin jener Philosophie, welche das Dasein von der heiteren Seite nimmt; sie vergnügt sich gern, sie betrachtet das Vergnügen als das Salz auf dem täglichen Brod. Und für das practische Ausüben dieser Anschauung fehlt ihr in New-York nie die Gelegenheit, denn New-York ist schon in beträchtlichem Maße so geworden, wie das Temperament seiner Frauen es verlangt. Da zeigt sich am besten die Macht des Weibes. Wie verknöchert, erstarrt, rostig wäre schon der ganze Organismus des arbeitenden, sich plackenden New-York, wenn die New-Yorkerinnen nicht als wahre Lebenskünstlerinnen, die sich wechselseitig selbst ausbilden, es verständen, dem Ueberwuchern trockenen Geschäftssinnes Einhalt zu thun, wo Gefahr im Verzuge, den werthen Herrn Gemahl, der soeben im Begriffe ist, in der trüben Fluth der Geschäftsprosa ganz unterzugehen, im richtigen Momente energisch beim Schopfe zu fassen und zurückzuziehen an die sonnige Flur, wo des Lebens Frohsinn leuchtet!

Die Pariserin mag anmuthiger sein als die New-Yorkerin, die Wienerin noch lebenslustiger; aber in der Kunst, das Programm zu entwerfen, in dessen Ausführung die eheherrliche Autorität sich nach Herzenslust groß und breit machen kann, wird die Tochter der amerikanischen Metropole nirgends übertroffen. Die nationale Thatkraft äußert sich bei ihr im erfolgreichen Ankämpfen gegen die, sich in Amerika wie die Erbsünde fortpflanzende, graue Eintönigkeit des Alltagslebens. Schon hat sie manche bunte Lichter auf dieses einst so matte Bild gesetzt, welche an das lebhafteste Colorit europäischer Hauptstädte mahnen; und ganz besonders versteht sie jene Mißtöne aus der New-Yorker Lebensfärbung fern zu halten, welche in Geselligkeits-Errungenschaften — für das männliche Geschlecht allein bestehen! Sie hält darauf, daß nichts in Flor komme, woran sie nicht auch Theil nehmen kann. Daher zum Beispiel das verhältnißmäßig dürftige Club-Leben New-Yorks; daher das Gedeihen jener Sports, welche auch der Frau zugänglich, daher das Einrichten aller Sports derart, daß sie auch einem weiblichen Publikum interessant werden.

Die zahlreichen Vergnügungs=Regisseure bilden sich ein, daß sie schieben; und sie werden geschoben. Weiblicher Anspruch ist's, der sie in Bewegung setzt, weibliches Urtheil, das sie leitet, weibliche Kritik, die sie am meisten fürchten.

In diesen Dingen besitzt die gerade in der besten Ausbildung begriffene, typische New=Yorkerin schon jetzt eine Fertigkeit, die staunenswerth wäre, wenn in der neuen Welt überhaupt etwas, was auf die Fortschritte des Weiblichen sich bezieht, noch Verwunderung erregen könnte.

Das Weinen und Lachen haben die Frauen überall „in einem Sack". Man nenne aber neben New=York eine zweite Stadt, in welcher sie Arbeit und Unterhaltung so nahe an einander gerückt und sich so zurecht gelegt haben, daß sie im Handumdrehen eine der andern folgen lassen können! Tagesordnung, Regelung des Haushaltes, ja man könnte sagen, selbst die Garderobe ist darauf eingerichtet, dieses Herüber und Hinüber von der Arbeit ans Vergnügen, vom Vergnügen an die Arbeit so einfach und bequem als möglich zu machen. In den Ziergärten der Gesellschaft gibt es auch hier zarte Gewächse genug, die in weichlicher Atmosphäre von einer angenehmen Erregung der andern entgegenschmachten, ohne Pausen ernster Beschäftigung einzuschieben; aber die Zahl der arbeitsamen New=Yorkerinnen, welche ob ihrer Thätigkeit keinen Anspruch der Dame opfern, geht ins Hunderttausend; sie sind die Gesetzgeberinnen unseres großstädtischen Lebens, sie schaffen New=Yorker Sitten, sie bedienen sich nur — sanfter oder kräftiger, je nach der Naturanlage — des männlichen Armes, um das New=Yorker Leben lebenswerth zu machen.

Man betrachte einmal diese geschmeidige, gesprächige, trotz aller weiblichen Reserve unbefangene New=Yorkerin, wie sie auf der Scheide zwischen der ernsten und der heiteren Seite des Daseins gewandt dahinzugleiten versteht, — wie sie ihren häuslichen Pflichten die Pflicht des Gatten anhängt, sie in die Welt hinauszuführen, sie in ihrer Häuslichkeit zu ermuntern durch häufige außerhäusliche Erholungen. Kaum ist sie mit guten Vorsätzen und hohen Absätzen ins neue Jahr hineingetrippelt und hat sich am zweiten Januar im

Schneewasser abgezappelt, als sie sich auch schon auf die Fußspitzen stellt, um den Alchymisten des Carnevals in ihr Laboratorium hineinzugucken. Ihre buntesten Flügel entfaltet da die weibliche Phantasie; und ganz New-York wäre sicherlich werth, durch ein Erdbeben verschlungen zu werden, wenn es dieser phantastischen Scheinwelt des Carnevals nicht wenigstens einige Zaubernächte entlehnte, um seinen Töchtern hiermit ein ephemeres Glück zu bereiten. Man nehme diesen weiblichen Trieb hinweg — und das ganze Fastnachtswesen unserer Metropole klappt zusammen wie ein geplatzter Luftballon; denn die Spannkraft eines kräftigen männlichen Humors, der sich irgendwo bethätigen muß, ist es nicht, was den New-Yorker Carneval unvermeidlich macht.

Sind die Bilder der strahlenden Ballnächte verblichen und schweigen des Faschings Flöten, dann macht sich unsere New-Yorkerin auch schon mit dem Frühling zu schaffen. Da leuchten ihr vor Allem jene Tage entgegen, welche nicht nur die ersten wilden Veilchen, sondern auch die neuen Moden bringen; und lebe sie in noch so bescheidenen Verhältnissen, etwas muß ihr das Opening doch eintragen, sei es auch nur ein buntes Versatzstück, durch welches der Beschauer darüber getäuscht werden soll, daß die neue Decoration noch nicht zur Hand ist. Vom Opening wird gleich wieder nach dem ersten Mai hinübergeschielt; die unvermeidliche Move-Nummer des Programms gelangt zwar nicht immer zur Ausführung, aber im Aufrütteln aus verderblichem Behagen, das der gesunden Blutcirculation nicht zuträglich, thut sie jedenfalls ihre Schuldigkeit. Realisiren sich auch nicht die Umzugs-Projecte, so genügen sie doch, dem Eheherrn wieder eine heilsame Lection über die Beweglichkeit aller irdischen Dinge bei- und ihn von allzu conservativen Ideen abzubringen. Dann kommen die Hundstage, für welche jede umsichtige New-Yorkerin selbstverständlich schon im vorigen Sommer Programm gemacht hat, und plaidirt die männliche Executive noch so sehr für Coney-Island, hat die weibliche Legislative einmal beschlossen, eine noch sonnigere oder noch kühlere Sommerfrische aufzusuchen, dann geschieht's auch. Es steht zwar auch dieser Executive das Veto zu, aber es ist zumeist eine unfruchtbare Gewalt, denn sie hat es mit einer Gesetzgebung zu thun, die mit sich selbst sehr einig ist. So schiebt die, dem hiesigen Leben seine fröhlichen Gesetze gebende New-Yorkerin ihren machtlosen Executiv-Tyrannen munter durchs Jahr, bis sie ihn endlich nach dem Weihnachtsmarkt schleppen kann.

Heilsamer Einfluß! Ohne ihn würde die Geschäftsseite der Häuser wohl sehr patent und lebendig aussehen, die Familienseite aber nur zu oft im stillen Einerlei verkümmern.

In jungen Jahren.

Daß die New-Yorkerin alle anderen Großstädterinnen in Putz überbietet, ist weltbekannt; das weiß man selbst dort, wo über amerikanische Dinge sonst die tiefste Unwissenheit herrscht. Wo liegt nun der Grund für diese Putzsucht? Ist sie der New-Yorkerin etwa angeboren? Angeboren gerade nicht — aber anerzogen. Ihr Ursprung führt in der That bis auf die Wiege zurück. Wer kennt nicht die Neigung amerikanischer Eltern, ihren kleinen Nachwuchs schmuck zu kleiden? Ja, Wer kennt nicht die kleinen Extravaganzen, welche beim Befriedigen dieser Neigung vorzukommen pflegen? Wenn aber das „Zu viel" sich je entschuldigen läßt, so ist es an dieser, fast zum Cultus werdenden Sitte.

Nicht selten gewahrt man auf der Straße, in den Stadteisenbahn-Wagen eine bescheiden gekleidete Frau, an der Hand oder auf dem Arme ein prächtig ausstaffirtes Kind, dessen luxuriöse Wäsche und sonstige reiche Gewandung geradezu einen Contrast zu der einfachen Kleidung der Mutter bildet. Wer aber wollte sie darob tadeln, daß sie ihre kleinen Ersparnisse lieber an ihren Liebling, als an sich selbst wendet? Das ist ein Luxus, bei dem das Herz, das Mutterherz im Spiele ist; darum erfreut er uns, statt uns anzuwidern. Jedermann, der sich im Familienleben der unbemittelten Classen ein wenig umgesehen, weiß, daß er selten fehlgeht, wenn er aus dem schmucken Aussehen der Kinder aus dem Volke auf häusliche Tugenden der Eltern schließt. Man darf also selbst gegen die hier und da vorkommende Uebertreibung in diesem Punkte nachsichtig sein. Sie ist kein Fehler des Herzens, sondern höchstens ein Verstoß gegen den guten Geschmack. Es ist nun einmal das Privilegium des, seine ersten Schuhe tragenden amerikanischen Kindes mit seinem Putz **über die Eltern** emporzuragen. Die jüngere Generation strebt immer höher, als die ältere, und man kann nicht wissen, wozu das Knäblein oder Mägdelein des einfachsten Handwerkers noch berufen ist.

Dieser aus der Sitte hervorgegangene Anspruch der niedlichen kleinen Bälger, in der Republik sämmtlich aristokratisch auszusehen, ist nun für die wirklich aristokratischen Bälger eine Art Eingriff in ihr Standesvorrecht. Wenn es der unbemittelten Mutter Passion ist, ihr Töchterchen wie eine Prinzessin herauszuputzen, was soll der Geldfürst mit seinem Töchterchen anfangen, um die nöthige Distanz zu halten? Er nimmt seine Zuflucht zu den Dingen, welche dem Manne aus dem Volke nicht leicht erreichbar sind. Er muß seinen Nachwuchs mit Kostbarkeiten behängen; und da meldet sich bereits die Thorheit. Schon dem baby wird der zarte Hals mit goldenen Kettlein belastet, das Aermchen in Armbänder gepreßt. Und ehe das junge Dämchen das schulpflichtige Alter erreicht, hat es bereits ein sehr entwickeltes Urtheil über Geschmeide und Edelsteine. Es weiß diese letzteren zu benennen, ehe es noch die Buchstaben kennt; und das Händchen, welches noch nicht den Griffel zu fassen versteht, ist schon überladen mit Ringen. So wird dem Kinde das, was wir Luxus nennen, zum Bedürfniß und der heranwachsende Backfisch kann sich kaum vorstellen, daß Geschmeide je überflüssig sein könne.

Auch dieses Beispiel wirkt nach unten und das Mädchen in der Volksschule begehrt gleichfalls ein Schmuckstück. Des Vaters liebreiche Hand spendet es nur zu gern. Warum sollte er sich weigern, sein Kind zu schmücken, das ja in New-York schon während der Schuljahre in den Kampf mit tückischer Gefahr und lähmendem Schrecken zieht. Ach, man darf es der New-Yorkerin nicht als Schwäche anrechnen, wenn sie sehr nervös ist; schon beim Unterricht in überfüllten Schulzimmern erlebt sie Katastrophen. Unsere Schulbrände und

Schulpanics bilden ein fürchterliches Capitel in der Erziehung der New-Yorker Jugend. Ja, die fieberhafte Erregung ist hier schon dem Abc-Schützen das mißliche Pathengeschenk, mit welchem die Stadt New-York ihn bedenkt. In seinem Schulsacke ist den Büchern auch ein gut Theil gebundener Angst beigepackt, die sich jeden Augenblick wie eine elektrische Batterie entladen kann. Den Schweiß der Anstrengung und den Angstschweiß hat er so zu sagen in einem Sack. Um wie viel besser ist doch das junge Volk daran, welches fern vom städtischem Wirrsaal und Gedränge über die verschneiten Gefilde zur luftigen Dorfschule streicht! Da droht kein tückisches Schreckniß, da kann das junge Blut noch freier und sorgloser wallen, da kann Kindernaivetät noch strotzend gedeihen.

Die armen New-Yorker Kinder! In der That, unsere Weltstadt ist nichts weniger als ein Kinder-Paradies. Es mag eine Zeit gegeben haben, zu welcher man mit Fug und Recht sagen konnte, es sei ein Glück, in Amerika geboren zu sein. Heute darf man sicherlich sagen, es sei kein Glück, in New-York geboren zu werden. Um wie viel schneller ist dem kleinen Weltbürger, der auf Manhattan seine ersten Athemzüge thut, des Lebens finsterer Ernst nahe gebracht, als seinen Altersgenossen unter klarem, landschaftlichem Himmel, den glücklichen Knäblein und Mägdelein, die so zu sagen zwischen Gräsern und Blumen aufwachsen, im Sonnenschein baden und sich an der kräftigenden Luft allein halb satt essen können. Schon in der Wiege soll er wie ein kleiner Herkules die Schlangen würgen, die in Gestalt tödtlicher Seuchen an ihn heranschleichen, und wie die Jahre ihre Ringe ziehen, soll er den Kampf immer wieder aufs Neue bestehen. Ihr halbes Leben verbringen die bedauernswerthen Geschöpfe, wenn sie nicht gerade auf der lichten Höhe großen Wohlstandes geboren sind, in beengendem Halbdunkel zu; dunkle Treppenwinkel sind ihre ländliche Grotte, schmutzige Straßen ihr Garten und ihr Wald. Und da schimmert, statt des murmelnden Bächleins, nicht blos die Gosse der physischen Miasmen, sondern auch die der moralischen Gifte, welchen der junge Organismus auf Schritt und Tritt preisgegeben ist, gegen die er mit seiner schwachen Kraft sich fort und fort wehren soll. Es ist nicht nur kein Glück, es ist beinahe ein Unglück, in

New-York geboren zu sein und hier aufwachsen zu sollen. Zu Zehntausenden entziehen sie sich auch jährlich dieser letzteren Aufgabe, indem sie unterwegs liegen bleiben in endlosen Gräberreihen. Ach, wär's nicht um all den holden Tand, mit welchem New-York seiner Kinderwelt ein beglückendes Zauberreich aufbaut, — dann würde des Lebens Mai der kleinen Weltstädterin ein recht freudloser sein!

Wie spärlich sind die Heimathsfreuden der heranwachsenden New-Yorkerin zugemessen, wie verhältnißmäßig wenige Mädchen gelangen in unserer Weltstadt zu den voll entwickelten Segnungen einer festbegründeten Häuslichkeit! Halb New-York lebt auf Nomadenfuß. Das Loos, welches der Städter allenthalben zu tragen hat, trifft ihn am Hudson schwerer als sonstwo. Nur Wenigen ist es hier gegönnt, sich in die vier Mauern einzuleben, sich innerhalb derselben das kleine Reich, welches der Familie eine Welt bedeutet, zu erbauen. Der großen Mehrheit der New-Yorker ist jeder Wohnungswechsel nur das Erreichen einer neuen Station auf einer endlosen Route. Die neue Wohnung wird in der Ueberzeugung bezogen, daß auch sie nur vorübergehenden Aufenthalt biete und es nicht der Mühe lohne, sie besonders wohnlich einzurichten. Der Heimathssinn, für die Erziehung des Menschen so nöthig, kann unter solchen Umständen nicht Wurzel fassen; Hunderttausenden von Kindern in New-York ist der Begriff „Vaterhaus" etwas Unbekanntes.

Für die Knaben, welche früh hinausstreben in die Welt, mag dieser Verlust leichter zu verschmerzen sein; aber die armen Mädchen — denen es nicht gegönnt ist, sich unter den Augen der Mutter das traute Plätzchen zu erobern, wo sie das Walten nach eigener Eingebung beginnen, wo sie in ungestörtem Frieden heranreifen können für ihre Lebensaufgabe, wo sie ein unentrückbares Asyl finden in Stunden der Betrübniß, einen heiligen Altar in Momenten innerster Bewegtheit! Auf solche Sentimentalitäten darf das in New-York heranwachsende junge Ding sich nicht einlassen. Zuflucht in schützendem Winkel suchen — wozu wäre man denn Großstädterin? Dem New-Yorker Backfisch kann ein etwas jungenhafter Zug bei dem beständigen Hin- und Herwandern nur zu Statten kommen. Alle Jahre aus der Umgebung herausgerissen werden, neue Bekanntschaften anknüpfen, die alten schnell vergessen, sich in die veränderte Lage rasch finden müssen, das Alltägliche sich nicht zu sehr zu Herzen nehmen — all das ist der Entwickelung des Gemüthes zwar nicht sehr förderlich, aber da es einmal durchgemacht sein will, schafft man sich dazu lieber gleich auch den leichten Sinn an, der allerdings nicht sehr weiblich, aber um so practischer ist. Ob die New-Yorker Wohnungsfrage wohl gar nichts zu thun hat mit der Charakter-Entwicklung unserer jungen Dämchen, die nicht im upper-ten-dom geboren sind? — Unser altes deutsches Sprichwort, welches sagt, daß rollende Kiesel kein Moos ansetzen, erlangt hier eine Bedeutung, welche nicht blos die materiellen, sondern auch die Güter des Herzens in sich schließt.

Genußleben.

Als Herbert Spencer die Union bereiste, befand sich unter den Sätzen, in welche er seine Beobachtungen zusammendrängte, auch der: dem Amerikaner sei die Arbeit Zweck und nicht Mittel. Freilich sprach er nur vom Amerikaner und nicht auch von der Amerikanerin. Würde er auch das weibliche Amerika, namentlich den repräsentativen Theil desselben, in den Kreis seiner Betrachtungen gezogen haben, dann hätte er wahrscheinlich milder geurtheilt über die amerikanische Ueberarbeitung.

Wer wollte läugnen, daß wir hier zu Lande eine bewunderungswürdige Gattung höchst strebsamer, fleißiger und energischer Frauen besitzen? Aber sie sind eigentlich doch nur die weißen Raben ihres Geschlechtes, und gelten in den Augen der specifisch amerikanischen lady geradezu für unweiblich. Von dieser letzteren wird selbst der überschwänglichste Schmeichler nicht behaupten können, daß sie sich überarbeite, insbesondere in New-York nicht. Wohl aber muß ihr eingeräumt werden, daß sie in der Arbeit nicht den Lebenszweck, sondern das Mittel zum Erlangen der Lebensgenüsse zu würdigen weiß. Nur mag sie dieses Mittel — nicht selbst anwenden; das überläßt sie Anderen; sie begnügt sich mit dem Zwecke. Wen läßt sie nun das schwere, erschöpfende Mittel zum Erreichen des schönen, angenehmen Zweckes anwenden? Zunächst — Wen sonst, als den theuren Lebensgefährten, den lieben Gatten. So sind Mittel und Zweck in einer und derselben Familie aufs Glücklichste vereinigt. Er **arbeitet** fürs Leben; sie **genießt** das Leben. Und je mehr er arbeitet, desto mehr kann sie genießen. O, es gibt gewiß auch da recht viele Ausnahmen. Selbst in den amerikanischesten der Familien waltet oft die liebreiche Hausfrau, welche persönlich dafür sorgt, daß der mit heraushängender Zunge von der Dollarjagd heimkehrende Gatte etwas Gutes zu essen finde und ein weiches Lager, auf dem er den Verdauungsproceß bestehe, daß sein halbgeschlossenes Auge sich an kostbaren Möbeln erfreue und er in dem Bewußtsein entschlummere, sich nicht umsonst abzurackern. Gewiß gibt es Tausende und Tausende, die — so stockamerikanisch sie auch sein mögen — dem armen geplagten Gatten die Mühe abnehmen, sich von Zeit zu Zeit nach einer größeren, schöneren Wohnung umzusehen, welche natürlicher Weise nicht wohlfeiler sein kann als die kleinere und minder schöne. Und fast in keiner der größeren Städte mehr wird verlangt, daß der Mann, nachdem er das Geld für die Lebensmittel verdient hat, den Korb auf den Arm nehme und selbst auf den Markt gehe.

Auch in diesen Dingen ist der Fortschritt unverkennbar, und selbst der amerikanische husband gehört nunmehr zu den Wesen, welche von dem unaufhaltbaren Emancipationsdrange unseres Zeitalters profitiren. Aber übers Naturgebot hinaus kann diese Erleichterung seines Daseins nicht gehen. Er gehört einmal dem stärkeren Geschlechte an; und je mehr Schwächen das schwächere Geschlecht hat, desto mehr Stärke muß das stärkere zeigen. Je mehr die lady des Hauses sich in die wirklichen oder vermeintlichen Bedürfnisse vertieft, deren Befriedigung ihr der große Lebenszweck ist, desto mehr muß der husband sich ins Herbeischaffen der Mittel zum Zweck vertiefen.

Amerikanische Ueberarbeitung ist also gewisser Maßen eine Folge amerikanischer Ueberforderung ans Leben. Und wollt Ihr wissen, warum selbst bemittelte Männer sich noch immer abquälen, als arbeiteten sie im Tagelohn — dann fragt nur bei fashionablen Frauen an; die werden Euch schon sagen, warum dies so sein müsse.

Aber auch diejenigen, die nicht über einen geschäftsgewandten husband als über den money-making servant unter ihrem Dienstpersonale verfügen, finden in New-York Gelegenheit genug, bei ihrem Rundgange auf den Pfaden des Lebensgenusses sich das männliche Gotham dienstbar zu machen — selbstverständlich in der achtbarsten Weise; von Abenteurerinnen, die mit ihren Reizen knechten, soll hier gar nicht die Rede sein. Für die selbstständige Dame, welche ihre jungfräuliche Unabhängigkeit wahren und trotzdem auf der Promenade der großstädtischen Vergnügungen über den sie geleitenden männlichen Schatten verfügen will, ist in New-York gesorgt. Die New-Yorker selbst ahnen kaum, welche improvements — vollständig abgesehen von denjenigen, die dem Fremden auf der Straße in die Augen springen — unaufhörlich das hiesige gesellige Leben von Stufe zu Stufe heben. Man nehme nur ein Beispiel. Es besteht seit Jahren eine Gesellschaft, welche sich die Aufgabe gestellt hat, alleinstehenden Damen die reichen Kunstgenüsse und sonstigen ehrbaren Vergnügungen, welche New-York bietet, dadurch zugänglicher zu machen, daß ihnen „anständige Begleitung" geliefert wird.

Gesetzt den Fall, eine junge Wittwe oder ein altes Fräulein, ohne Freunde, ohne Verwandte, sei eine große Musikfreundin; sie will dann und wann ein Concert oder die Oper besuchen, es fehlt ihr aber der Begleiter; oder angenommen, sie sei eine Fremde, der es vorübergehend an der nöthigen Escorte durch das gefährliche Gewühl der Weltstadt fehlt. Ihr ist leicht geholfen. Sie zeigt der erwähnten Gesellschaft einfach an, daß sie an dem und dem Abend, um die und die Stunde, da und da hin geleitet sein wolle; pünktlich stellt sich zur bezeichneten Zeit und am bezeichneten Ort ein anständig gekleideter, sich anständig benehmender Herr ein, macht seine anständige Verbeugung, bietet seinen Arm, der je nach Belieben genommen wird oder nicht, und führt den erhaltenen Auftrag ganz wie ein Gentleman aus. Er kommt nach Beendigung des Concertes, der Oper, Vorlesung oder sonstigen Abendunterhaltung wieder, um die Auftraggeberin in derselben anständigen Weise nach Hause zu geleiten. Der Dame steht es frei, sich auf ein Gespräch mit ihm einzulassen oder stumm an seiner Seite dahinzuschreiten. Auf jede Frage gibt er nach bestem Wissen eine anständige Antwort; er selbst aber wird die Dame nie mit einer Frage belästigen, überhaupt das Schweigen nie unaufgefordert brechen. Streng erfüllt er seine Ritterpflicht und dehnt sie, wenn es verlangt wird, sogar so weit aus, seine Schutzbefohlene bis in den Saal oder in das Parterre zu begleiten und an ihrer Seite den Kunst= oder sonstigen Genuß mit zu genießen. Seinen Sitz bezahlt natürlich sie. Ihm aber erwächst daraus die Verpflichtung, angesichts des Publikums — wenn die Dame diesen Wunsch verräth — die Rolle ihres Bruders, Vetters oder Freundes in aller Discretion zu spielen.

In der That, das ist noch mehr, als selbst Paris in großstädtischer Galanterie zu leisten vermag. Allem Achselzucken der Zweifler zu Trotz, ist diese Gesellschaft schon während einiger Wintersaisons stark in Anspruch genommen worden. Ob sie ihre Thätigkeit auch im Sommer fortsetzt, ob in der angegebenen Weise auch Begleitung nach Coney=Island und allenfalls der nöthige Beistand in den brandenden Wogen zu haben ist, darüber schweigt das Gerücht vorläufig. Dagegen spricht es mit Bestimmtheit davon, daß diese treffliche Einrichtung nicht mehr ganz im Sinne ihrer Begründer fortgeführt werde. Ursprünglich soll es sich um echten Ritterdienst, um eine neue Art des weltberühmten amerikanischen Frauen=Cultus gehandelt haben. Wie „Ritter vom heiligen Gral" opferten sich die Dienstbeflissenen für die, ihres schützenden Armes bedürftigen Vereinsamten und Verlassenen. Der Zuspruch soll aber so groß gewesen sein, daß die großherzigen Ritter sich durch Knappen verstärken mußten, die nicht mehr so großherzig waren und den edlen Dienst nur gegen schnöde Bezahlung leisteten. Und jetzt sollen diese Letzteren ihre ritterlichen Vorgänger ganz und gar verdrängt haben. An die Stelle der Lohengrine sind Lohnbediente getreten. Aber gerade dies soll die Nachfrage gesteigert haben. Dem bezahlten „anständigen Begleiter" vertrauen sich die Damen noch viel lieber an, als demjenigen, dessen ideale Uneigennützigkeit doch noch mancher Befürchtung Raum gab.

Geht die New=Yorkerin ihrem Genußleben bei hellem Tage nach, kann sie des Begleiters ganz entbehren; da wird es sogar zur Regel, auf männliche Gesellschaft zu verzichten. Die Geschäftsstunden der Gatten und Väter sind die Tageszeit, während welcher die New=Yorker Frauenwelt ihren eigenen Verkehr sich am freiesten entfalten läßt. Die Mittelpunkte desselben sind die großen Bazars, sind die Theater und Concertsäle, wo Matinées stattfinden. Alle Typen der großstädtischen Dame sind in dem bunten Gewühl vertreten, bald hier, bald dort zweigt sich der Strom ab, reich an charakteristischen Gruppen, welche im Lichte der Sonne um so belebter erscheinen. An den nächsten Ecken lösen sich diese Gruppen wieder in kleinere auf, wobei die Dauer der Verabschiedungen lediglich durch atmosphärische Einflüsse bedingt wird. Es muß schon ein ziemlich scharfer Wind wehen, wenn nicht an jedem Scheidewege ein kleines Klatsch=Clübchen improvisirt wird. Doch auch gegen diese ungalanten Mahnungen des rauhen Nords oder Nordwests gibt es Abhilfe. Man vertagt sich nach einer benachbarten Conditorei.

Die Großstädterin ist auch in Amerika schon so weit emancipirt, daß sie auf dem Wege vom Concertsaale zur Wohnung gern Station macht. Jener feierliche Marsch, welcher des Sonntags an der Seite des Gatten oder Verlobten aus der Kirche geradenwegs nach der daheim bereiten Tafel gethan wird und keine Unterbrechungen duldet, gilt für die Wochentage nicht. An diesen letzteren ist man minder förmlich, man gestattet sich ein wenig Einkehr, da es ja so viel seit Sonntag Erlebtes mitzutheilen, so viele Neuigkeiten aus der Gesellschaft auszutauschen, vielleicht auch hier und da ein abermals voll gewordenes Herz auszuschütten gibt. Nicht allein der New=Yorker männlichen Geschlechts fängt an, das Kaffeehausleben zu cultiviren, auch die New=Yorkerin hat eine derartige Neigung; und das Befriedigen dieser Neigung ist älter, als die genannte Errungenschaft männlicherseits. Die weibliche Frequenz der Conditoreien, welche in ihren Einrichtungen nun so verschiedenartig sind, daß sie den Ansprüchen aller Classen genügen, war immer beträchtlich; in letzterer Zeit aber hat sich das weibliche Kaffeehausleben sehr entwickelt.

In allen Theilen der Stadt, sowohl an den westlichen Avenues und den großen Plätzen im Herzen New=Yorks, als auch in den bescheideneren Regionen der Ostseite gibt es vollauf gastliche Stätten, wo die New-Yorkerin nach der shopping-Tour ihren Mocca schlürfen kann und selbst ihre Cigarrette rauchen könnte, wenn sie wollte. Die Localitäten sind ohne Ausnahme sehr einladend gehalten und stehen unter dem mächtigsten Schutze, dessen sie sich erfreuen können, unter dem Schutze der sprichwörtlichen amerikanischen Galanterie gegen Frauen, welche — so toll es der gebildete Pöbel auch sonst treiben mag — sich noch immer als mächtiger bewährt, denn die aufmerksamste Polizei. Hier kann die Damenwelt ohne Herrenbegleitung so ungestört, ungenirt und ohne jegliches Bedenken verkehren, als begebe sie sich in eine private Kaffee- oder Theegesellschaft. Die große Dame, welche von ihrem Juwelier kommt, sowie die Handwerkersfrau mit dem schweren Korbe, in dem die soeben auf dem Washington-Markt erstandene Gans steckt, findet ein ihr zusagendes Etablissement, sei es ein prächtiger Salon oder ein sich hinter einem candy-store versteckendes Kaffeestübchen, wo sie Station machen und ihre Kaffeeschwester treffen kann.

Der Duft des würzigen Confects, welcher das Local erfüllt, übt schon beim Eintreten einen ähnlichen Zauber aus, wie ihn die charakteristischen Gerüche einer Bar ersten Ranges auf die verwöhnte Nase der Herren ausüben, denen die Ueberzeugung, daß Alkohol zu den unentbehrlichen Nahrungsstoffen gehört, in Fleisch und Blut übergegangen ist. Die Beleuchtung ist den Umständen gemäß glänzend, wohlthätige Wärme oder angenehme Kühle — je nachdem die Jahreszeit es erheischt — durchdringt alle Räume, einladende Sitze und niedliche Tischchen stehen in großer Anzahl da, und mancher Imbiß ist in besserer Qualität zu haben, als sie von der bestausgestatteten Privatküche erreicht werden kann, zu mäßigerem Preise für die Frau aus dem Volke, als ein gleich guter Bissen oder Schluck eigenen Fabricats.

In den Etablissements der vornehmeren Stadttheile verkehren Vertreterinnen der eleganten und elegantesten Welt. Equipagen halten dort; im Winter saust wohl auch ein schmucker Schlitten, dessen Decke mit ihren grellen Farben geradezu um die Aufmerksamkeit des Publikums schreit, heran und eine amazonenhaft angethane Prachtgestalt springt heraus, die Zügel dem Bedienten zuwerfend, worauf sie mit hochgerötheten Wangen in die stattliche Halle stürmt. Doch der Bediente ist vielleicht ebenso geliehen, wie der Schlitten. Die eigentliche hohe Plutokratie, die so recht tief im Klee sitzende Crême der Gesellschaft bereitet, oder verzehrt wenigstens, ihren cream und was dazu gehört im geheiligten Comfort des eigenen Hauses. Was an diesen luxuriösen Stätten verkehrt, um dem verwöhnten Gaumen die leckere Labung zu bereiten, hat sich in der Regel den Vollgenuß des high life noch nicht errungen. Neben einer mäßigen Eleganz, wie sie die Frau von guter Mittelstellung oder die ehrgeizige, in der Toilette über ihre Sphäre hinausstrebende Jüngerin eines Kunstgewerbes zu entfalten pflegt, erblickt man zwar auch viel aristokratische Pracht; allein es ist größtentheils nur das Zigeunerthum der Aristokratie, welches an solcher Stelle durch den Aufputz Bewunderung erregt. Dagegen geht hier Alles aus und ein, was die New-Yorker Frauenwelt an Kunstgrößen, literarischen Celebritäten, an Originalen, an Aposteln und Reformatorinnen so wie an excentrischen Charakteren besitzt. Es ist eine interessante Gesellschaft, die sich hier im großen Strome der indifferenten und alltäglichen Naturen bewegt. In den Nachmittagsstunden und ersten Abendstunden ist die Frequenz am stärksten. In zahlreichen Gruppen wird der Austausch eines unerschöpflichen Ideenschatzes vorgenommen. Es werden Intriguen gesponnen, Geheimnisse anvertraut, Freundschaftsbündnisse geschlossen, Feindschaften proclamirt, kleine Verschwörungen angezettelt, gesellschaftliche Acht erklärt, Leiden geklagt und Tröstungen ertheilt. Auch vereinsamte Gestalten erblickt man, so ernst und resignirt, daß man es ihnen an der Stirne ablesen kann, wie sie mitten in der Großstadt ein Einsiedlerleben führen und nach einem durchlebten, sehr bewegten Roman nur noch als stumm betrachtende Philosophinnen unter ihren Mitbürgerinnen erscheinen.

Stiller, einfacher, aber auch anmuthiger gestaltet sich der Verkehr an den bescheidener ausgestatteten Sammelplätzen dieser Art, welche im östlichen Stadttheile und an einigen der westlichen Avenues zu finden sind. Sie sind kleiner und niedriger, darum aber auch gemüthlicher. Namentlich dort, wo ein zweites Gemach alkovenartig durch Vorhänge von dem vorderen abgesondert ist, gibt es allerliebste Winkel zum Plaudern. Wohl fehlt hier kalte, einförmige

Eleganz; dagegen ist fast jedes Plätzchen dazu geeignet, ein Lieblingsplätzchen zu werden — sei es hinter einem der schmucken Tischchen, an welchem man nicht fern vom Kamin es sich so recht behaglich machen, sich dem ganzen süßen Genusse eines echten Kaffeeklatsches unbeobachtet hingeben kann, sei es neben dem Spiegel, welcher die Perspective bis hinaus auf die Straße eröffnet und das ungestörte Mustern jeder neu Ankommenden gestattet, sei es dicht neben dem Vorhang selbst, wo man von der sichersten Ecke aus die Beobachtenden wieder beobachten kann, ohne selbst beachtet zu werden. An solchen kleineren Reunionen der New-Yorkerin ist der Andrang nie groß. Es ist immer Platz und nur selten ereignet sich das Ungemach, das Lieblingsplätzchen besetzt zu finden.

Da wird nun, ehe die erwartete Freundin sich eingefunden, ein bischen genascht und zugleich die Litanei, welche bei ihr anzubringen ist, dem Gedächtnisse nochmals eingeprägt. Es gibt so viel zu klagen, zu erklären, so viel falsche Gerüchte zu berichtigen und neue in Umlauf zu setzen, so viel — wenn man noch jung ist — frisch erblühte Hoffnungen und neu aufgegangene Zukunftsträume zu schildern, daß schon das zur Repetition vorgenommene Selbstgespräch echauffirt. Wie erglüht erst das Auge, wenn nach genossenem Trank die gegenübersitzende Freundin durch ihre Bemerkungen Oel ins Feuer gießt und obendrein die Stürme, welche ihre eigene Brust durchtoben, darauf blasen läßt. In solchen Augenblicken wird es klar, daß die „Kaffeeklappe" auch den Dienst des Sicherheitsventils zu leisten hat. Doch auch manche recht traurige Geschichte voll des Lebensernstes wird hier einem befreundeten treuen Herzen anvertraut, mancher tiefe Kummer geklagt, manche Thräne vergossen; dann wird Muth zugesprochen und das stärkere Wallen des Blutes, erzeugt durch den anregenden Trank, läßt die Verzagtheit nicht aufkommen.

Erträglicher gestalten sich die Leiden, minder schroff die herbsten Lebens-Conflicte, versprechender die Zukunft und versöhnlicher die ganze Welt, wenn die Freundinnen scheiden, nachdem sie sich am Kaffeetische recht herzlich ausgesprochen. Sie seien gebenedeiet — die geweihten Stätten, wo den Frauen beruhigender Mocca credenzt wird!

Faſtnachtskünſte.

Im Carneval iſt das Weib überall gefährlich; bei uns läßt er auch noch die gefährlichſten Weiber am meiſten in den Vordergrund treten. Wenn der Neujahrsjubel kaum verklungen iſt, ſieht der nimmerſatte New-Yorker auch ſchon die Faſtnacht wie ein wogendes Meer vor ſich, in das er keck hinausſteuert, ſofern ihm nicht durch die an der Küſte kauernde Sorge und andere aſchgraue Geſpenſter der Wind aus den ſtraffen Segeln genommen iſt. Und es iſt eine tückiſche See, die ihn da lockt. Sie hat ſchon manches goldene Lebensſchifflein verſchlungen, ſchon manche munter dahinſtreichende Fregatte, mit dem ſchmucken Jugendbanner hoch oben an dem ſtolzen Maſt, jämmerlich auffahren laſſen auf dem Riff, wo der Schiffbrüchige jenes infernaliſche Gethier, das die anglo-amerikaniſche Gattin eines biederen Germanen die „Jammerkatzen" genannt hat, zeitlebens zu hören bekommt. Die gefährlichſten Meeresjungfern des Lebens-Oceans treiben darin ihr verwegenes Spiel; Lockrufe, verführeriſcher als des Schlangenteufels Beredſamkeit im Paradieſe, tönen durchs magiſche Zwielicht der Faſtnacht; und der chriſtlichſte Staat muß es erleben, daß die längſt verbannten Geiſter des Heidenthums ihre beſtechendſten Vertreter entſenden, rechts und links das berauſchende Gift der Sinnenluſt unter fromme und unfromme Seelen ſtreuend. Für die New-Yorker Töchter Eva's aber iſt der Carneval mit ſeinem abſonderlich coupirten Terrain der willkommene Boden, auf dem ſie ihren energiſchſten Feldzug gegen die Männerwelt unternehmen. In dieſem Kampfe iſt jedes Weib eine Amazone, gleichviel in welcher Jahreszeit ſie perſönlich ſteht, gleichviel auf welchen Fuß ſie ſich mit den Grazien geſtellt; und der Krieg iſt ein Unterjochungskrieg.

Kaum hat das Neujahrs-Glockenſpiel ausgetönt, als auch ſchon die Rüſtungen beginnen; es füllen ſich die Arſenale der Modewelt und wo nur immer das Leben stylish aufgefaßt wird, flattert das herausfordernde Banner der Eroberungsluſtigen in lauten Farben.

Männerstolz, auch in diesen bunten Wochen ins traurige Schwarz des Fracks gehüllt, hat alle Sehnen zu spannen, um mitten in den Sirenenschwärmen nicht kläglich zu Falle zu kommen. Der arme Sterbliche aber, welcher auf den schwachen Schultern seiner gepriesenen Männlichkeit diese riesigen Lasten von Schönheits=Eindrücken und Geistes=Entladungen zu tragen hat, würde ganz gewiß elendiglich zusammenbrechen und von dem Ohnmachtsgefühl überwältigt werden, das dem Wurm in Gegenwart des Göttlichen ziemt, — wenn nicht ein gewisses künstlerisches Walten der Vorsehung auch in diesem Falle fürs heilsame Abblassen des übernatürlichen Glanzes sorgte. Ueberall in der Welt und im sogenannten neuen Theile derselben insbesondere sind die fashionablen Kreise und solche, die ihnen mit Leidenschaft nachstreben, stark heimgesucht von einer Tugend, die in ihrer höchsten Entwicklung unglücklicher Weise gern ins Laster umschlägt, von dem gesellschaftlichen Ehrgeize, von jener, namentlich das Frauenherz beengenden oder gar verzehrenden Leidenschaft, die nur im Verdunkeln Anderer ihre Befriedigung findet.

Die fashionable Bürgerin der Republik ist in diesem Punkte ebenso und vielleicht noch schlimmer gestellt, als die Martyrerin des Luxus am Hofe eines Monarchen. Die Hofdame darf wenigstens nicht das Gespons des Souveräns überstrahlen wollen; die gefallsüchtige Republikanerin kann und muß, ihrer Ueberzeugung nach, zur höchsten Stufe des Prunkes, auf welcher in Monarchien nur die gekrönte Fürstin steht, empor streben. Sie ist die Unglückliche, welcher der Superlativ des Luxus nicht verboten ist, welche sich daher auch den Anschein geben muß, als sei es ihr ein Leichtes, ihn zu erreichen. Und so strebt in diesen Kreisen fast Jede um eine oder mehrere Stufen höher, als sie füglich sollte, als sie ohne Schwindel vertragen kann. Das Schwindlig=werden aber macht blaß und unsicher auf den Beinen. Und hier ist's, wo der, vom Geblendet= oder Zermalmt=werden Bedrohte der Gefahr entrinnt und wieder als frei athmendes Wesen zu seinem Rechte kommt.

O, wären die schönen und geistreichen Frauen New=York's nur nicht so uneins, sie würden das Männergeschlecht, welches ihrer fashionablen Spur folgt, vollständig versklaven und namentlich die

Ballsaison würde nur einem großen Sklavenmarkte, wie man ihn in den schrecklichsten Tagen des Menschenhandels nicht gesehen, gleichen. Doch die gütige Natur hat auch hier neben dem Gift gleich das Gegengift gestreut, sie hat letzteres als unbezwingliche Rivalität in die Brust der eleganten Dame gepflanzt und damit die gefährliche Zauberkraft der Frauenschönheit und des Weiberwitzes wenigstens zum Theile gebrochen. Die Nervosität, welche jede moderne Venus angesichts einer Juno erfaßt und umgekehrt — diese verhängnißvolle Schwäche des sonst allmächtigen Weibes ist die Stärke des ohnmächtigsten Mannes. Er steht vielleicht schon erstarrt, wie der arme Sperling vor dem magischen Blicke der majestätisch gleißenden Schlange, und wäre im nächsten Augenblicke unfehlbar verloren — wenn nicht im letzten kritischen Momente das plötzliche Aufleuchten einer andern glänzenden Erscheinung mit noch strahlenderer Robe, noch funkelnderem Geschmeide die rettende Wolke über das Antlitz Derjenigen, die ihn zum Opfer erkoren, ziehen ließe, die berückende Anmuth mit kaum zu verbergendem Mißmuth trübte und so, ihm zum Heil, die tyrannische Gewalt der Schönheit um den Triumph brächte! Er erläge vielleicht schon vor Ablauf einiger Secunden dem versengenden Feuer, mit welchem ihn die Koketterie einer geistvollen Schönen umsprüht — wenn nicht, gerade noch zu rechter Zeit, die Aufsehen erregende, raffinirte flirtation einer Rivalin seine Bezwingerin außer Fassung brächte und die Göttliche in ihrer Gereiztheit plötzlich so menschlich-klein erscheinen ließe, daß er sich noch mit heiler Haut retten und ihrem schlaff gewordenen Zügel entschlüpfen kann!

Selbst der Unglückliche, welcher „Helena in jedem Weibe erblickt", findet da seine Chance, sich seitwärts in die Büsche zu schlagen, ehe das angestaunte Ideal ihn in Bande geschlagen. Die leidenschaftliche Rivalität der fashionablen Frauen wird zur Assecuranz für die Männer. Die Unterjochungs-Campagne aber, zu welcher die Carnevals-Amazonen ausgezogen, muß Jahr für Jahr aufs Neue begonnen werden; denn sobald die langen Nächte vom Frühroth des Frühlings verscheucht sind und wieder das grüne Leben unterm blauen Himmel in seine Rechte tritt, zerplatzen all die leichten Siege, welche die feuerwerkernde Fastnachts-Koketterie errungen, wie Leuchtkugeln; das goldige, aber nüchterne Tageslicht der wärmeren Jahreszeit verlangt auch wärmeres Empfinden als die glitzernde Welt einer kaleidoskopischen Ballnacht!

Amerikanische Hexen.

Dem Zauber der Ballnacht sollte zunächst der Spuk der Walpurgisnacht folgen. Haben wir aber auch genug abenteuerliche Nachtgebilde, um einen Blocksberg zu bevölkern? Gibt es auch amerikanische Hexen? Sicher ist, daß der Hexenglaube schon vor Jahrhunderten seinen Weg über den Ocean gefunden, daß unter den Gebilden, die mit der europäischen Cultur eingewandert sind, sich auch das interessante Geschöpf befunden, welches Meister Satan sich zum Liebchen erkoren. Gerade dort, wo der amerikanischen Intelligenz ihr blühendster Garten erstanden, hat der alte Lüdrian sein Schätzchen landen lassen. Neuengland's Hexenprocesse und Scheiterhaufen zeugen dafür. Und wenn es überhaupt noch Hexen gibt, so gibt es auch amerikanische Hexen. Den amerikanischen Blocksberg, auf den sie in der Walpurgisnacht ziehen, hat man sich irgendwo am oberen Hudson zu denken, vielleicht schon in den Catskills oder gar noch diesseits derselben. Die wetterumbrausten Höhen wie der Storm-King, oder die kühn profilirten Berge wie Anthony's Nose würden sich vorzüglich eignen zum Stelldichein des besenberittenen Zaubergesindels. Die Hexen, welche aus New-York aufsteigen, müßten thalaufwärts durch die Lüfte sausen, um ihre Muhmen aus Boston, Concord und Portland zu treffen, und sich unterwegs mit den, von rechts und links zu ihnen stoßenden Lokalhexen des Hudsonthales vereinigen.

Wie soll aber ein ehrlicher New-Yorker, dessen Phantasie auf alle Eventualitäten gerüstet sein muß, sich die specifisch New-Yorker Hexe vorstellen? Jedenfalls wird er bedenken, daß die Cultur, welche den Teufel schon zu Faust's Zeiten beleckt hat, längst auch sein Weibsvolk ereilt haben muß. Wie der Satan, um dem Zeitalter zu genügen, Hörner und Klauen abgelegt und das Wamms des Cavaliers angelegt, so hat die Hexe der Neuzeit sicherlich auch alle gespenstische Gewandung von sich geschleudert und vor Allem der Häßlichkeit entsagt. Sie erregt nicht mehr Schrecken, wenigstens nicht beim ersten Anblick, sondern trägt sich gesellschaftsfähig. Ihre Großmütter, die Shakespeare'schen Hexen, mögen noch mit wirrem Haar, hohläugig und zahnlos, zum Schrecken der „Gründlinge" ihre barocken Tänze auf der Bühne aufführen; sie lebt mit ihrer Zeit, trägt die neuesten Coiffuren, läßt bei den ersten Modisten arbeiten, setzt die berühmtesten Zahnärzte in Kundschaft. Wozu wären sämmt= liche Toilettenkünste im vollsten Aufblühen begriffen, wenn sie diesel= ben nicht nützte, um aus einem altmodischen Scheusal eine neumodische Phryne zu werden?

Die kindischen Thoren, welche heut zu Tage die Hexen unter den Häßlichen suchen, welche sich vor Hexenkünsten sicher wähnen, wenn sie nur lachende Gesichter und zierliche Gestalten um sich sehen! Wie oft taucht in allerbester New=Yorker Gesellschaft eine Verführerische auf, die Alt und Jung in Bande schlägt; man weiß nicht recht, woher sie gekommen, aber sie ist da und bezaubert — um eines Tages mit all ihren unwiderstehlichen Reizen spurlos zu verschwinden, als sei sie plötzlich zum Schornstein hinausgefahren.

Junger Mann, der Du ihr mit schwerem Herzen und leichter Tasche nachforschest, gib Dich zufrieden, suche sie nicht und nehme Gift darauf: daß sie eine Hexe war! Sie hat vielleicht nicht den früher üblichen Pech= und Schwefelgeruch hinterlassen, sondern nur Schulden; allein auch der Hexengeruch ist ein Parfüm, das den Wandlungen der Mode unterworfen ist. Schon Mephisto sagt auf dem Blocksberg von der „ersten Frau Adam's", Du sollst Dich vor ihrem schönen Haar in Acht nehmen, denn, „wenn sie damit den jungen Mann erlangt, so läßt sie ihn sobald nicht wieder fahren"; und in unseren üppigen Tagen kann sich jede Hexe solches Zauber= haar anschaffen, namentlich in New=York, welches einen großartigen Import dieses Artikels treibt.

Wie oft mag die arme, gefährdete New=Yorker Männerwelt mitten in Walpurgis sein, ohne es zu ahnen! Da schmachtet Einer

wie ein blöder Schäfer und sein Idol ist vielleicht nur ein in Un=
schuld costümirtes Herlein, mit dem er getrost à la Faust tanzen
und dazu summen könnte: „Ich hatte einen schönen Traum, da
sah ich einen Apfelbaum" und so weiter. Wer den leibhaftigen
Gott=sei=bei=uns zum Führer hätte, um Gotham's Unholdinnen, der
menschlichen Schminke bar, auf der Fahrt zum Hexensabbath beob=
achten zu können! Er würde da vielleicht auch noch ganz besondere,
dem Charakter der Neuzeit entsprechende Typen erschauen. Als
specifisch New=Yorker Hexen könnte unsere Weltstadt zu der moder=
nen Blocksberg=Quadrille liefern: die Wall=Street=Hexe, die auf dem
Börsentelegraphen zum Rendezvous reiten könnte und der es ge=
wiß nicht an dem goldenen Pantoffel fehlen würde, den die Hexen=
königin an der Seite Lucifers braucht; wie würde sie aufjauchzen,
wenn sie bei Nacht und Nebel am Schindanger der „Pleite" vorbei=
sauste und an einem Wald von Galgen die Finanzselbstmörder baumeln
sähe! Oder die Eisenbahnhexe, auf sprühender Locomotive zum Wal=
purgisschmaus eilend, durch einen endlosen Friedhof, rechts die Gräber
der leiblich Zerräderten und links die Gräber der von Zeit zu Zeit ab=
geschlachteten „Lämmer", die mit ihrem Blute die Schienenwege ge=
düngt haben; und hinten aufhockend der Bankert der Eisenbahnhexe,
das Hochbahnherlein, welches aus schwindelnder Höhe die zerstückten
Leiber Derjenigen, die dem Pfeilerbau jährlich zum Opfer fallen,
herabstreut! Und nun gar die so gefräßige und doch so klapperdürre
politische Hexe, welche weder auf einen Besenstiel noch auf einem
Schwein reitet, sondern auf einem Stinktopf, der die Wahlurne vor=
stellt, in welcher jeden Herbst die Asche des Volkswillens begraben
wird, — jene Virtuosin des absurdesten Hexen=Einmaleins, mit dem
sich jede beliebige Wahlziffer beweisen läßt! Ja, es gibt noch Hexen,
es gibt genug neue Hexen für den amerikanischen Blocksberg, vor
dem der ganze Charivari der europäischen Walpurgisnacht wie ein
kindisches Schattenspiel verblassen müßte!

Viel Blumen.

Ueber das Ausbleiben des echten, maienhaften Frühlings in Amerika klagt die New-Yorkerin, so oft sie ihre Ostern gefeiert hat, aber gegen seine lieblichste Gabe wird sie von Jahr zu Jahr gleichgiltiger. Versteht sie es ja so gut, sich die Frühlingstäuschung in die winterliche Behausung hineinzuzaubern! Wer spricht an der Hudson-Mündung heute noch vom Veilchen, das bald kommen werde, vom Maiglöckchen, das man jetzt holen könne? Sie sind immer da, verlassen uns nie, erblühen uns im December ebenso wie im April.

Hat die heranwachsende Generation auch nur eine schwache Vorstellung von der Sehnsucht, mit welcher man sonst dem Wiedererscheinen der bunten Kinder des Frühlings entgegensah, kennt sie noch die Freude, mit der man die bescheidensten ersten Boten, welche vom Aufblühen der Flur berichteten, in der Stadt begrüßte? Wie könnte sie es — sie, die das ganze Jahr lang im Blumenüberflusse wühlt, die am kürzesten Wintertage nicht des üppigen Straußes entbehrt, welcher die duftenden Kelche aller Frühlings- und Sommermonate in sich vereinigt. Kostbare Arten, welche sonst selbst die an der Junisonne gezeitigte Flora nur spärlich brachte, sind jetzt auch bei Schneegestöber massenhaft im Markte. Das Treibhaus unserer Civilisation hat sich auch reichlich mit Blumen-Treibhäusern umgeben. Bei Tanz und Schmaus, im Theater und in der Kirche, an der Wiege des Neugeborenen und am Sarge des Entseelten treiben wir Blumenverschwendung. Fast bei allen Begegnungen, die nicht streng geschäftlichen Charakters sind, lassen wir die gesprächigen Blüthen unsere Dolmetscher sein. Das muß ein kalter Gruß sein, der sich nicht von einem Bouquet begleiten läßt; und wie wäre ein vorbereitetes Willkommen noch ohne Guirlande möglich? Da stehen Kinder auf dem Bahnhof, um Vater und Mutter nach kurzer Abwesenheit wiederzusehen; — zu jedem Kuß auch gleich ein Strauß. Du hast einige Freunde bei Tisch; willst Du kein Filz sein, müssen wenigstens die Damen ein kleines kokettes Bouquet neben dem Teller finden. Läßt man fragen „Wie geht's?", muß die Theilnahme auch gehörig durch übermittelte Rosen und Camelien illustrirt sein. Handelt sich's aber um ein kleines Familienfest, einen Geburtstag oder dergleichen, dürfen die, sich wie Beete im Zimmer ausbreitenden Blumenkissen nicht fehlen; und ist vollends ein festliches Ereigniß, wie Trauung oder Kindstaufe, dann muß die ganze Wohnung, das ganze Haus — und stürme draußen der eisigste Nord — im Blüthenschmuck prangen, als sei es Flora's eigener Tempel. Nur bei Scheidungen ist das Spenden von Blumen noch nicht eingeführt; es sei denn daß die siegreiche Partei ihrem Anwalt das Honorar durch einen Strauß zu parfümiren sucht.

So treibt die New-Yorkerin, ermuthigt durch eine, sich fast zur Großindustrie gestaltende Blumenzucht, von Jahr zu Jahr mehr Luxus mit diesem vergänglichen Schmucke. Ob sie sich darum auch eine Labung bereitet, die nur irgendwie dem Aufwande entspricht? Erquicken sie die, in solcher Fülle credenzten duftenden Kelche wirklich? Erfreut sich auch nur ihr Auge sattsam an diesen, einander überstrahlenden Kindern des gefangen gehaltenen Frühlings? Ach, die Tage sind so kurz, die Stunden so flüchtig! Sie hat kaum genügend Zeit, die farbenreichen Compositionen des Blumenzüchters aufmerksam zu betrachten, die einzelnen Blüthen ruhig ins Auge zu fassen. Inmitten der, sich so oft wiederholenden Huldigungen durch luxuriöse Blumenspenden kennt die New-Yorkerin unserer Tage den Bau der Rose, die charakteristischen Linien der Knospe vielleicht weniger, als ihre Schwester aus früheren Jahren, welche die langen Wintermonate harren mußte, ehe sie wieder in einen Blüthenkelch blicken konnte.

Heute sieht die, in den Tag hinein lebende Städterin vor lauter Sträußen die Blumen nicht; und von aller sie umgebenden Treibhaus-Flora hat sie den Genuß nicht, den es gewährt, am ergrünenden Saume des Pfades auszuschauen nach den lang ersehnten Boten des Lenzes, die Gräser aus einander zu biegen und das „erste Veilchen" zu entdecken! Die New-Yorkerinnen sind blasirt geworden gegen die schlichte Anmuth der Frühlingsnatur; sie würden es selbst dann sein, wenn dieselbe ihnen leichter erreichbar wäre, als sie ist.

Das Gesetz der Mode.

Es ist ein europäisches Gesetz — dieses tyrannischste aller Gesetze in unserer amerikanischen Republik. Mit wie viel Leichtigkeit und Hochmuth unsere Republikanerinnen sich auch sonst über alles Europäische hinweg setzen mögen, an den Modegeboten der alten Welt bricht sich ihr Starrsinn. In New-York treiben sie Alle Luxus; und kein Dienstbote so schlecht gestellt, daß nicht auch er sich hier und da einen kleinen Luxus gestatten könnte, von dem er drüben nie geträumt — sei es auch nur eine bunte Feder auf dem Sonntagshut. Die meisten aber lassen es bei dieser bunten Feder nicht bewenden; und sobald die Putzsucht weiter greift, beginnt auch gleich die Abhängigkeit von der gebietenden Laune der Mode. Doch Putzsucht schlichtweg kann man es nicht mehr nennen, was die New-Yorkerin jeglichen Standes mit der zwingenden Gewalt eines Weltgesetzes dazu drängt, die Gleichberechtigung auch im Anwenden der Verschönerungsmittel zu suchen. Sich ausschließen hieße sich aufgeben; und da wird denn mit aller Energie, deren die weibliche Natur im herabstimmenden New-Yorker Klima fähig ist, an jenen „Kampf ums Dasein" geschritten, welcher gerade darin besteht — die eigene Individualität zu unterdrücken (oft in ihren schönsten Eigenthümlichkeiten!), um sie glücklich unterzubringen in dem Gehäuse, das die importirte Mode geschaffen.

Welch ein Sieg für den weiblichen Individualismus, wenn ein System untergraben würde, das die schöpferische Phantasie von Millionen Frauen gleichsam in Ruhestand versetzt und — selbst wenn es Abweichungen von der aufgestellten Regel gestattet — die gesammte weibliche Bevölkerung doch nur im Lichte eines, zwar in verschiedene Waffengattungen abgetheilten, aber dennoch auf höheren Befehl uniformirten Heeres erscheinen läßt! Und woher kommt dieser Befehl? Aus einer oder der andern europäischen Großstadt. Republikanische Anmuth und amerikanische Erfindungsgabe sollen sich vielleicht gar dem Machtspruche einer intriguanten Fürstin beugen, welche Moden erfindet, die ihrer Individualität frommen, unbekümmert darum, wie viel Millionen schöner Frauen und Jungfrauen selbst in fernen Welttheilen durch Nachahmung dieser Moden verunstaltet werden. Und dazu gesellt sich die noch viel empörendere Willkür, mit welcher der Moden-Importeur, wie ein bevollmächtigter Statthalter der Mode-Tyrannin, je nach seinem eigenen Interesse den Zeitpunkt bestimmt, wann die Republikanerin das Gewand, das wie der Kittel des Conscribirten in die Provinz geschickt wurde, anlegen soll. Wie leidet die für Amerika so charakteristische Mannigfaltigkeit der Erscheinungen darunter! Der Weltreisende mit geläutertem Geschmack spricht sein Staunen darüber aus, daß er auf den fashionablen Promenaden der amerikanischen Weltstadt den Damenflor nur in Gewandungen erblickt, welche wie ängstlich angefertigte Copien europäischer Modeverirrungen aussehen, wenn sie nicht gar den Eindruck machen, als bestehe der hier entfaltete Kleiderluxus aus dem, was im vorigen Jahre von den Grazien der Pariser Boulevards und der Wiener Ringstraße abgelegt wurde.

Die schmuckste New-Yorkerin, deren Hüften im vollendetsten Ebenmaße geformt sind, deren Handgelenk frei und sauber ist wie polirter Marmor, deren Haar in prächtigen Locken die Stirne herabwallt, und deren Höhe bis ans französische Grenadiermaß reicht, läßt sich durch Crinolinen, Ritterhandschuhe, Ritterkragen, unförmlichen Hut und unförmliches Schuhwerk verunstalten, so oft es die, oft nur ein Gebrechen verhüllende, auf die Natur neidische Mode gebietet. Die von der Natur Vernachlässigten erfinden es aus Eifersucht auf die von der Natur Bevorzugten, und diese Letzteren sind so thöricht, das nachzuahmen, was auf das Verdunkeln ihrer Reize berechnet ist, heute noch freiwillig nachzuahmen, was früher als dictirte Hofetiquette unfreiwillig befolgt wurde. In der That, es ist unrecht, den mit der Mode getriebenen Götzendienst auf Rechnung der Eitelkeit zu schreiben; er ist vielmehr ein grausames Unterdrücken der Eitelkeit.

Gelegentlich machen sich kleine Versuche geltend, in der Toilette mehr die eigene Persönlichkeit als den fremden Geschmack zu berücksichtigen; allein sie bleiben unfruchtbare Auflehnungen, weil sie zu vereinzelt vorkommen und ihnen im Lande der Schablone und des Abrichtens allenthalben das demoralisirende Beispiel gegenüber steht. Welches schlechte Beispiel gibt nicht die Männerwelt selbst; wie sündigt auch sie in ihren Ansprüchen gegen die Winke der Natur! Hier schreitet Einer, bei dessen Schaffung die Natur offenbar einen biederen Gewerbsmann im Auge hatte, keuchend unter der Wucht der Staatsmanns-Perücke einher; dort schnallt sich Einer, dessen Muskel- und Gehirnbau ihn für den Amboß oder für die Schlächterei bestimmt zu haben scheint, die Stelzen des Gelehrten und Philosophen an. Wem es sehr gut zu Gesicht stehen würde, mit dem lieben Vieh zu handeln, der treibt Großhandel mit dem „Votum" seiner lieben Mitbürger, und Mancher, den die Natur darauf angewiesen, ein fleißiger Buchhalter zu sein, hängt die Haut des Börsenlöwen um und arrangirt Finanzereignisse, bei deren Eintreten man ausrufen muß: „Da hört alle Buchhaltung auf!" und dergleichen Abirrungen von dem Pfade, den die Natur dem Individuum vorzeichnet, mehr.

Wer über diese Frage nur ein klein wenig nachdenkt, wird den Stein, den er etwa gegen die sich schmückenden Töchter der Metropole aufgehoben, bald wieder sachte hinlegen. Insbesondere der weibliche Springinsfeld, der in übersprudelnder Lebenslust flink nach dem greift, was man ihm als das eben giltige Schöne bezeichnet, hat allen Anspruch auf schonendes Urtheil. Man muß zur Vertheidigung dieser mehr im Putz, als im Wissen wetteifernden jungen Dämchen sagen: wie es die Alten trieben oder vielmehr noch treiben, so treiben es auch die Jungen. Die Toilette-Reform muß bei den Müttern und nicht bei den Töchtern anfangen. Die Mütter von heute aber sehen sich angesichts der weltstädtischen Anforderungen doppelt gedrängt, die heranrückenden Jahre mit dem ganzen Rüstzeug, das die verschwenderische Hand der Mode geschaffen, zu bekämpfen. Ehe die Einfachheit sich mit der Mode versöhnt hat, kann sie bei unseren reiferen Modedamen kein Gehör finden. Die Einfachheit könnte sich heut zu Tage nur dann behaupten, wenn sie selbst zur Mode würde. Als nach dem letzten deutsch-französischen Kriege der „deutsche Einfluß" allenthalben zu wachsen begann, wurde in hiesigen Mode-Besprechungen gelegentlich

auch darauf hingewiesen, daß die einfacheren Berliner Moden wohl
allmälig die Pariser Moden verdrängen werden. Man wollte sogar
schon auf dem Broadway und in der Fünften Avenue Anzeichen dafür
entdeckt haben. Allein der Umschwung gedieh nicht. Die französischen
Erfindungen behaupteten nach wie vor das Feld. Im französischen
Reiche war Frau Eugenie entthront, im Reiche der Mode nicht. Die
an ihrem ehemaligen Hofe aufgekommenen üppigen Toiletten be=
standen zwar jährlich die obligate Wandlung; allein das Princip
blieb unangetastet.

Später richteten die Befürworter der Reform, die Vorkämpfer
für die Rückkehr zur Einfachheit, ihr Auge sogar auf Paris selbst.
Das sparsame Frankreich, welches die an Deutschland zu zahlenden
Milliarden aufgebracht, werde — meinten sie — auch die einfachere
Damentoilette, auf welche alle Welttheile warten (das Innere Afrika's
und die Südsee=Inseln etwa ausgenommen), aufbringen. Schon war
das Eintreffen der einschlägigen Reform aus Paris fürs nächste Früh=
jahr annoncirt. Das Frühjahr kam, die Reform aber nicht. Frank=
reich „erholte sich rasch" und die Sparsamkeit, welche der Einfachheit
die Wege ebnen sollte, kam nicht recht zum Durchbruch. Doch ja —
eines Tages war im "Théâtre français" eine hervorragende Dame
mit dreimaligem Applaus empfangen worden, weil sie ein „äußerst
geschmackvolles Kleid" getragen, das nur acht und zwanzig Francs
(ungefähr fünf Dollars und einen halben) gekostet haben soll! Man
war in New=York nahe daran, diese Begebenheit als ein Welter=
eigniß, dessen Tragweite sich kaum ermessen lasse, zu betrachten.
Man stellte sich lebhaft vor, welche Revolution es in New=York allein
hervorbringen müßte, wenn Fünf=Dollars=Roben mit einem Male
fashionable würden. Um dieselbe Zeit war in Brooklyn ein vier=
zehnjähriges Mädchen ins Gefängniß abgeführt worden, weil es, um
seine Putzsucht zu befriedigen, Einbruch begangen. Das gab nun
Gelegenheit zu ernsten Betrachtungen. „Welch ein Contrast zwischen
dieser Gerichtsscene in Brooklyn und jener Theaterscene in Paris!"
—rief man aus. „Wir meinen immer nur Paris für unsere Modethor=
heiten verantwortlich machen zu müssen, das elegante, verführerische
Paris, welches alle Welt anstecke mit seinem Geschmack und seinem

Luxus! Und doch ist es Thatsache, daß die Pariserin aus den bürgerlichen Kreisen, welche den Volkskern bilden, sich in der Regel einfacher kleidet, als unsere Dienstmädchen am Sonntag, daß das, was wir als Pariser style importiren, sehr oft nur die, von den Boulevard-Damen angenommene Cocotten-Mode ist!"

So moralisirte man, aber die Antwort darauf war — nur Hohngelächter der schönsten Frauen. Echtes New-Yorker Frauenblut läßt sich durch solche Märchen nicht irre machen und donnert sich unentwegt auf, stets auf Rechnung französischer Vorbilder. Die Botschaft von der in Mode kommenden Pariser Einfachheit findet bei der New-Yorkerin nie mehr Glauben! Wenn sich's um Einfachheit handelt, ist man bei uns geneigt, sein Auge lieber auf London als auf Paris zu werfen. Naive Verwechslung des Geschmacklosen mit dem Einfachen und die vage Vorstellung, daß London schlechteren Geschmack habe, als Paris, spielen dabei eine wichtige Rolle. Soll je der Zug der Einfachheit eine neue Toiletten-Aera in New-York begründen, dann wird es ein englisch-puritanischer sein. Schon einmal machte sich dies bemerkbar. Von Monat zu Monat breiter werdende lederne Gurte mit ihren sich immer vergrößernden Schnallen, breitkrämpige Hüte, die mehr und mehr den rauhen Kriegercharakter annahmen, gaben einen Fingerzeig in dieser Richtung. Es brauchte damals nur noch der Kreuzgriff am Sonnen- oder Regenschirm und irgend ein metallisch schimmerndes Brustblatt hinzuzutreten — und die weiblichen Abbilder Cromwell'scher Dragoner wären fertig gewesen.

Der puritanische Anlauf hatte seinen Tag und mußte dann wieder weichen. Er mag noch ein Mal, noch mehrere Male kommen — aber die New-Yorker Generation, die ihn zur Mode zu erheben gedenkt, ist noch nicht geboren. Die jetzige tummelt sich am liebsten auf dem alten Pfade zur neuen Mode. Shopping heißt dieser bequeme, traute Pfad, auf dem die echte New-Yorkerin so wohl bewandert ist, daß sie ihn blind wandeln könnte. Auf diesem Wege drängt sich das ganze weibliche New-York. Hier mischen sich alle Classen, hier kreuzen sich Eleganz und vulgärer Putz, Achtbarkeit und Abenteuerlichkeit, ja selbst das Verbrechen findet sich ein. Der weibliche shop-lifter ist allgegenwärtig und es wird beständig auf ihn gefahndet. Von Zeit zu Zeit wird auch eine respectable Dame auf grundlosen Verdacht hin in einem Waarenmagazin verhaftet, und vor dem Polizeirichter spielt dann eine der peinlichen Scenen, wie sie selbst das an absonderlichen Gerichtsvorgängen reiche New-Yorker Leben nur periodisch bringt. Es hat auch seine Schattenseiten, das ungemein populäre amerikanische shopping.

Diese Einrichtung, von den Modegeschäften selbst geschaffen durch das außerordentliche Entgegenkommen, womit sie die Kauflust der Damen zu reizen suchen, ist zu einem Grade entwickelt, den man in keinem andern Lande kennt. Aufs freundlichste wird der schöneren Hälfte des verehrten Publikums Tag für Tag in hundert Magazinen erklärt, daß man durchaus nicht erwarte, jede Besucherin solle auch Käuferin sein. In vielen Magazinen wird sogar durch Placate erklärt: man betrachte es keinesfalls als Belästigung, Waaren in beliebiger Menge zu zeigen. Wozu wären denn die großen Scharen Verkäufer und Verkäuferinnen da? Sollen sie müßig dastehen und einander angähnen? Die Damenwelt sagt ihrerseits „Ansehen kostet nichts", und so wird denn von der gütigen Erlaubniß im ausgedehntesten Maße Gebrauch gemacht. Neben den Hunderten, welche nur kommen, um anzusehen, in der ehrlichen Absicht, später einmal zu kaufen, finden sich vielleicht ebenso viele in der ebenso ehrlichen Absicht ein, weder jetzt noch später zu kaufen, sondern lediglich die Zeit todtzuschlagen. Eine beträchtliche Anzahl mag auch der unwiderstehliche Hang, wenigstens im Anblicke der prächtigen Dinge, die ihnen unerreichbar sind, zu schwelgen, herbeiführen.

So treiben sich denn allenthalben große Schwärme Schaulustiger herum, deren Kaufkraft weit hinter ihrer Kauflust zurückbleibt, und es ist längst bekannt, daß aus der Menschenmenge, die in solchen Magazinen ein- und ausströmt, nicht auf die Größe des Umsatzes geschlossen werden darf. Die Geschäftsleute dieses Zweiges haben sich in der That eine schwere Plage geschaffen, gegen welche anzukämpfen kein Einzelner wagt. Was sie aus Klugheit dem stets hochgeschätzten Damenpublikum im Allgemeinen mit der größten Bereitwilligkeit einräumen, wird minder bereitwillig geleistet, wenn es sich um die hundert besonderen Fälle handelt. Der Höflichkeit für Alle entspricht nicht immer die Höflichkeit für die Einzelnen — zumal, da sich unter die Menge auch unlautere Elemente mischen. Hart neben dem Backfisch, der blos aus Langweil einige hinter dem counter stehende Bürschlein in Bewegung erhält, sitzt vielleicht eine Abenteurerin, und neben der achtbaren Frau von schwer zu befriedigendem Geschmacke vielleicht die Spitzbübin, welche auf eine günstige Gelegenheit lauert. Wer alle Welt zu sich geladen, der kann des Auges der Polizei nicht entbehren, und so gesellt sich denn zur großen Zuvorkommenheit gegen Alle auch die strenge Ueberwachung der Einzelnen. Solch ein riesiges Waarenlager, mit seinen zahlreichen Abtheilungen und zahllosen Bediensteten, mit seinen verschiedenen Arten des Absatzes und der Controle, ist ein Polizeistaat im Kleinen. Wie manche Vorkehrung muß schon gegen Unredlichkeit, welche nicht vor, sonder hinter dem counter vorkommen kann, getroffen werden; wie mancher kleine Criminalfall hat hier seinen Ursprung gehabt. Und wie oft schon mögen die ersten Keime zur „Kleptomanie" gerade an solcher Stelle sich in dem bisher lautern Busen eines putzsüchtigen Dämchens geregt haben!

Ja, unsere großartigen Modemagazine sind eine Welt für sich, mit viel bestechendem Glanze und viel kleinlichem Wetteifer; hier läßt die Eitelkeit ihre bunten Blasen steigen, hier läßt die Mißgunst ihre Pfeile schwirren. Hier werden, beim Erwerben des lang Ersehnten, nicht nur beseligende Augenblicke erlebt, hierher dehnen sich auch die Fäden mancher Parlor-Intrigue und die Minen mancher stillen Leidenschaft aus. Stolz und Uebermuth schreiten pfauartig einher, Neid und schwermüthiges Entsagen hocken auf den Drehstühlen. Wer hier all die tausend erregten Stimmungen wie Strahlen in einem Brennglase sammeln könnte, der würde ein ziemlich grelles Kleinbild des weiblichen Ehrgeizes, wie er sich in der modernen Gesellschaft ausprägt, erhalten. Kommende Tage werden dem Frauenehrgeize hoffentlich immer neue Gebiete eröffnen; und dann wird auch das shopping keine so wichtige Rolle mehr spielen im Leben der New-Yorkerin; dann wird sie, wenn sie hier und da einkaufen geht, sich auch unbefangener benehmen können, ohne das unheimliche Gefühl, daß jede ihrer Bewegungen von einem heimlichen Beobachter scharf bewacht wird.

In der Sommerfrische.

Wenn das Firmament so recht sommerlich lacht und man meinen sollte, daß sein freundlicher Abglanz bis in die Behausungen dringe, gerade dann gibt es im ganzen Bereiche New-York's kein unglücklicheres Geschöpf, kein beklagenswertheres Opfer tückischer Verhältnisse, als die lebenskundige New-Yorkerin, der es nicht gestattet ist, hinaus zu flattern aus ihrem städtischen Käfig. Mag derselbe noch so schmuck, noch so luxuriös ausgestattet sein, — sie wird in demselben ihres Daseins ebenso wenig froh, wie der nach Freiheit schmachtende Vogel hinter den vergoldeten Stäben seines Gefängnisses. Das Sommergebot lautet: „Hinaus nach der Villeggiatur!" — und je gesunder, je kräftiger unsere holde New-Yorkerin sich fühlt, je weniger sie der Sommerfrische bedarf, desto tiefer trifft sie die Schmach, diesem Erfordernisse der Mode nicht gerecht werden zu können. Was ihr die fashionablen Cur- und Badeorte bieten, darauf möchte sie allenfalls verzichten, denn sie weiß ja aus Erfahrung, wie eintönig das dortige Treiben und wie unfruchtbar die Versuche, die dorthin verpflanzte städtische Etiquette mit unverfälschtem Naturgenuß in Einklang zu bringen. Was ihr aber wie Blei auf der Brust liegt, ist die, im Bekanntenkreise allmälig doch ruchbar werdende Thatsache, daß sie festsitze in der Stadt, den Juli und August im Schweiße ihres Angesichts hinbringend. Die entbehrten Freuden eines Sommeraufenthaltes, der stylish ist, sind ihr keinen Seufzer werth; aber die beständige Gefahr, während der Hundstage in der Stadt erspäht und der nicht Curort-fähigen Menge beigezählt zu werden, kann ihr bittere Thränen erpressen.

Aber Die, welche nicht hinter dicht verschlossenen und verhangenen Fenstern stöhnen, sondern in Wirklichkeit an den Saratoga-Quellen alle Labungen einer fashionablen Sommerfrische schöpfen, sind wohl beneidenswerth! Wie man's nimmt. Es kommt eben auf die Passion an. Wer aber die Passion hat, sich zur Erholung in die weit offenen

Arme der erquickenden Natur zu werfen und in dieser liebreichen Umarmung selbst etwas mehr Naturmensch zu werden, als das Polizeiauge der Stadt ihm gönnt, bedenkt sich zweimal, ehe er sich in die Herrlichkeit eines amerikanischen Curortes versetzt. Dort findet er nicht etwa die Reize des Landlebens und jene unvergleichlichen Genüsse, welche der freie Verkehr in freier Landschaft, das Sich-tummeln auf Berg und Au, das Schlendern durch duftige Waldung oder an blüthenumsäumtem Bache gewährt, — sondern die in grünen Rahmen gefaßte conventionelle Steifheit, die gerade in solcher Fassung ihre ganze Hohlheit zeigt.

Wenn die Gattin des in bescheidene Verhältnisse eingesponnenen New-Yorkers, dem eine Saratoga-Tour so fern bleibt, wie ein Ausflug nach dem Nordpol, des Morgens die gebleichten Blumen ihres Zimmerteppichs trübselig anstarrt, dabei aufseufzt nach dem farbenreichen, lusterfüllten Leben an den renommirten Sammelplätzen der vornehmen Welt und von den dortigen Sommerfreuden träumt — die ihrer Vorstellung gemäß mit einer poetischen Morgenpromenade durch paradiesische Gärten bei bezauberndem Sonnenaufgang und Nachtigallenschlag beginnen und mit dem feenhaften Zauber einer Mondnacht beim elegischen Zirpen der Grille und melancholischen Klange einer, aus laubreichem Haine hervortönenden Mandoline schließen, — dann ist ihre Phantasie auf Irrwege gerathen, die wohl nach „Tausend und einer Nacht" führen mögen, aber nie und nimmer nach Saratoga oder sonst einem amerikanischen Curorte. Wie ganz anders ist es dort! Der paradiesische Garten ist ein überfülltes Hotel und der Nachtigallenschlag die unermüdlich arbeitende Glocke, welche hundert Kellnern und Stubenmädchen Signal auf Signal gibt. Der erste Gang gilt dem überladenen Frühstückstische, wozu schon peinliche Toilette zu machen ist. Guter Appetit ist nicht Mode und ungezwungene Laune ist plebejisch. Bald beginnt auf der riesigen Verandah draußen, von welcher alles duftige Grün als schmutzerzeugend verbannt ist, das Morgenconcert. Hierzu ist, wenn man nicht mit Blicken verfolgt werden will, die heißer brennen als die Mittagsstrahlen der Sonne, die zweite Toilette erforderlich und zwar in vorgeschriebener Weise, welche nur geringfügige Abweichungen in Schnitt und Farbe erlaubt. Ist das Revue-Passiren überstanden, dann ist es Zeit, den Saratoga'er Broadway aufzusuchen; denn der gute Ton erheischt auch dort die shopping-Tour und zwar um so bestimmter, je fabelhafter die Preise, zu welchen der auf eine Saison von drei Monaten angewiesene store-keeper die Souvenirs verkauft, welche nach New-York heimzubringen man ebenso verpflichtet ist, wie dazu, in Saratoga gewesen zu sein. Zum Diner wird grande toilette im strengen Sinne des Wortes gemacht und zum Ball am Abend im strengsten Sinne. Nach dem Diner wird vielleicht eine kurze Ausfahrt unternommen, auf daß man der lieben Natur nicht ganz und gar vergesse. Ist der Abend mit seiner ersehnten Kühlung da, dann kommt das tägliche Hauptereigniß, dessentwegen eigentlich das ganze Curortleben entstanden, nämlich der Hotelball. Aus der Cur wird die Cour; und die Cour muß häufiger curiren als die Cur. Die ganze städtische Intrigue mit all ihrer Pein und Anstrengung im Befriedigen der Gefallsucht ist in einen schönen Fleck Erde hineinversetzt; aber die Naturschönheiten bilden nur die unbeachteten Coulissen zu dem Intriguen- und Salonstück.

So lebt die Weltdame in Saratoga. Sie hat sich vier Mal des Tages an- und ausgekleidet, hat auf hölzerner Flur promenirt, hat vielleicht mit einem hölzernen Tänzer getanzt und zieht sich mit einer Ermüdung, zu welcher Berg-Ersteigen, Wald-Durchwandern oder sonst ein plebejisches Vergnügen nicht das Geringste beigetragen, in ihre Gemächer zurück, um nach kurzem und unruhigem Schlafe abermals in die Tretmühle ihres anstrengenden Saratoga-Amusements zu steigen.

Desto lustiger ist das Treiben im nächsten Umkreise der Metropole selbst, wohin die Tausende strömen, denen die Mode noch nicht verbietet, sich an den Rändern der Stadt das bischen Naturgenuß zusammen zu klauben. So ganz frei von den Vorurtheilen, welche am Lebensfrohsinn zehren, sind die bescheidener gestellten Classen zwar auch nicht; sie haben auch ihre Standesrücksichten, denen sie sich zum eigenen Nachtheile beugen. Wie manches unbemittelte Mägdelein, dem New-York's böse Sommerluft schwer auf der Brust liegt, könnte heitere Tage der Kräftigung auf dem Lande verleben, wenn es sich zu dem entschließen wollte, was der arme amerikanische Student seit Jahren treibt. Er scheut sich nicht, während der Ferien in Sommerhotels den Aufwärter zu spielen, um zu erwerben, wovon er im Winter beim Studiren zehrt. Das ist nicht sehr romantisch, aber ungemein practisch. Nun komme Einer unseren New=Yorker Dämchen, die in allerhand Industriezweigen untergeordnet thätig sind, und schlage ihnen vor, während der Sommermonate, die sehr vielen von ihnen nur einen stark reducirten Verdienst bringen, Beschäftigung auf dem Lande zu suchen und in angenehmer Dienststellung die Vortheile des Landlebens zu genießen! Dagegen revoltirt das New=Yorker Blut; auf solche Weise sich rothe Wangen holen — nein, lieber in trügerischer Unabhängigkeit hinsiechen!

Von Hochstaplern.

Die in allen Großstädten sich regende Vorliebe fürs Exotische spielt der New=Yorkerin in allerbester Stellung oft einen schlimmen Streich. Das exotische Gewächs, für welches sie schwärmt, ist — wie alle Welt weiß — der europäische Cavalier. Zum Unglück weiß sie nicht den echten vom unechten zu unterscheiden; und das ist des Abenteurers gute Gelegenheit. Das fröhliche Gedeihen unserer toleranten Union hat ja von jeher nicht blos die Betriebsamen, sondern auch die Schmarotzer angezogen. Wo Speck hängt, da laufen die Mäuse zu, oder — um ein poetischeres Bild zu gebrauchen: wo die Au erblüht, da findet neben der Biene auch bald die Hummel sich ein. Der richtige Hochstapler, der sich nicht mit Kleinigkeiten abgibt, erscheint daher in Amerika stets als Mann von Adel. In New=York ist schon mancher pseudo=aristokratische Industriritter in den Maschen des Gesetzes hängen geblieben. Gewöhnlich machen diese Ausbeuter amerikanischer Naivetät und Eitelkeit ihre Erfolge bei den Damen zur Operationsbasis. Solch ein Baron oder Earl hat nur halbe Mühe, namentlich wenn er obendrein im Schimmer des Militaircharakters erscheint. Die Zaubermacht des zweifarbigen Tuches ist nicht auf die Monarchie beschränkt; sie wirkt auch bei uns und hier noch stärker. Drüben muß der Herzenbezwinger leibhaftig in der Uniform stecken, wenn er siegreich sein will; hier genügt es, daß er sein Abbild in Uniform mit sich führe, um als lady-killer Erfolg zu haben. Am besten blüht sein amerikanischer Weizen in Perioden großer Prosperität, wenn es wieder viele Emporkömmlinge gibt. Fette Jahre sind daher besonders reich an Pseudo=Cavalieren. Kommt dann ein neuer Schub geadelter Hochstapler, pflegt auch die Steigerung im Range sich einzustellen. Zuerst ist, gleichsam als Avantgarde, der Pseudo=Baron da; ihm genügt ein mäßiger Prosperitätsglanz. Werden die Jahre üppiger, dann folgt der abenteuernde „Graf", und später rückt der mysteriöse „Prinz" nach, um Theil zu nehmen am republikanischen Luxus. Die Raupen, aus welchen diese bunten Falter sich entwickeln, kriechen vielleicht schon Jahre lang auf amerikanischem Boden herum; aber es bedarf der hohen Temperatur „guter Zeiten", um die Metarmorphose des gemeinen Gauners zum eleganten Spitzbuben zu bewerkstelligen.

Vorläufig ist es nur der männliche Hochstapler, welcher auf den amerikanischen Gefilden haus't. Die abenteuernde Weiblichkeit Europa's läßt die neue Welt noch ziemlich unberührt. Kommt das daher, weil das männliche Amerika nicht mehr die nöthige Naivetät besitzt, oder im Gegentheile daher, weil der Amerikaner noch ein unempfänglicher Barbar ist, der das galante Abenteuer nicht gehörig zu würdigen weiß? Keines von Beiden. Es steht ein Drittes als mächtiger Gegner der abenteuernden Fremden, der pseudo=aristokratischen Hochstaplerin da; das ist die Gewandheit und Ueberlegenheit der Amerikanerin, welche keine anderen Götter oder Göttinnen neben sich aufkommen läßt! Mag die Tochter der Republik noch so naiv sein, wenn es gilt, echtes Blaublut vom gemeinen rothen Saft zu unterscheiden, — sobald sie's mit Rivalinnen zu thun hat, ist sie viel zu gewitzt, als daß ein fremdes Element gegen sie aufkommen könnte. Der große Nationalsegen — anhaltende Arbeit, mag mit dazu beitragen, daß der amerikanische Boden verhältniß=

mäßig unfruchtbar ist für die internationale Abenteurerin; es gibt zu wenig Müßiggänger unter den hochbegüterten Söhnen der Republik. Ist der reiche amerikanische bachelor auf einer Vergnügungsreise begriffen, dann ist er nicht so ganz unempfänglich für das Halbdunkel anrüchiger Romantik, und es hat schon so manche ergötzliche Historie gelehrt, daß auch der nüchterne Yankee, wenn er dem doppelten Einflusse amerikanischer Thätigkeit und amerikanischer Frauen entrückt ist, die Schlingen durchtriebener Sirenen zu fürchten hat.

Wenn der wachsende amerikanische Reichthum auch hier eine Classe erzeugt haben wird, die abseits von der emsigen Geschäftsthätigkeit das Leben als eine Jagd nach immer neuen Genüssen betreibt, dann mag auch für die grande-dame des Weltzigeunerthums amerikanischer Weizen blühen und der amerikanische Frauenwitz ernstlich anzukämpfen haben gegen den eindringenden weiblichen Zweig der Hochstapler-Internationale. New-York wird dann die diesseitige Hauptstation für die haute-canaille zweier Welten sein. Bis dahin zahlt das junge Amerika der alten Europa für ihre hierher gesandten Pseudo-Cavaliere — mit den amerikanischen Abenteurerinnen heim, die in europäischen Weltstädten offen rivalisiren mit der intriganten Weltdame von oder ohne Adel. Dabei kommt wenigstens keine Gaunermaske in Verwendung; das abenteuernde amerikanische Weib stützt sich auf keinen erlogenen Stammbaum, sondern nützt nur ihre natürlichen Waffen gegen Diejenigen, welche den Kampf auf schlüpfrigem Boden mit ihr aufnehmen.

Die New-Yorkerin der Zukunft.

Der New-Yorkerin steht noch eine große Zukunft bevor. Der Schauplatz ihres Trachtens und Erringens, ihrer Genüsse und Erfolge blüht eben erst auf und wird sich vielleicht noch zu beispielloser Größe entfalten. Die amerikanische Metropole auf ihrem Höhepunkte, im Vollglanze ihrer Macht, im energischesten Erfüllen ihrer Mission, wird so etwas — wie das Centrum des Weltverkehres sein; — nur vorübergehend, wie ja der Schwerpunkt des, die Erde umkreisenden Culturlebens stets auf der Wanderung begriffen ist; aber der Tag, an welchem er an die Hudson-Mündung vorgerückt sein wird, kommt so sicher, als die Sonne täglich den New-Yorker Meridian durchschreitet. Schon ist die Strömung fühlbar und sichtbar, die in dieser Richtung treibt. Welche Phantasie unternimmt es, ein Bild von New-York in seiner höchsten Blüthe zu entwerfen? Alle Entwicklung, deren das moderne Städteleben fähig, auf die Spitze getrieben; unermeßliche Errungenschaften der Technik im Aufbau verwerthet für seine Bewohner; die Naturproducte aller Zonen den New-Yorkerinnen vor die Thüre gelegt, wovon man jetzt schon einen hübschen Vorgeschmack hat; die herrlichsten Erzeugnisse der Weltindustrie ringsum hoch aufgespeichert und darüber thronend die Kunstschätze aller Erdtheile; die Intensität des Gedankenaustausches ins Unberechenbare gesteigert und die, alle Lebensverhältnisse durchdringende Organisation zu einem Grade verfeinert, welcher sich zu dem jetzigen verhält, wie ein kunstvolles Uhrwerk zu einem plumpen Schaufelrade!

Welch berückender Luxus da ausgeschüttet sein wird zu Füßen der Zukunfts-New-Yorkerin! Keine Fürstin gebietet heute über den Comfort, der dann nöthig sein wird, um auch nur den bescheidensten Ansprüchen einer Tochter des Meere-beherrschenden New-York zu genügen. Wie sie sich überhaupt gestaltet haben wird, die Lady der üppigsten Weltstadt eines kommenden Jahrtausends? Welch fabelhafte Findigkeit wird allein dazu gehören, ihren täglich wechselnden Anforderungen an die raffinirtesten Toilettenkünste zu genügen; wo wird all der Zauber herkommen, der im Stande, ihr des Lebens Nüchternheit durch ephemere Paradiese zu verhüllen? Wie sie die Rolle der, mit ihrem Beispiel den Erdball erleuchtenden Muster-Weltdame auffassen wird?

Oder wird bis dahin die allgewaltige Verführerin Eitelkeit so weit bezwungen, der Gefallsucht wild wallendes Blut so weit gezähmt sein, daß aus der Weltdame eine Weltbürgerin geworden, und nicht das Prächtige, sondern das Schlichte, nicht das Blendende, sondern das natürlich Anmuthige den Thron bestiegen haben und die höchsten Huldigungen erfahren wird? Nach dem heutigen Naturell der New-Yorkerin zu urtheilen, ist sie nicht gerade mit dem leidenschaftlichen Ehrgeize behaftet, das Zusammentreffen ihrer dereinstigen Weltstellung mit dem Realisiren des obigen Ideals herbeizusehnen, sondern vielmehr gern bereit, diese Auszeichnung den Töchtern einer andern Weltstadt zu überlassen und für die Zeit der eigenen Weltherrschaft lieber noch das Cultiviren des Pracht- und Luxusideals zu behalten.

Ohne Verweichlichung, ohne Orgien, ohne sich tief einfressende Sittenverderbniß wird es wohl auch nicht abgehen, wenn New-York aus der Mittagshitze seiner Glanzperiode dereinst sich niederneigen wird zum allmäligen Verfalle. Dann mag wieder ein anderer Continent die Zukunftskeime in seinen Schooß aufnehmen und Amerika gegenüber die jüngere, kräftigere Cultur umfassen. Welchen Anblick aber wird, wenn New-York unter der Wucht von Jahrtausenden seinen stolzen Nacken beugen und die Physiognomie der alternden Matrone annehmen wird, ihm das runzelige Großmütterchen Europa bieten? Welche fahle Lichter werden über diese große Halbinsel der tausend Schlachtfelder zucken, wenn die dortige steinalte Cultur zerbröckelt? Wird auch die Wiege der modernen Civilisation dereinst der Friedhof eines abgestorbenen Weltreiches sein und wird das ergrauende New-York, wenn es gegen Sonnenaufgang blickt, woher ihm in seinen Jugendtagen Licht und Kraft zuströmte, dort nur ein stummes Bild des Untergangs erschauen? Oder wird bis dahin im Leben der Menschheit der Abschnitt überwunden sein, welcher auch im Rundgange der Cultur Tag und Nacht abwechseln läßt; wird die Zeit der unmittelbaren Verjüngungen für Staaten und Völker angebrochen sein? Wird es keine Brachfelder der Civilisation mehr geben und der Erdengürtel blühender Reiche ein ununterbrochener sein? Jedenfalls wird in kommenden Zeitaltern auch aus Weltstadtruinen neues Leben erblühen und New-York ist, falls dieser Proceß sich zu langsam vollzöge, schon durch seine Lage vor dem Schicksale geschützt, welches die vermodernden Reste der riesigen asiatischen Binnenstädte getroffen.

Ehe der Fürwitz kommender Jahrtausende herumstöbern könnte im Schutt des zerfallenen Colosses oder seinen Spott treiben mit der Weltstadt=Mumie, wäre New=York längst hinabgesunken zum Meeresgrunde, mit all seinem ehemaligen Glanz und Elend, mit all seinem Glück und Weh, mit allen Leidenschaften und Thorheiten seiner berückenden Frauenwelt!

Buntes Volk.

Weiße Indianer.

Haſt Du, vielgereiſter Leſer, je einen Indianer betteln ge=
ſehen, nicht den Vagabunden, der in Lumpen gehüllt ſich
an der Grenze zwiſchen Civiliſation und Wildniß herum=
treibt und häufig nur ein ſich einſchleichender Mörder iſt, ſondern
den bis in die „großen Wigwams" der Bleichgeſichter kommenden
Indianer, welcher in buntem Aufputz, Schläfe, Ohr und Kinnlade
mit Zinnober bemalt, im Leſezimmer eines Hotels, in einem Café
oder Billardzimmer von Tiſch zu Tiſch wandert, ein Geldgeſchenk
verlangend? Vergeblich erwarteſt Du von ihm eine demüthige
Haltung des Kopfes, die flehende Miene und das Mitleid erregende
Ausſtrecken der zitternden, abgemagerten Hand. Mit der ganzen
Unbefangenheit des freien Sohnes der Prairie pflanzt er ſich vor
Dich hin; ſtolz blickt er Dich an und hebt das edle Haupt, als
wolle er ſagen: „Da bin ich, jetzt haſt Du Gelegenheit, Deine
Schuldigkeit zu thun und alles Kleingeld, das in Deiner Taſche
ſteckt, mich ohne viel Umſchweif haben zu laſſen!" Bemerkſt Du
ihn nicht gleich, dann zupft er Dich wohl am Aermel, ungefähr
in der dringlichen Weiſe, wie im Straßeneiſenbahn=Wagen der
Conducteur, welcher es mit dem Einſammeln des Fahrgeldes ſehr
eilig hat. Im Ganzen ſchickt er ſich etwa ſo an, als ſei er der
„Landlord", bei dem die geſammte weiße Bevölkerung dieſes Con=
tinentes mit ihren ſchwarzen Ebenbürtigen zur Miethe wohnt
und der jetzt wenigſtens eine Abſchlagszahlung für die ſeit Jahr=
hunderten aufgelaufene „Rente" verlangt. Gleichviel zu welchem
Betrage Du Dich am Tilgen dieſer Schuld betheiligſt, Dein In=
dianer nimmt die Gabe ſehr froſtig und mit der Miene der
Geringſchätzung entgegen, Dich anblickend, als wolle er auch noch
Deinen Rock haben. Verweiſeſt Du ihn und heißeſt ihn weiter

gehen, dann wendet er sich zum nächsten Tische und murmelt etwas, was in die Sprache der Civilisation übersetzt wahrscheinlich lauten würde: „Wären wir nur tausend Meilen weiter westlich, dann wollte ich Euch schon zeigen, Wem das Zeug, das Ihr tragt, und die Dinge, die in Eueren Taschen stecken, eigentlich gehören!"

Wer ihn nicht beschenkt, den blickt er an wie einen Betrüger, der ihn um ein redlich erworbenes Stück Eigenthum gebracht. Daß er sich so weit herabläßt, den Weißen, den er ebenso gut todtschlagen könnte, um ein Geschenk anzugehen, das gilt ihm als vollgiltiges Anrecht auf die verlangte Gabe. Er meint eben, all die schönen Sachen, welche er in einer Stadt der Weißen zu sehen bekommt, könnten sein eigen sein, wenn nicht das Raubgesindel der Bleichgesichter sich auf diesem Continente so breit machte und die Rothhaut, den ursprünglichen Eigenthümer desselben (wenigstens so weit seine Sage und unsere Geschichtschreibung reicht), bis auf die steinigen Hochebenen des Westens drängte. Er hat eine unbestimmte Vorstellung davon, daß das Material, aus welchem die ihn umgebenden und von ihm angestaunten Gegenstände angefertigt sind, größtentheils dem amerikanischen Grund und Boden entnommen oder auf demselben gezogen ist. Er sagt sich, daß die Steine, das Eisen, das Holz, aus denen die schönen großen Wigwams der Weißen bestehen, aus dem Fels, aus der Erdschicht und aus der Waldung geholt seien, welche ihm gehörten, ehe man ihn daraus verdrängte. In der Wolle und Baumwolle, aus der die mannigfachen, seine Putzsucht reizenden Gewebe des amerikanischen Städters bereitet sind, erblickt er auch nichts Anderes, als das Naturgeschenk, welches ihm zu Theil würde, wenn Jener das Feld räumte. Nach Art des Barbaren schätzt er an den Dingen nur den Rohstoff und nicht die darauf verwandte Kunstfertigkeit. Die Mühe und Arbeit, die an dem kleinsten von ihm begehrten Dinge haftet, weiß er nicht zu würdigen. Er hat keine Ahnung davon, daß der Fleiß von Jahrtausenden dazu gehörte, die Cultur aufzubauen, an deren Stätten er die fertigen Producte derselben nur wie Ergebnisse eines an ihm begangenen, raffinirten Diebstahls betrachtet. Wie viel geistige Anstrengung, physische und moralische

Ausdauer das Schaffen jeder einzelnen Einrichtung eines civilisirten Gemeinwesens kostete, welch unermeßliches Ringen im Entstehen jeder Erfindung begraben liegt und welche schweren Lebenskämpfe oft durchzukämpfen waren, ehe eines der Werke erstand, die zu Hunderten angehäuft er jetzt mit unverständigem Auge anstarrt, nichts als Neid empfindend, — davon begreift er kaum etwas. Er fühlt nur, daß man ihn nicht darüber verfügen läßt, und dies weckt seine Zerstörungslust.

So der echte Indianer. Wie viel Kinder der Civilisation gibt es aber, denen in ihrem weißen Leibe auch die Indianer=Natur steckt! Namentlich in Großstädten, wo die freiwillig Unproductiven von jeher größere Chancen hatten, als auf dem Lande oder in der kleinen Stadt, finden sich diese weißen Indianer zu Tausenden vor. Der große Wahlspruch, den sie mit der Rothhaut gemein haben, nur mit dem Unterschiede, daß sie seine practische Anwen= dung viel künstlerischer treiben, als ihr barbarischer Weltanschau= ungs=Genosse, lautet: „Ohne Arbeit leben." An den Früchten fremder Arbeit gehen sie daher auch nie vorüber ohne den for= dernden Indianerblick. Alles was gedeiht, ist ihnen, ihrer Lebens= philosophie zufolge, schon darum einen Antheil schuldig, weil sie es noch nie versucht haben, den Gedeihenden Concurrenz zu machen. Den geschichtlichen Hintergrund, welchen der echte Indianer für seine naive Forderung, stets auf Kosten Anderer zu leben, besitzt, ersetzen sie durch „persönliches Mißgeschick". Wie die rothe Race in ihrer Gesammtheit durch die Civilisation verdrängt worden ist, so sind sie einzeln Opfer der Civilisation geworden. Jeder von ihnen wird vermöge des perfiden Ganges, den die Civilisation nimmt, unaufhörlich „verdrängt".

Kein neues Haus in New=York, das nicht eigentlich ihm ge= hören müßte, wenn nicht vor so und so viel Jahren irgend ein unternehmender Schuft ihm das betreffende Grundstück um einen Spottpreis vor der Nase weggeschnappt hätte. Kein aufblühender Geschäftszweig, dessen Einträglichkeit nicht von Rechtswegen ihm zu Statten kommen sollte und auch würde, wenn nicht der Halunke So=und=so eines Tages „aus reiner Dummheit" auf dieses Gebiet gerathen wäre und seither mit „maulefelartiger Zähigkeit" auf demselben ausgeharrt hätte. Jeder Millionär hat ihn um die Gelegenheit gebracht, selbst ein Millionär zu werden, und jeden armen Schlucker erklärt er für mitschuldig an seinem Nicht-vorwärtskommen, weil er das böse Beispiel des Sich-abrackerns um Kleinigkeiten gibt. Wenn solch ein weißer Indianer einen wohlhabenden Mitbürger sieht, dem nicht durch den Indianerbettel beizukommen ist, dann gelüstet es ihn gleich nach seinem Scalp oder — wie er sich in der Sprache der Civilisation ausdrückt — „der Kerl gehört auch auf den Galgen!" Ließe man ihm die nöthige Gerichtsbarkeit, er würde den Adreßkalender aufschlagen und Die, welche durch Arbeit oder Betriebsamkeit es zu Etwas gebracht haben, seitenweise aufhängen lassen, Denjenigen aber, welche es zu nichts gebracht haben, durch die Bank eine Bastonnade zuerkennen, weil sie trotzdem noch fortarbeiten. Betrachtet er aber die Erträgnisse menschlicher Thätigkeit und Arbeitsamkeit in ihrer Gesammtheit, sieht er reich bedachte Institute oder gar die auf Volkskosten betriebenen öffentlichen Unternehmungen und erhaltenen öffentlichen Anstalten, schweben die Summen vor seinen Augen, welche die durch Betriebsfleiß empor gekommene Gemeinde an die öffentliche Verwaltung wendet, — dann regt sich das Indianerblut gar wild in ihm und er stößt den war-whoop aus, mit dem er seinen Antheil verlangt. Und der war-path, den er dann in der Regel verfolgt, führt geradenwegs ins Lager der professionellen Politiker. Dort findet er seine Leute. Sie sagen ihm zu und er ihnen. Zum vollgiltigen „Krieger" ist er mit solchen Grundsätzen und Instinkten bald herausgebildet. Da er in der Arbeitsscheu und Habgier zwei der wesentlichsten Eigenschaften besitzt, welche ihm die nöthige Zeit und scharfe Witterung zum Aufspüren der Beute verleihen, so kann es ihm nicht fehlen. Er gelangt endlich zum Ziele jeder edlen Indianernatur: auf Kosten Anderer durch Nichtsthun zu leben und als nobler Kerl barbarisch mit dem zu hausen, was der Bienenfleiß der gemeinen Naturen angesammelt.

Der Minstrel.

Neben dem Bühnen-Minstrel, welcher im Kunstleben der ganzen Union eine wichtige Rolle spielt, hat New-York auch seinen Straßen-Minstrel. Im Vergleiche zum Ersteren ist der Letztere zwar der Proletär, sein Stammbaum aber ist edler, als der des Neger-Komödianten. Dieser kann, so weit auch sein Mimenruhm dringen mag, sich höchstens als Nachkommen des „Jongleurs" oder „Menestriers" aus Altfrankreich betrachten, wogegen unser auf dem Straßenpflaster wirkender Balladensänger seine Herkunft stolz vom ritterlichen Troubadour herleiten darf. Dennoch ist der mimende Minstrel unserer Tage als Künstler viel höher geschätzt; er kann, wenn er auf der Leiter seines Berufes hoch steigt, sogar als Virtuose gefeiert werden.

Ein Stern erster Größe auf diesem Kunstgebiete war der im Jahre 1875 gestorbene Nelse Seymour, damals Matador der Dan Bryant'schen Minstrels. Charakteristisch für dieses Feld der ausübenden Komik war nach Nelse Seymour's Ableben ein Nachweis, welcher in einem der vielen, ihm gewidmeten Nekrologe versucht wurde, nämlich der Nachweis — daß seine vis comica nicht blos in seinen Beinen geruht, obgleich die abnorme Länge derselben ihm die Minstrel-Laufbahn wesentlich erleichterte, sondern daß er auch mit kürzeren Beinen sein Publikum hingerissen haben würde und bezüglich des Beifalls überhaupt nicht so ganz auf die unteren Extremitäten angewiesen war, wie die meisten seiner Collegen, kurz, daß seine Kunst nicht bloses "leg business" gewesen. Man glaubte, den Manen des armen „Nelse", dem die letzten Jahre seiner physisch so anstrengenden Kunstthätigkeit durch ein Brustleiden getrübt worden waren, diese Ehrenrettung schuldig zu sein.

Das Leiden, welches dem renommirten Minstrel — in den Augen seiner Bewunderer stand er höher als ein Forrest oder Booth — ein frühzeitiges Ableben bereitete, ist ein „professionelles". Fast jedem berühmten Minstrel wird ein Brust= oder Herzleiden nachgesagt und den unberühmten vielleicht blos deshalb nicht, weil man von ihrem letzten Abtreten keine Notiz nimmt. Die Possenreißer, welche das Nachahmen des Negers zum Beruf erheben, werden selten alt. Die bis zur Virtuosität getriebene Gliederverrenkung, verbunden mit einer ebenso übertriebenen Stimmgymnastik, scheint der Lebensver= längerung nicht besonders förderlich zu sein. Lebensversicherungs= Gesellschaften, welche nach „streng wissenschaftlichem" Systeme ge= führt werden, würden den Minstrel ohne Zweifel als einen schlech= ten Kunden rubriciren, wenn man annehmen dürfte, daß dieses Völklein sich überhaupt den Luxus gestattet, sein Zigeunerleben zu versichern.

Das Ausüben der Kunst des Minstrels gehört zu den anstren= gendsten physischen Arbeiten. Mit ihm verglichen führt der Komiker der weißen Posse ein Schlaraffenleben. Die schwarze Posse stellt an ihr Personal Anforderungen, denen in der Regel nur das zähe Na= turell des Yankee's gewachsen ist. Nicht unbedeutend sind schon die Anforderungen, welche an den schöpferischen Geist des Minstrels ge= stellt werden; er muß vor allem Andern ein ausgezeichneter Psycho= log sein und in hundert verschiedenen Lagen genau zu berechnen wissen, wie der naive schwarze Mensch sich in denselben zurechtfindet; er muß die Gabe scharfer Beobachtung und eine unerschöpfliche Phantasie besitzen, denn nur dann, wenn er mit der Copie seines, zum Theile schon mythisch gewordenen Vorbildes eine überraschende Illusion erzielt, kann er auf Erfolg rechnen. Allein complicirt über die Maßen ist der materielle Theil seiner Aufgabe. Kein Schritt, keine Muskelbewegung darf so ausfallen, wie sie dem civilisirten Menschen ziemt. Ist der reale Neger schon ein vom weißen Menschen sehr verschiedenes Wesen, der Kunst=Neger ist ihm in noch viel größere Ferne entrückt. Die vereinigten Anstrengungen des Akrobaten, Ko= mikers und Grimassiers sind nöthig, um den Typus hervorzuzaubern, welcher auf der Minstrelbühne zur Tradition geworden. Nichts Ge= ringeres als die höchste Potenz der Caricatur verlangt man vom Minstrel, und unter den zehn, zwölf Virtuosen, welche diesen tradi= tionellen Typus zu personificiren haben, soll wieder jeder sich durch

individuelle Charakteristik hervorthun. Das führt denn auch zu ver=
zweifelten Anstrengungen, originell zu sein, wobei das besondere Ver=
werthen der Beine zu ungewöhnlichen Effecten eine um so größere
Rolle spielt, je mehr den Künstler sein Oberstübchen im Stiche läßt.
Was der Gurgel zugemuthet wird, ist allein im Stande, der ganzen
„Profession" die Schwindsucht zu bereiten. Alle möglichen und un=
möglichen Arten des Lachens werden durch die ganze Scala der
Stimme hindurch forcirt, die affectirte Heiserkeit hat sich in unzäh=
ligen Varianten hören zu lassen, und der Kehlkopf überhaupt das
Unglaublichste zu leisten; dies vor einem Publikum, welches in der
Regel unermüdlich ist im Da=Capo-Verlangen und die Verweigerung
unter keinen Umständen duldet. Dem populären Minstrel bringt
jeder Abend an die fünfzig „encore", bis er endlich nicht mehr kann
und in die „little church round the corner" getragen wird.

Im Ganzen genommen ist die Blüthezeit der Neger=Komödie
vorüber. Sie mag sich noch lange Jahre fortschleppen, von ihrem
vergangenen Ruhme und ihrer früheren Popularität zehrend, allein
ihre Glanzperiode ist gewesen. In ihrer ursprünglichen Gestalt
schöpfte sie aus dem Plantagen=Leben; als Abbild desselben weckte
sie ein Interesse, welches nunmehr geschwunden ist. Das Vorbild
entweicht allmälig; der sorglose, naive Neger, welcher — aller Selbst=
bestimmung entäußert — gedankenlos in den Tag hineinlebte, hat
einer viel ernsteren Figur Platz gemacht, dem nun mitten im Le=
tenskampfe stehenden, ins politische Treiben hineingezogenen freien
Schwarzen. Die Plantagen=Romantik ist vollständig verblaßt; eine
nüchterne Wirklichkeit, voll herber Conflicte und sich für den Far=
bigen zu einer Lebensschule gestaltend, die der Possenreißerei schlech=
ten Stoff bietet, ist an die Stelle getreten. Der schwarze Mensch ist
eine zu bedeutungsvolle Figur in der Tagesgeschichte geworden, als
daß die Unbefangenheit des Zusehers, welche zum rechten Genießen
der Minstrel=Komik gehört, noch lange vorhalten könnte. Die alte
Neger=Komödie, für welche ein echter Virginia reel, mit der ausge=
lassensten Komik durchgeführt, der obligate Schluß zu sein pflegte,
besteht schon längst nicht mehr. Die spätere Zusammensetzung der
Minstrel=Truppen, derart, daß sie auch ernste Musik bieten (selbst

mancher tüchtige deutsche Musiker pflegte in einer solchen Truppe, ohne andere Metamorphose als das Schwärzen seines Gesichts, sein Instrument zu spielen) ist ebenfalls im Verfall begriffen. Ein rührender Beleg dafür, mit welcher Theilnahmslosigkeit des Publikums das Minstrelthum schon lang zu kämpfen hat, ist vor einigen Jahren von einem, in diese Classe gehörigen Institute an der Bowery geliefert worden. Ideen-Association hatte den Unternehmer vom smoked Yankee (wie der Farbige einmal genannt worden ist) auf smoked ham gebracht und er ließ jeden Morgen am Eingange zu seinem Kunsttempel eine Reihe Schinken aufhängen, welche am Abend unter die Zuscher verloost wurden. Das römische Panem et circenses wurde in Ham and Minstrels modernisirt und die „Kunstanstalt" des erfinderischen Mannes hielt sich so in ihrer schlimmsten Zeit über Wasser. Doch der rettende Schinken konnte nicht ewig seine Anziehung ausüben. Die Minstrels werden ihrem Geschicke, sich nur noch als Curiosität fortzupflanzen, nicht entgehen. Dagegen wird ihr „Stil" noch geraume Zeit auf der amerikanischen Bühne fortleben; denn gar manches davon ist als böses Erbtheil in die amerikanische Komik überhaupt übergegangen. So rächt sich die Verhöhnung des Plantagen-Negers.

Unbekümmert um das Schicksal des Kunst-Minstrels setzt der im Freien wirkende Natur-Minstrel seine Laufbahn auf den Straßen New-York's fort. Leicht gemacht wird ihm das Verfolgen derselben nicht. Auch er darf unter der Wucht seines anstrengenden Berufes ausrufen: Per ardua ad astra! Und obwohl man ihm das Bürgerrecht im Künstlerstaate vorenthält, unterliegt er doch manchem der grausamsten Gesetze dieses Staates; so muß er zum Beispiel die Schrecken der „todten Saison" über sich ergehen lassen. Denn ach, wenn New-York einen Schneefall gehabt, dann ist unter den hundert verschiedenen Classen seiner Bewohner diejenige am schlimmsten daran, welche ihre Nahrung so zu sagen vom Straßenpflaster auflesen muß! Für sie ist die frische Schneedecke, deren Anblick oder Nutznießung anderen Wesen Vergnügen gewährt, nur das Bahrtuch, unter dem das, was der nährende Weltstadtboden ihr täglich bieten soll, begraben oder mindestens eingesargt liegt.

Da meldet sich nach dem Schneefall zuerst der Sperling, der durch Geschick oder freie Wahl Großstädter geworden. Wie bestürzt er hin und her hüpft, mit welch komischer Verwunderung er um sich blickt, weil sich nirgends und nirgends die Körner, die er sonst zum Frühstück aufzupicken pflegt, zeigen wollen. Hat er sich im Schnee müde gesprungen, dann flattert er auf einen Wagen oder ein Treppengeländer und blickt fragend in die Fenster, als wollte er die Bewohner an die Sitte nordischer Völker mahnen, an Winter-Festtagen dem armen Gethier, dem der Schnee alle Nahrung verschüttet, eine kleine Mahlzeit vor die Thür hinzustreuen. Der, dem Sperling zunächst stehende Schicksalsgenoß, auch unstät und in der Kunst des Gesanges ebenso wie er sich mit einer sehr niedrigen Stufe bescheidend, ist der Straßenmusikant und was sonst auf den Gassen Krieg führt gegen die Gesetze der Harmonie und vandalische Verwüstungszüge unternimmt ins Reich der Töne. Auch diesem barbarischem Völklein raubt ein Schneefall die Tageseinnahme, nicht etwa darum, weil jeder Leiermann ein pensionirter Soldat der Republik und als Invalide dem Musiciren im Freien bei Sturm und Wetter nicht gewachsen ist, auch nicht darum, weil es überhaupt irgend ein erdenkliches Unwetter gibt, durch welches sich die ohne Pension lebenden Nomaden der Musica vulgivaga vom täglichen Ableiern ihres Reviers abhalten ließen, — sondern darum, weil ihr Publikum so verzärtelt ist, bei empfindlich unangenehmen Wetter das Oeffnen der Fenster zu scheuen, und die rührendsten Melodien, die ein seit Monden in den letzten Zügen liegender Leierkasten auszuathmen oder die ausgepichteste Kehle eines Straßensängers hervorzuwürgen vermag, gratis hinnimmt oder geduldig über sich ergehen läßt, ohne sich mit dem obligaten Penny loszukaufen.

Die in Gruppen einherziehenden Minstrels, Künstlerfamilien, die größtentheils nicht durch Bande der Blutsverwandtschaft, sondern durch ihre, einander ergänzenden Talente zusammengehalten werden, weichen allenfalls noch einer besonders hartnäckigen Ungunst der Witterung. Sie haben gewöhnlich einen für sie sehr werthvollen Apparat zu schonen und bedürfen zu gehöriger Entfaltung ihres

Ensemble's überhaupt eines friedlicheren Zustandes der Atmosphäre. Unerschütterlich aber in Verfolgung seines grausamen Berufes, mit wahrem Heldenmuthe den Elementen Trotz bietend, harrt der einzeln herumziehende Troubadour aus. Auf sich selbst angewiesen, nicht von der Gesundheitsrücksicht auf ein schwindsüchtiges Instrument abhängig, macht er beim Toben des Schneesturmes seine Runde um so lieber; denn erstens darf er hoffen, daß bei solcher Scenerie sein Gesang desto grausig=schöner klinge, und zweitens schmeichelt er sich — er, dem das Studiren des menschlichen Herzens Theil seines Berufes ist — mit der Erwartung, als durchnäßter oder mit Eiszapfen behangener Sänger werde er das Mitleid der Menschen um so sicherer erregen. Bei solchem Wetter stimmt er auch nur Klagelieder an, mit einer Heftigkeit, die nicht blos Steine, sondern auch Eisklumpen erweichen muß. Beide Geschlechter stellen ihr Contingent zu dieser Gattung Solosänger ohne Begleitung.

Der trovador ist in der Regel noch in jenen rüstigen Jahren, welche die Hartherzigen unter seinen unfreiwilligen Zuhörern ausrufen lassen: „Warum spaltet der Kerl nicht lieber Holz? Warum schaufelt er nicht Schnee?" Die trovadora aber hat immer ihre vierzig oder fünfzig Jahre auf dem Rücken. Manchmal schleppt sie einen armen frierenden Wurm, in Lumpen gehüllt, mit sich und entzieht sich dadurch dem Humor. Aber lustig anzuschauen ist der Troubadour, der sich mitten in der Straße und mitten im Schnee hinpflanzt, um den Bewohnern rechts und links die gleiche Chance zu gönnen, sich nicht nur an seinem Gesang, sondern auch an seiner Mimik zu erfreuen. Das Schneegestöber mag noch so dicht sein, er — der fast immer dem romanischen Stamme entsprossen und seine Kunst=Ahnen bis auf Wilhelm von Poitiers und Markabrun zurückführt — steht allemal entblößten Hauptes da, wie es dem höflichen Sänger ziemt.

Was er singt? Der Himmel und die Manen König René's wissen es vielleicht. Es klingt fast wie eine Ballade und doch wieder wie ein Gassenhauer. Sicherlich kommen sehr viel hohe Noten darin vor, welche er über alles erdenkliche Maß austönen läßt. Er singt selten forte, sondern fast immer fortissimo. Und der Text? Da

sich keine der lebenden Sprachen dazu bekennt, so muß wohl das
vor=mittelalterliche „Romanzo" das Idiom sein, das seiner Kunst
Worte leiht. Die große Heftigkeit, mit welcher er der „Declamation
im Gesange" fröhnt, läßt darauf schließen, daß er ein Sänger der
sogenannten Sirventes (der polemischen Lieder der Troubadours) sei.
Fast Alles hört sich an wie zum Beispiel die bekannte erste Strophe
des Sirventes, welches einst Guillem Figueras gegen Rom schleuderte,
die Strophe, welche, auch ohne Uebersetzung verständlich, wie folgt
lautete:

    Roma, per aver
   Faitz manta fellonia,
    Emant desplazer
   Emant vilania.

 Fellonia und vilania scheint er fort und fort zu singen, mit höchster
Anstrengung der Kehle. In seiner äußeren Erscheinung ist er wie
alle Welt ein Geschöpf der Umstände. Hat er die Ohren der New=
Yorker noch nicht lange mißhandelt, dann trägt er gewöhnlich einen
stark abgetragenen Sammetrock. Ist dieser schon vom Etat gestrichen,
dann ist eine Jacke von unbeschreiblichem Braun oder Grün das
Gewand, mit welchem er auf mildthätige Frauenherzen Eindruck
zu machen sucht. Er bewegt sich stets con grazia. Er bettelt mit
Anstand und Künstlerstolz. Die Complimente, mit welchen er seinen
Penny aufhebt, sind überaus komisch. Jeder Penny ist ihm eine
willig befolgte Aufforderung zum da capo. Zuweilen sieht der
schwarzgelockte, stramme Sohn des europäischen Südens in seinem
abgeschabten Habitus noch ganz schmuck aus, und manche, ihn aus
ihrem Verstecke hinter dem Vorhang betrachtende, blasirte Lady mag
wünschen, ihn geschniegelt und gestriegelt zum Kutscher zu haben.
So wie er dasteht, riecht er wahrscheinlich stark nach Zwiebeln.

 Aber keinen Vergleich hält seine Anmuth aus mit der Erschei=
nung der trovadora. Diese Gesangskünstlerin fordert an Königlich=
keit der Haltung und idealem Schwung des Costümes jedes Aepfel=
weib in der Bowery heraus. Wohl hat sie ihre Fünfzig auf dem
Nacken und die schwarzen Flechten, welche das knochige gelbe Ge=
sicht umrahmen, haben eine reichliche Zuthat von Silberfäden;

allein sie hält sich noch immer kerzengerade, was bei der martia=
lischen Stellung, die sie durch weites Vorsetzen eines Fußes nimmt,
ihrem Aeußeren etwas Heroinen artiges verleiht. Ihre Röcke,
die Mehrzahl dieses nützlichen Garderobe=Bestandtheiles vorausge=
setzt, sind in Berücksichtigung des schlechten Wetters, mit dem auch
ihre Kunst stets zu kämpfen hat, sehr kurz. Dies läßt die riesigen
Schuhe und sonstige Fußbekleidung, wenn vorhanden, plastisch her=
vortreten. Die Vehemenz, mit welcher der männliche Troubadour
in New=York singt, steigert sich bei ihr bis zum Grimm. Es sind
entsetzlich entfesselte Leidenschaften, die in ihrem Gesang wüthen.
Wenn es wahr ist, daß Liebe der Hauptgegenstand der art de trobar
gewesen, dann improvisirt das Weib, wie es so dasteht mit dem her=
ausfordernden Blicke im schmutzumflutheten Gotham, als legitime
Nachfolgerin der Canzone-Dichter, offenbar irgend einen gräßlichen
Aufschrei furchtbar mißhandelter Liebe, einen Aufschrei, dem Menschen=
worte nicht mehr genügen, der sich nur noch in Naturlauten bewegt.
Jegliche Melodie verachtet sie; sie krächzt nur noch den letzten grim=
men Fluch einer zerrissenen Seele; — und prosaische Menschen halten
das für einen Jammerschrei um einen Penny!

Vagabunden.

Das heimathlose Individuum, für welches der Eingeborene die bezeichnende Benennung Tramp hat, erregt besonders im Sommer Aufmerksamkeit. Das kommt zum Theile daher, weil die unter seinem Namen reisenden Verbrecher die Landstriche, wo des Städters Sommerwohnungen dicht stehen, ungewöhnlich stark heimsuchen, zum Theile daher, weil die allerwärts zu größerer Wachsamkeit gedrängte Polizei es bequemer findet, ihre Thatkraft an allgemeiner Maßregelung einer übelberüchtigten Gattung zu erproben, als am Fassen der Einzelnen, die eine Missethat begangen und der strafenden Gerechtigkeit ausgeliefert werden sollen. Der Tramp ist gewiß ein gesellschaftsgefährliches Subject; in einem wohlgeordneten Gemeinwesen sollte er seine Bedingungen der Existenz gar nicht vorfinden; zu seiner Genossenschaft zählen sämmtliche Arten, für welche man in der deutschen Sprache die Bezeichnungen Strolch, Vagabund, Landstreicher, Tagdieb, professioneller Bettler ꝛc. hat. Allein eine seiner unfreiwilligen Dienstleistungen besteht darin, der Polizei, welche so oft in Verlegenheit geräth, als sie die Verüber eines Straßenraubes oder Einbruches herbeischaffen soll, zum Sündenbock zu dienen. Wenn die Sicherheitsorgane auf die Frage: „Wer hat das Verbrechen begangen?" keine befriedigende Antwort zu geben wissen, offenbart sich ihre Weisheit, namentlich in den die Metropole umgebenden Nebenstädten, in dem Ausspruche: „Ein Tramp hat es gethan!" Die New-Yorker Polizei macht von dieser ländlichen Amtssprache keinen Gebrauch. In New-York wird der Tramp nicht anerkannt. Hat er das hiesige Pflaster betreten, wird er nach den, dem Criminalcodex und den Polizeiverordnungen bekannten Gattungen des verdächtigen Gesindels classificirt. Um so unbestimmter ist der Begriff Tramp in der Umgebung New-York's. Das einzige Merkmal, welches allen seinen Arten und Abarten eigen ist, scheint die Heimathlosigkeit zu sein.

Der heimathlose Mensch ist in dem Lande, welches für Jeden, sofern er nur will, noch immer ein freies Heim an der Grenze des Urwaldes zu vergeben hat, etwa so gestellt, als ob er vogelfrei wäre. Er hat den dringlichen Verdacht Aller, daß er ein Feind der Gesellschaft sei, gegen sich. Er ist einer von Denen, welche ihre Unschuld zu beweisen haben. Diesem Beweise unterzieht er sich nicht gern. Unaufhörliche Luftveränderung ist ihm auch dann, wenn er keine Ursache hat, die Hand der Gerechtigkeit zu fürchten, ein Bedürfniß. Er muß wandern wie die Heuschrecke. Er bleibt nie an Ort und Stelle, um seine Ehre zu retten. So kommt's, daß dem stets Entweichenden die schlimmste Meinung seiner Mitmenschen folgt und sein Ruf sich fort und fort verschlechtert. Aber nicht jeder Tramp ist ein Verbrecher. Wer noch einen Rest von dem Glauben hat, daß in keiner Menschenbrust der „göttliche Funken" ganz erlischt, wird gern unterscheiden zwischen dem bösartigen und dem harmlosen Tramp. Freilich ist auch für den Letztern seine gesellschaftliche Stellung eine stehende Gefahr, die Harmlosigkeit einzubüßen; und wie Viele seiner Gattung dieser Gefahr nicht erliegen, das weiß nur jene höhere Einsicht, die auch auf jedes Tramp's Schädel die Haare zählt und mit ihren tausend Sternenaugen das nächtliche Treiben der Obdachlosen beobachtet. Aber selbst dem Landstreicher ist man es schuldig, ihm Anerkennung dafür zu zollen, wenn er unter den erschwerenden Umständen, die er sich bereitet hat, es durchsetzt, kein ausgemachter Bösewicht zu sein.

Ein echter Vagabund ist nie ein Bild, auf dem das Auge des civilisirten Menschen mit Wohlgefallen ruhen kann; desto beachtenswerther das Läppchen Ehrlichkeit, das noch an ihm hängen geblieben. Nicht jeder Vagabund stiehlt und raubt, namentlich der echte nicht. Dieser Letztere lügt zwar immer; das gehört zu dem unerläßlichen Fabuliren, wodurch er seiner Vagabundage den historischen Hintergrund oder ihre „moralische" Berechtigung zu geben sucht; die Lüge ist der Fittig, welcher ihn durchs Leben trägt. Als echter Vagabund aber macht er das Sprichwort zu Schanden: Wer lügt, der stiehlt. Er stiehlt nicht immer, namentlich dann nicht, wenn man ihm glaubt, was er lügt, und ihm als einem vom ungerechten Schicksale Verfolgten den erbetenen Zehrpfennig spendet. Treibt man ihn durch kritisches Anzweifeln seiner Historie und durch Verweigerung der Liebesgabe für „unverschuldetes Elend" zum Diebstahl, dann schreitet er an denselben mit dem Gefühle eines Mannes, welcher weiß, daß er seinen Beruf ändert, daß er aus einem echten Vagabunden ein vagabundirender Dieb geworden. Und diesen Unterschied muß der Menschenfreund, welcher selbst dem Laster gegenüber sein Urtheil gehörig abwägt, festhalten. Dem echten Vagabunden ist die Vagabundage Zweck; dem vagabundirenden Gauner ist sie blos Mittel zum Zweck. In Ersterem wirkt nur ein Drang, welcher sich durch Jahrtausende von seinen, die asiatischen Hochebenen bevölkernden Vorfahren auf ihn vererbt hat. Ihm steckt noch der Hang zum Nomadenleben in den Gliedern. Er ist nicht von Denen, welchen es vorgezeichnet war, "Hütten zu bauen".

Das Recht, zu nomadisiren, ist der ganze Anspruch, den er an die Gesellschaft als solche stellt. Die Nomaden waren zwar Hirtenvölker; allein auch er würde, wenn unsere Einrichtungen es gestatteten, sich dazu entschließen, seine Kuh mit sich zu führen. Daß er ohne Hornvieh nomadisiren muß, ist die, seine Lebensweise erschwerende Concession an die Civilisation. Wäre er eine Verbrechernatur, würde ihn sein Hang zu unaufhörlicher Ortsveränderung unter die Indianer treiben und er würde vielleicht ein gefeierter Held vom Scalp. Doch er will nicht Krieg führen gegen die Gesellschaft. Sie soll ihm seine unbedingte Freizügigkeit, ihm das Leben der Kunst, wie der Zugvogel sein Korn aufzupicken, wo er es findet, nicht wehren; das ist Alles, was er begehrt. Er beansprucht nicht einmal ein Plätzchen für ein bleibendes Nest. Jede Nacht unter einem andern Baum, in einem andern Graben oder in einer andern Tonne, das ist sein Wohnungsprincip.

Auch er ist ein Diogenes: und wenn seine Weisheit nicht so leuchtet, wie die des cynischen Philosophen so kommt dies nur daher, weil seine Laterne vom grellen Lichte des neunzehnten Jahrhunderts überstrahlt wird. Desto mehr ist die Hundenatur in seinem Cynismus ausgeprägt. Der Zahn, den er vielleicht einmal auf die organisch gegliederte Gesellschaft gehabt, ist ihm längst ausgebrochen. Er beißt nur, wenn er durch anhaltende Lieblosigkeit gereizt wird. Sein einziger Todfeind ist die Arbeit, darum geht er ihr auch meilenweit aus dem Wege. Hier zu Lande, wo ihm der Gräuel widerfährt, ringsum nicht blos auf Arbeitslust, sondern — wie er sich in seinen Selbstgesprächen auf mondbeschienener Lagerstätte sagt — auf einen empörenden Arbeits-Fanatismus zu stoßen, hat er, von den Geboten der Klugheit geleitet, in der Regel auch eine Arbeitsromanze zu erzählen. Er war vielleicht in Californien Besitzer einer unerschöpflichen Goldmine und während er Tag und Nacht nach Gold grub, brachte ihn irgend ein räuberischer Argonaut durch einen teuflischen Trick um seinen Schatz; er stand vielleicht einst als Kaufmann in der Blüthe, da hat aber wieder ein liederlicher Compagnon ihn um ein Vermögen gebracht. Er ist von solcher Höhe des Gedeihens herabgestürzt, daß der Gedanke daran ihn zu sehr niederdrückt, um den Entschluß zum nochmaligen Anfangen von vorn in ihm aufkommen zu lassen.

Er hat entsagt und will auf der bescheidenen Bahn des harmlosen Vagabunden ausharren. Eines Tages endet er doch im Arbeitshause unter den Hieben eines Aufsehers oder verblutet in dunkler Zelle an den Spuren des Polizeiknüppels; besten Falles stirbt er wie ein Hund auf dem Mist. Er ist mit dem unvermeidlichen tragischen Ausgange seiner ungebundenen Lebensweise schlimm genug daran, ohne daß man ihn voreilig unter die Verbrecher zu werfen braucht. Zum gewerbsmäßigen Gauner verhält er sich, wie der verachtete Köter zum gefürchteten Wolf. Und wenn alles Gesindel, das als mehr oder weniger gefährliches Ungeziefer den Gesellschaftskörper heimsucht, classificirt aufmarschiren würde, könnte er obendrein noch die Hand mit der Betheuerung erheben, daß er zwar sein Lebtag ein Vagabund und Lump, aber nie einer jener schlimmsten Feinde der öffentlichen Wohlfahrt, nie ein politischer Lump gewesen. Der harmlose Vagabund bleibt der Politik fern. Begibt er sich in dieselbe, hört er sofort auf, harmlos zu sein.

Asiaten.

Zu dem Völkchen, welches mitten in den Wogen des New-Yorker Geschäftstreibens von einem armseligen Krämchen sein äußerst bescheidenes Dasein fristet, gehört in neuerer Zeit auch der Sohn des „himmlischen Reiches". Er hält gute Nachbarschaft mit der, in eine Art trotziger Resignation versunkenen Aepfelfrau, welche — nachdem ihr halbes Tagewerk darin bestanden, sich und ihr Eigenthum gegen die in Rudeln einherziehenden, kleinen Straßen-Modocs zu vertheidigen, — am Abend bei der rauchigen Kerosene-Lampe ihr Hauptgeschäft macht und den Penny häufig aus sehr unreinen Händen entgegen nimmt. Sein einziger männlicher Genoß ist der arme Italiener, der über keine metallreiche Stimme und über keinen Leierkasten verfügt, sich daher weder zum Troubadour, noch zum Padrone aufzuschwingen vermag, sondern — sofern ihm die Kunst des Straßenfegens nicht zusagt oder in Ermangelung politischer Protection unzugänglich ist — auch auf den Candy- und Frucht-Handel im kleinsten Maßstab angewiesen bleibt. Aber noch verlassener als dieser, so recht verloren im Gewühl einer ihm noch halb fremden Welt, sitzt der Chinese vor seinem Cigarrenkrämchen. Er hält die wohlfeilste Waare und seine Gelegenheit, Etwas an den Mann zu bringen, beginnt erst, wenn bei vorgerückter Abendstunde kein Cigarrenladen mehr offen ist. Dann hält er aber auch bis lang über Mitternacht aus, ja in Sommernächten bis zum Tagesgrauen. So lange noch durch die verlassene Straße das Johlen heiserer Nachtschwärmer hallt, bleibt er im matten Schimmer seines kärglichen Lämpchens unbeweglich wie eine Mumie sitzen. Den Zopf hat er schon längst der Civilisation geopfert, welche ihm namentlich in Gestalt muthwilliger Rangen entgegentritt oder vielmehr von hinten naht. Als Buddhaist schwelgt er im Vorgefühl der Nirvana und nur dann und wann schweift sein kluges Auge über den wohlgeordneten Kram, um sich seiner sieben Sachen zu erfreuen. Sie anzupreisen versteht

er nicht. Geduldig muß er harren, bis die Laune eines Vorbei=
kommenden ihm ein paar Cents bringt, welche wie ein Almosen
hingeworfen werden. Er steht auf der untersten Stufe des amerika=
nischen Proletariats.

Jahre lang war er der einzige sichtbare Vertreter chinesischer
Betriebsamkeit in New=York, gleichsam der Pionier der Mon=
golen=Colonie. Allmälig kam starker Nachschub von der Pacific=
Küste; es trat die Periode ein, in welcher die ersten chinesischen
Wäschereien das Staunen der New=Yorker erregten und während
der Abendstunden der Straßenjugend zum Sammelplatz wurden. Oft
mußte die Polizei einschreiten; es gab Scenen des Racen=Conflictes
und häufig blutige Köpfe. Doch das "Chinese laundry" war nicht
mehr auszurotten und verbreitete sich rasch über die ganze Stadt.
Man sah es an allen Straßenecken, der Mongole war gekommen,
um zu bleiben. Da er sich die untersten Stufen der amerikanischen
Arbeitsleiter gewählt, ließ man ihn gewähren.

Mit einem Male aber betrat die vielbelebte Scene unserer Welt=
stadt=Komödie eine neue Gestalt. Nur in dem Erdreich, welches einst
die Pilgrime gedüngt, konnte sie sich so entwickeln, wie sie theils
zum Schrecken, theils zum Ergötzen des zusehenden New=York plötz=
lich ihren Platz einnahm unter den absonderlichen Typen, an wel=
chen der hiesige Boden besonders fruchtbar. Der chinesische
Tartuffe war so zu sagen über Nacht dem New=Yorker Humus
entsprossen. Die üblichen Schablonen, nach welchen der "heathen
Chinee" sich präsentirte, waren schon eintönig geworden; es war
hohe Zeit, daß der Mongole in einer neuen Rolle debutire. Und
da mußte die Wirklichkeit wieder erfinderischer sein als die Dichtung.
Seit der Chinese durch den californischen Poeten par excellence in
die humoristische Literatur Amerika's eingeführt worden, wurde es
oft versucht, Variationen auf diese dankbare Figur zu machen. Doch
alle Mühe blieb unfruchtbar und erreichte die Originalzeichnung
nicht. Der Versuch, dem Chinesen als stehende komische Figur auf
der amerikanischen Bühne Bürgerrecht zu verschaffen, ihn als Kasperle
der neuen Welt vom Stapel zu lassen, war auch mißlungen; theils
darum, weil ein Hanswurst, dem das Herz des Volkes entgegen=

schlagen soll, nationales Vollblut sein muß, theils darum, weil der erste, halb geglückte Wurf sofort zu einer Reihe ungeschickter Nachahmungen geführt, welche — wie das auch auf anderen Gebieten zu gehen pflegt — hauptsächlich die Wirkung hatten, den Geschmack des Publikums auch dem echten Artikel um so schneller zu entfremden. Der Karten spielende, die „rothhaarigen Barbaren" im Herbeischaffen der nöthigen Trümpfe überlistende Mongole, der blinzelnde, den schlecht gehüteten Penny auflesende „Waschiwaschi"-Chinese, wie man ihn früher über die weltbedeutenden Bretter schreiten ließ, war fast in Vergessenheit gerathen. Die Fiction hatte sich in diesem Genre verausgabt.

Da öffnete eines Tages die fruchtbare Wirklichkeit ihren Schooß — und was entstieg demselben? Der religiöse, der bekehrte, der christlich-fromme, der Augen verdrehende Chinese, welcher dem inbrünstigen Blicke nach oben den gewandten Griff nach rechts und links zugesellte; — es erschien im Mai 1879 Moj-Tschin-Ki auf dem Schauplatze, ein gewandter Mongole, der sich zum Missionär abrichten ließ, bei dieser Gelegenheit aber ohne alle Anleitung, aus eigener Geschicklichkeit, so recht als Autodidact, die Kunst, lange Finger zu machen, übte, gegen seine kirchlichen Beschützer übte und sich dafür, daß er sein Seelenheil den Methodisten ausgeliefert, mit systematischer Emsigkeit an ihrem irdischen Gute schadlos hielt. Und als ob man ihm Molière's „Tartuffe" in die Hand gespielt habe, wußte er diesem Prototyp des Scheinheiligen die Kniffe abzulauschen, wie man begehrlichen Mägdelein naht. Moj-Tschin-Ki, der gelbe Methodist, stahl nicht blos des Stehlens wegen; er kannte schöneres Glück als den Besitz hübscher Sächlein; er kannte nicht nur die Seligkeit des Nehmens, sondern auch die des Gebens. Wie der heilige Crispin Leder stahl, um armen Leuten Schuhe daraus zu machen, so bestahl der hoffnungsvolle Proselyt seinen Glaubens-boss, um die armen Geschöpfe, welche dieser als Dienstmägde hielt, zu beschenken. Der mandeläugige Mongole nimmt eben, trotz der schmachtenden Blicke, die ihm zu Gebote stehen, in Liebesangelegenheiten hier zu Lande nicht die vortheilhafte Stellung des Gentleman afrikanischer Abstammung ein, dem es — und sei er pechschwarz, grundhäßlich und stockdumm — gelegentlich doch gelingt, vermittelst der unberechenbaren Macht der Leidenschaft allein eine kaum aufgeblühte, „wohlerzogene" Tochter dieses Landes im Sturm zu erobern. Der stille, bescheidene Chinese muß, wenn's ihm im Herzen hämmert, hinten herum kommen und sich wie auf Katzenpfoten in die Neigung der betreffenden Bridget hineinschleichen; mit lockenden Gaben muß er sich den Weg bahnen. Und solcher Gaben fand Moj=Tschin=Ki im Waarenlager seines Protectors, welcher ostasiatische Modeartikel importirte und einen Theil des Austausches gerne durch den Export methodistischen Christenthums besorgen wollte, in Hülle und Fülle, namentlich schöne, weiche Seidentüchlein, welche — ganz nach der Manier des Tartuffe — sich den Schultern der drallen Maid in schonender christlicher Liebe umhängen ließen.

Nun hatten sie ihn gefangen; dem mongolischen Reineke war eine Pfote in der Fußangel stecken geblieben und er machte Grimassen, die selbst seinem caucasischen Vorbilde zur Ehre gereichen konnten. Die Gewandheit, mit welcher Moj=Tschin=Ki im Gefängniß seine Rolle als treuer Diener des christlichen Gottes, als verkannter Priester der wahren Religion der Liebe weiter spielte, wurde ein neuer Beweis für die bedeutende Gelehrigkeit der Chinesen, für ihre merkwürdige Geschicklichkeit, sich nach und nach einzukaufen in die abendländische Cultur. Obgleich sie mit ihrer Wanderung gen Ost einen Gegenstrom bilden gegen den großen allgemeinen Strom der, immer gen West vordringenden Völkerwanderung und durch die dabei erzeugte Reibung allerhand fratzenhafte Gebilde zu Tage fördern, nehmen sie die Grundzüge der ihnen begegnenden neueren Cultur doch so willig an, daß das über den Stillen Ocean herüberkommende Zopf=Heidenthum sich wohl nie mit Fug und Recht zu der Würde eines „gelben Gespenstes" erheben lassen wird. Eher wäre noch anzunehmen, daß sie sich über kurz oder lang dem „rothen Gespenst" zur Verfügung stellen werden. Sie sind gelehrig, verachten bei aller Liebe für den Cent den Dollar nicht und haben es unter dem Einflusse der amerikanischen Sonne längst aufgegeben, mit den Weißen an Exclusivität zu wetteifern.

In New=York sind die Tage des kleinen häßlichen Joss, des Chinesen=Herrgöttleins, gezählt. Es herrscht kein rechtes

Zusammenhalten mehr unter seinen Gläubigen. Der festgeflochtene chinesische Zopf ist nicht mehr das richtige Sinnbild für die hiesige Mongolen=Colonie. Es gibt Abtrünnige an allen Ecken und Enden; sie vergessen die heimathlichen Götter und die heimathlichen Weiber; sie werden Methodisten und heirathen Irländerinnen. Es gab eine Zeit, zu welcher die „bessere Classe" der New=Yorker Chinesen sich mit dem Projecte trug, ihrem alten Gotte einen fashionablen Tempel zu bauen, und man machte sich darauf gefaßt, daß neben dieser neuen Kirche auch eine neue Schule erstehen, daß eines Tages der kleine Joss an der Thür der Municipalität anklopfen, seine hölzerne Hand hereinstrecken werde, um sein Geschenk für die im Verborgenen erblühende „Corporationsschule" entgegenzunehmen. Diese Tage sind dahin, diese Befürchtungen sind geschwunden. Nicht einmal der Handel mit den Privatgötzen, welche der orthodoxe Chinese in der Tasche mit sich zu führen pflegt, blüht mehr. Die Sturm= und Drangperiode der chinesischen Immigration war kurz; den Mongolen ist es ebenso wenig gelungen, eine kräftige Colonie in New=York zu gründen, wie es der Achtundvierziger Einwanderung gelungen ist, einen deutschen Staat zu gründen; sie haben mit ihren importirten Idolen nicht mehr Glück gehabt, als die Deutschen mit ihren im= portirten Idealen. Das chinesische Herrgöttlein, an welchem manch „rothhaarig=barbarischer" Bildner in früheren Jahren einige Gro= schen verdient, ist fast gar nicht mehr im Markte. Nur die unge= bildetsten Chinesen führen das Götzenbildchen, welches nicht größer als ein Däumling ist, noch mit sich; und ihnen genügt der ganz roh gearbeitete Artikel, wie ihn die „grünen" Gelben aus China mitbringen. Die feineren Herrgöttlein, welche sonst in New=York angefertigt wurden für den Chinesen, der schon ein wenig amerika= nisches Fett angesetzt hatte und nun seinem besserem Geschmacke fröhnen zu können glaubte, diese in schönen amerikanischen Farben erglänzenden Götzlein, die oft auf vier bis fünf Dollars zu stehen kamen, werden gar nicht mehr fabricirt. Der Mongole mit höheren Ansprüchen wird jetzt Atheist oder wirft sich in die Laufbahn des christlichen Missionärs. Sogar Alt=China hat jetzt seine verlorenen Söhne, welche sich aufsaugen lassen von amerikanischer Civilisation.

Die amerikanische Republik hat einen guten Magen, kann alle Menschenracen vertragen.

Zu diesem Verdauungsprocesse gehören aber allerhand nachhelfende Mittel, die von Zeit zu Zeit angewandt werden müssen, wie es gerade das Bedürfniß erheischt. So wird es unter Anderm, wenn die Criminaljustiz unserer rasch dahinschreitenden Civilisation gleichen Schritt halten will, nothwendig werden, daß im Justizpalast ein Hühnerhof angelegt und mit der Aufsicht über denselben ein, für diese amtliche Verrichtung besonders geeigneter Stellvertreter des Staatsanwalts betraut werde. Der Mann muß sachkundig in der Hühnerzucht sein, denn es handelt sich darum, nur weiße Hühner zu züchten. Dieselben werden zum Beeidigen unserer mongolischen Mitbürger gebraucht, welche keine seltenen Gäste mehr sind in den New=Yorker Gerichtshöfen. Die für den Chinesen bündige Eidleistung erheischt, wie es sich bei Gerichtsverhandlungen zu wiederholten Malen herausgestellt hat, daß ein lebendes weißes Huhn vor den Richter gebracht, in offener Gerichtssitzung geköpft werde und der als Zeuge zu vernehmende Chinese angesichts des noch zappelnden Rumpfes des geopferten Thieres betheuere, nur die lautere Wahrheit sagen zu wollen. Jeder nur irgendwie im Glauben seiner Väter aufgewachsene Chinese hält sich für berechtigt, das Blaue vom Himmel herunter zu lügen, wenn er blos auf eines unserer Testamente beeidigt worden ist, wie dies unvorsichtiger Weise zum Beispiel bei der Anklage gegen Tom=Li geschehen, jenem repräsentativen Chinesen, welcher als Hilfs=Sheriff thätig war und in diesem Amte seine gelben Landsleute als auszupressende Citronen betrachtet haben soll. A=Tschong, der Belastungszeuge, hatte, als es zum Klappen kam, seine sämmtlichen beschworenen Aussagen widerrufen und mit einer, selbst die abgehärtetsten amerikanischen Rabulisten in Staunen versetzenden Naivetät sein eigenes Zeugniß als ein falsches bezeichnet. Beide Male war er beeidigt und es würde ihn ohne Zweifel nicht die geringste Ueberwindung gekostet haben, zum dritten Male den verlangten Eid zu leisten und dann wieder Alles wegzuläugnen, was er in den beiden früheren Verhören gesagt. Dabei wurde aber A=Tschong von seinen Stammesgenossen durchaus nicht für einen Ausbund von Schlechtigkeit gehalten; es schien vielmehr, daß dieselben sich sämmtlich für fähig hielten, unter Umständen ein Gleiches zu thun. Die weißen Hühner müssen also herbei, wenn es vor unseren Gerichten mit dem Chinesen-Zeugniß nicht noch schlimmer werden soll, als einst in den Südstaaten mit dem Neger-Zeugniß. Die Sklaven, deren Zeugniß gegen den Weißen nichts galt, konnten wenigstens gegen einander zeugen; die Mongolen taugen, ohne den obigen Hocuspocus, auch dazu nicht. Nach den gemachten Erfahrungen dürfte es außerdem rathsam sein, auch auf ihre durch Hühnerblut bekräftigten Aussagen nicht felsenfest zu bauen. Unzweifelhaft steht nur die Thatsache da, daß durch das Eindringen dieses „Elementes" in unsere Bevölkerung der Wahrhaftigkeit in Handel und Wandel kein Vorschub geleistet wird.

Einen dauernden Beitrag zum New-Yorker Genußleben haben diese Asiaten mit dem Einführen der Opiumkneipe geliefert. Der schon einige Male unternommene Kreuzzug gegen das Opiumlaster hat nicht zum Ziele geführt; ja, es scheint das Gegentheil von dem, was bezweckt war, erreicht worden zu sein. Die erhobenen Anklagen wurden, nicht nur aus Mangel an weißen Hühnern, sondern auch aus Mangel an weißen Zeugen, nicht gehörig erwiesen und die verschmitzten Opium-Hoteliers von Mott-Street behaupten sogar, das Geschäft blühe jetzt mehr denn je. Die im Sensations-Stil eingeleitete, aber erfolglose Untersuchung that ihnen den Dienst einer unbezahlbaren Reclame. In einer Stadt wie New-York fehlt es nie an einer Gattung von Menschen, welche ein krankhaftes Interesse an ekelhaften Dingen nehmen, namentlich wenn eine Abirrung der Genußsucht damit verbunden ist; und die Scharen weiblicher Müßiggänger, von denen es in allen Gesellschaftsschichten wimmelt, stellen das stärkste Contingent dazu. So ist es wohl möglich, daß die Tage der Opium-Sensation neue Eroberungen für das längst bekannte Laster gemacht haben. Die Veteranen der Opiumpfeife sind jedoch so gütig, die beruhigende Versicherung zu ertheilen, daß die Gefahr, diesen entnervenden Genuß stark um sich greifen zu sehen, nicht groß sei. Sie haben zwei Gründe dafür. Erstens sei es außerordentlich schwer, sich daran zu gewöhnen; es

gehöre eine Ausdauer dazu, die wohl dem zähen Mongolen ange=
boren sei, die aber der weiße Mensch, namentlich der rothhaarige
Barbar der anglo=sächsischen Welt, nur in seltenen Fällen besitze;
wenigstens neun Monate müsse man sich quälen, ehe man Sklave
der „süßen Angewohnheit" geworden, und Vielen sei es ganz und
gar versagt, je die Pforten des Opium=Paradieses zu erschauen.
Zweitens sei die Befriedigung dieses mühsam errungenen Appetites
hier zu Lande auch ziemlich kostspielig; und da Derjenige, welcher
dem Genusse fröhnet, bald soweit herunterkomme, daß er einer an=
strengenden Erwerbsthätigkeit nicht mehr fähig sei, so bilde schon
die anspruchsvolle, auch sonst kostspielige Lebensweise des amerika=
nischen Menschen eine Schutzwehr gegen die Verbreitung des Lasters,
dem sein Sklave Alles und Alles zum Opfer bringen müsse. Da
sogar die früher in New=York erscheinende chinesische Zeitung obige
Argumente geltend gemacht hat, so ist die Richtigkeit derselben keinen
Augenblick zu bezweifeln.

Doch in diesen Dingen ist unser Asiate nicht einseitig. Er bringt
nicht blos, er nimmt auch an. Während weiße Leute seine Opium=
höhlen aufsuchen, sucht er die Bleichgesichter bei ihren Genüssen auf.
Er bleibt, wenn er sich des Lebens freuen will, nicht mehr im Halb=
dunkel einiger Winkelgassen, sondern tritt dreister hervor und stellt
sein Contingent selbst schon zu den **Fahrten und Aufzügen**,
welche der amerikanische Souverän in den Straßen der Metropole
veranstaltet. Die Zeiten, zu welchen der Gelbe sich schüchtern um
die Ecken schlich, sind vorüber. Jetzt fühlt er sich bereits als integri=
render Bestandtheil der großstädtischen Bevölkerung und übt als
solcher seine Rechte aus. Man muß ihm aber einräumen, daß er
den ihm gegönnten Spielraum nicht zum Geltendmachen aller seiner
nationalen Traditionen verwerthet, sondern auch schon bemüht ist,
sich zu amerikanisiren. Wer hat zum Beispiel je einen New=Yorker
Chinesen in Wirklichkeit eine Ratte essen gesehen, obwohl die ganze
unbezopfte Welt ihm dies nachsagt? Thut er's hier, dann thut er's
im Geheimen, um die Vorurtheile seiner weißen und schwarzen
Mitbürger zu schonen. In der Oeffentlichkeit ißt er nicht nur keine
Ratten, sondern versucht es sogar, aus Achtung vor der amerikanischen

Sitte clam-chowder herunter zu würgen. Welche bessere Bürg=
schaft verlangt man noch dafür, daß die eingewanderten Söhne
des „himmlischen Reiches" von der ehrlichsten Absicht beseelt sind,
in amerikanischen Anschauungen und Bestrebungen aufzugehen.
Wenn man bedenkt, daß den Chinesen das Verspeisen der clams
dieselbe Ueberwindung kosten muß, die es seinen weißen Mitmenschen
kosten würde, ein Ratten=Fricassée zu genießen, dann lernt man
seine energischen Amerikanisirungs=Versuche würdigen und einsehen,
daß ihm der Vollbesitz der Bürgerrechte nicht mehr lang vorent=
halten werden kann.

Ja schon im Jahre 1881 ist eine regelrechte chowder-party von
den Honoratioren der Mulberry=Street und Umgegend veranstaltet
worden. Dem New=Yorker Brauche gemäß begaben sich die Theil=
nehmer in festlicher Auffahrt an den Strand. In offenen Wagen
fuhren sie dahin, wie andere repräsentative Persönlichkeiten bei
ähnlichen Gelegenheiten auch, unbekümmert um den Charivari,
welchen die, an solchen Anblick noch nicht gewöhnte Straßenjugend
ihnen brachte, im stolzen Bewußtsein, einen wichtigen Schritt zu
ihrer Nationalisirung, beziehungsweise Entnationalisirung zu thun.
„Wom=Jom=Tschi=Club" heißt der Elite=Verein, welcher diese Strand=
Picnics veranstaltet. Wie sehr die New=Yorker Mongolen darauf
bedacht sind, sich nicht im beschränkten, sondern im weitesten Sinne
zu amerikanisiren und gleich ins Kosmopolitische hinein zu greifen,
geht daraus hervor, daß sie die amerikanische Molluske mit deut=
schem Gerstensaft hinunterspülten. Wer vom New=Yorker Gersten=
saft geleckt, hat gekostet vom Baume der Erkenntniß und ist dem
„himmlischen Reiche" ein verlorener Sohn. Und sie werden nicht
dabei stehen bleiben. Wir werden eines Tages auch noch eine chine=
sische Schützen=Compagnie durch die Straßen New=York's ziehen sehen
— jedenfalls mit dem unausbleiblichen Scheiben=Neger — und später
wird es auch kein Staunen mehr erregen, wenn unter den New=
Yorker Carnevals=Gesellschaften sich eine chinesische aufthut. Ob es
der Mongole aber bis zu einem chinesischen Volksfeste bringen wird,
ist eine andere Frage. Mit dem Mummenschanz chinesischer Pro=
vincialfeste auf der Bowery oder in den Avenues zu paradiren,

dazu ist er vielleicht zu diplomatisch, zu sehr darauf bedacht, großstädtische Manieren und den amerikanischen Typus anzunehmen.

Wenn er ein vaterländisches Fest feiert, drängt er sich damit nicht an die Oeffentlichkeit. Bei seinem Neujahrsfeste bleibt er in seinem Bezirk. Lang wie der chinesische Zopf ist diese Feier. Sie währt vier Tage; doch ist dies, streng genommen, nur ein Theil des chinesischen Neujahrsfestes, nur der abschließende Theil. Orthodox begangen, soll dasselbe zehn Tage dauern, von welchen die ersten sechs, ganz in buddhistischem Sinne, Festtage zu Ehren verschiedener Hausthiere und nur die letzten vier dem Menschen zulieb eingesetzt sind. Im transpacifischen Vaterlande, in Alt-China, verbindet er damit religiöse Schauspiele, welche den Mysterien, wie sie während des Mittelalters in ganz Südeuropa aufgeführt wurden, entsprechen. Auf diese Spiele haben die New-Yorker Chinesen zu verzichten; desto strenger führen sie das Gebot durch, am siebenten Tage, also an dem ersten Tage, welcher dem Menschen gilt, in ganz neuer Kleidung zu erscheinen. Nur Derjenige, welcher an diesem Tage nichts Altes trägt, darf auf ein glückliches Jahr rechnen. Der neue Anzug darf geliehen, darf selbst auf unklare Weise erworben sein, aber er muß herbei, wenn es nicht Unheil die Menge im neuen Jahre geben soll. In China soll die Angst, im Verlaufe des Jahres unberechenbarem Elende zu verfallen, die Leute selbst zum Diebstahle treiben, wenn kein anderes Mittel für Erwerbung neuer Gewänder übrig bleibt. In New-York werden sie dieses Aeußerste wohl zu vermeiden wissen, wenigstens im Princip. Credit findet der Mongole gerade für diese Anschaffung nicht; denn er muß ja, wie ein zweiter, ebenso strenger Brauch sagt, gleich zu Beginn des Festes tabula rasa zwischen sich und seinen Gläubigern machen. Glücklicher Weise bezieht sich diese Verpflichtung des gänzlichen Schuldentilgens nur auf den Geschäftsverkehr mit seines Gleichen. Den Heiden gegenüber, also in New-York den Christen und Juden gegenüber, behält er freie Hand. Wenn es also einem oder dem anderen armen Teufel mongolischer Race wirklich zu schlecht geht, um sich gegen Baar mit neuem Rock und neuen Pantalons auszustatten (das Tragen europäischer, beziehungsweise amerikanischer Kleidung scheint ihm selbst bei diesem Feste gestattet zu sein, denn die jüngere Generation trägt sich dabei durchaus modern), dann kann er, ohne gegen sein heiliges Gesetz zu verstoßen, seinen Credit in Chatham=Street benützen.

Zu Hause, auf asiatischem Boden, treiben sie zu Neujahr dieselbe Pulver=Verschwendung, wie wir am vierten Juli, aber nicht erst seit hundert Jahren, wie wir, sondern schon seit mehreren Tausend Jahren. Wenn also einmal ein Gelehrter vom völkerpsychologischen Standpunkte aus diesen Brauch damit erklärte: es gebe „einen gewissen nicht zu hohen Grad der Volksbildung, welcher sich darin bekunde, daß den Menschen bei allem sonstigen bürgerlichen Fleiße von Zeit zu Zeit ein militärischer Paroxysmus, eine Art kriegerischer Manie befalle; daß damit ein Rest der ihm noch innewohnenden Raubthier=Natur sich offenbare und er nicht umhin könne, wenigstens durch allerhand tollen Lärm und gewaltigen Spectakel sich Luft zu machen" — so brauchen wir weißen und schwarzen Bürger der großen Republik dies durchaus nicht auf uns zu beziehen; es gilt nur den Chinesen, unseren Vorbildern im Schieß=Paroxysmus der Festtage, nicht uns, ihren Nachahmern. In Mott=, Mulberry= und Baxter-Street aber huldigen die Söhne der alten Nation, von welcher wir lernen, bei ihren eigenen Festen diesem Gebrauche nicht. Als gesetz=liebende Bürger fügen sie sich dem Verbote, welches wir am vierten Juli nicht beachten. Ob es wirklich Achtung vor dem Gesetze oder nur Respect vor den, das Chinesen=Quartier umschwärmenden New=Yorker Hoodlums ist, was sie diesen Festbrauch opfern läßt, bleibe dahingestellt. Dem wichtigsten Brauche ihres Neujahrsfestes können sie huldigen, ohne mit dem amerikanischen Gesetze in Conflict zu gerathen; er besteht in einer, sich von Tag auf Tag fortpflanzenden Schmauserei. Während der ganzen Dauer der Feier folgt ein üppiges Gastmahl dem anderen, wobei Lippen und Herzen überfließen und die Zöpfe in einem Ocean von Glückwünschen schwimmen. Die chinesischen Leckereien sind bei dieser Gelegenheit auch schon in nicht=mongolische Kreise gedrungen und der Tag ist nicht mehr fern, an welchem das chinesische Neujahrs=Pastetchen ebenso zu den New=Yorker Eigenthüm=lichkeiten gehören wird, wie dereinst der holländische Neujahrskuchen.

So breitet sich der Chinese, hier klug nachgebend, dort den Ellbogen zu rechter Zeit gebrauchend, in der bunten Menge, welche das Substrat der New-Yorker Gesellschaft bildet, mehr und mehr aus. Wie verschieden aber ist die Stellung, welche sein asiatischer Nachbar, der Japanese, im Yankeeland einnimmt! Er kommt nur in wenigen vornehmen Exemplaren und hält auf gesellschaftlichen Rang. In den Collegien, im Comptoir bewegt er sich wie ein junger Aristokrat. Er kam nicht, um lang zu bleiben und seine Pennies zusammenzuscharren, sondern um Dollars auszugeben, ein bischen Wissen zusammenzuraffen und als Mann von Weltbildung nach der heimathlichen Insel zurückzukehren. Ein solches cavaliermäßiges Auftreten hat ihm seit seinem ersten Erscheinen auf diesem Continent einen viel höheren Grad der Achtung gesichert. Fast in jedem jungen Japanesen, der die Vereinigten Staaten bereist, wird ein Prinz vermuthet, ungefähr so, wie in den jungen Tagen der Republik jeder Franzose mindestens für einen Marquis gehalten wurde. Der Chinese hat das Massenhafte seiner Einwanderung gegen sich. Wenn sehr Viele kommen, sind die Meisten keine vornehme Leute. Zwischen der verschiedenen Aufnahme, welche diese zwei mongolischen Stämme hier zu Lande finden, besteht fast derselbe Gegensatz, wie zwischen dem Entgegenkommen, welches seiner Zeit den Deutschen und den Franzosen zu Theil wurde. Die Ersteren, zumeist Landleute und Handwerker, vermochten nicht, der besten amerikanischen Gesellschaft ein besonderes Interesse einzuflößen. Der Franzmann, sich anfänglich nur als Vicomte, Marquis, Tanz- oder Fechtmeister einfindend, war stets der Liebling der eleganten Welt. Seit die Thore Asiens sich erschlossen und der Mongole ostwärts zieht, ist der Japanese in der Gunst der society der Erbe des Franzosen geworden. Er fühlt sich auch demgemäß; er rechnet sich zur haute-volée. Die Berührung mit dem Chinesen scheut er außerordentlich. Ihm gleichgestellt zu werden, würde ihn aufs Höchste empören. Welche Gefühle müssen ihn erst erfassen, wenn der Chinese sogar den Vortritt vor ihm erhält!

Dieses Entsetzliche war aber im Jahr 1875 geschehen — durch das Staatsgesetz für die New-Yorker Volkszählung. Der feierliche Protest blieb nicht aus. Ein japanesischer Cavalier, Namens Kitsze-No-Lito, hatte ihn an eine der größten Zeitungen New-York's gerichtet. Die Erklärung war in etwas barbarischem Englisch, aber mit logischer Schärfe abgefaßt. Sie richtete sich gegen die Formulirung einer der vielen Fragen, welche der Census-Beamte zu stellen hatte. Numero Sieben lautete: ob ein Weißer, Schwarzer, Mulatte, Indianer, Chinese oder Japanese? — „Was, der Japanese kommt zu letzt?! rief Kitsze-No-Lito aus, der Japanese kommt erst nach dem Schwarzen und Chinesen? Ist das die Rangordnung, welche die Racen hier genießen?" Kitsze-No-Lito kannte offenbar die „Verfassungs-Amendements" und wollte sein Recht haben. Voll ostasiatischer Ironie schrieb er: „Jetzt erfahre ich also, welche Stellung dem Japanesen durch New-Yorker Gesetze angewiesen wird!" Der Sechste und Letzte soll er bei Aufzählung der Racen sein; steht er **unter** den andern Farbigen — er, der keine Cigarren verkauft, keine Stiefel putzt, weder Carpets ausklopft, noch seine Mitmenschen scalpirt? Er bewies auch, wie gerecht sein Anspruch, gleich neben dem Weißen zu rangiren. Er sagte: „Wir Japanesen haben uns denn doch einiger Maßen so civilisirt, wie die fremden Völker. Es wäre daher viel besser angebracht, wenn Sie die Gefälligkeit haben wollten, den Japanesen nicht hinter den Neger zu setzen, der alle Mal der dienenden Classe angehört, und auch nicht hinter den grausamen Indianer oder den Chinesen, den unsere Vorfahren in mancher Schlacht weidlich geklopft haben!" — Man sah sofort, Herr Kitsze-No-Lito war durch und durch Junker und auch chauvin. Er leitete seinen Racenstolz von Kriegsthaten her, von den Kriegsthaten der Ahnen. Und wie fein er uns unter die Nase rieb, daß der Neger trotz der „Amendements" noch immer nicht für voll gelte in gesellschaftlicher Beziehung. Wie schlau er auf die Grausamkeit des Indianers anspielte, gerade zu einer Zeit, da man die Sioux wieder aus ihrer reservirten Heimath vertrieb, weil dort unglücklicher Weise Gold entdeckt worden war. Daß er eine anzügliche Bemerkung über den Mulatten unterließ, dadurch wollte er wahrscheinlich eine, den Amerikaner beschämende Noblesse an den Tag legen. Die japanesischen Junker haben keine Amalgamation getrieben, nicht einmal mit den Chinesen. Doch hierüber schweigt ein Cavalier. Die Einwohnerschaft des Yankeelandes möge sich darob selbst bei der Nase nehmen!

Antisemiten.

Wenn es ein Land gibt, in welchem der Israelit aller Sehnsucht nach Palästina ledig wird und die von Zeit zu Zeit auftauchenden humanistischen Projecte, das alte gelobte Land aufs Neue zu bevölkern mit den über den Erdball verstreuten Nachkommen Abraham's, äußerst kühl aufnimmt, — so ist es Amerika. Hier hat er sich eingebürgert, hier gedeiht er, wie unter keinem andern Himmelsstriche; und die Heimathsfrage findet für ihn ihre practische Erledigung in der Formel: ubi business, ibi Jerusalem. Er ist dem Yankee ebenbürtig und gedenkt es zu bleiben. Amerikanischer Antisemitismus wäre eine Unmöglichkeit, ein Unding. Und doch hat dieses Unding sich schon einige Male geregt. Selbst New-York, das erzkosmopolitische New-York, hat einmal über Nacht seine orientalische Frage bekommen. Dort, wo zwei Dutzend stahl- und jodhaltiger Heilquellen für bemittelte Leberkranke oder Schwerverdauende sprudeln, war sie im Sommer 1877 plötzlich entbrannt.

Ein altes Sprichwort sagt, daß selbst der Herrgott gar verschiedene Kostgänger habe. Es gibt aber Leute, die es noch besser haben wollen als der Herrgott, und dazu gehören die Besitzer des fashionabelsten Hotels in Saratoga. Sie wollten nur eine Sorte von Kostgängern haben und ließen zu diesem Zwecke gerade das Contingent ausmustern, welches das seit Jahrtausenden auserwählte Volk gestellt hat. Es war bald ermittelt, daß sie durch das Element, welches sich als die fine fleur des Grand-Union-Hotels betrachtet wissen wollte, dazu gedrängt wurden. Da trat es wieder zu Tage, wie schlecht die reichen Leute sich unter einander vertragen. Um wie viel verträglicher müssen die Unionsbürger sein, deren Grand-Union-Hotel im Sommer und Winter eine fünfstöckige Familienkaserne New-York's ist! Wenn sie dort bezüglich der Hausgenossenschaft erst viel nach dem Alten oder Neuen Testament fragen wollten, dann möchte

der Satan Landlord sein. Wo Hans Schmal Küchenmeister ist,
scheinen die Leute toleranter zu sein; und doch sollte gerade das
Wohlleben seinen civilisatorischen Einfluß auch im Fördern der
Duldsamkeit, der Verträglichkeit, kurz alles dessen, was zur höheren
Harmonie im irdischen Dasein gehört, äußern. Die Proscriptions=
Maßregel traf unser Gotham ganz unvorbereitet und Niemand
wußte, mit welcher Miene er sie aufnehmen solle. Zuerst ereiferte
man sich, Einzelne geriethen wohl gar in Zorn — aber schon am
nächsten Tage lachte alle Welt. Immerhin gab es wieder etwas
auszukämpfen.

Die Männer hatten es auszukämpfen, aber Jedermann, den
nicht eine verkehrte Erziehung daran hinderte, den weiblichen Ein=
fluß auf die Gestaltung der menschlichen Dinge gebührend zu wür=
digen, mußte ohne Zögern zugeben, daß die Weiber mehr als die
Männer mit diesem neuen, das Herz der Republik so nahe berüh=
renden Zwiespalt zu thun hatten. Was hat ein männlicher Grand=
Union=Boarder über die Principien, welche in seinem Sommer=Heim
gelten sollen, zu sagen? So gut wie nichts. Die Gattin, die Toch=
ter hat darin den bestimmenden Einfluß. Bei ihnen waren daher
auch die Hebel zu suchen, mit welchen der bisherige inter=confes=
sionelle Frieden der vornehmen amerikanischen Welt aus seinen An=
geln gehoben werden sollte. Wer konnte sich dafür verbürgen, daß
nicht die Toilettenfrage mit diesem Casus des inneren Krieges mehr
zu schaffen hatte als jede andere Rücksicht? Die Frauen des ange=
feindeten, auserwählten Stammes sind mitunter hochbegnadet durch
die Grazien, obgleich letztere der griechischen Mythologie und nicht
den altbiblischen Figuren angehören. Sie haben dereinst den Sänger
des Hohen Liedes begeistert und verstehen es noch heute, zu strahlen,
wobei die „Fashion" nicht die allerletzte Rolle spielt. Sie wetteifern
mit ihren Schwestern anderer Confession im Entfalten von Geschmack
und das mochte manche derselben impertinent finden. Sicherlich
fänden es viele unerträglich, wenn die in einem Sommerhotel ersten
Ranges vorgeschriebene Anzahl der Umkleidungen, von Morgen bis
Mitternacht, durch eine ungetaufte Grand=Union=Boarderin — über=
schritten würde. Vier= oder fünfmaliger Wechsel der Toilette im

Tage mag erlaubt sein, sechsmaliger aber darum doch einer kühnen Herausforderung gleichkommen und keinen geringen Eclat erregen! In diesem Falle mag es für die kritisirende Weiblichkeit nicht-semitischer Race zum unabweisbaren Bedürfnisse werden, dem empörten Gefühle durch ein kleines, von der spitzen Zunge geschleudertes „Hep, hep!" Luft zu machen.

Doch der Toilettenkampf allein, so tiefeingreifend er auch sei, reichte kaum aus für erschöpfendes Erklären der grimmen Fehde. Rivalitäten ganz anderer Art mochten noch im Spiele sein. Die Damen, denen für die Folge das nobelste Saratoga-Hotel verschlossen bleiben sollte, haben mitunter schöne große schwarze Augen und wissen, daß Jehovah dem Weibe diese Seelenspiegel nicht zu dem Zwecke verliehen hat, sie niederzuschlagen. Das Ausüben dieser Erkenntniß allein mag Ursache der Parteiung in den heiligen Hallen des Grand-Union-Tempels geworden sein. Vielleicht revoltirten die Instincte der blonden Race mit den mehr umschleierten blauen Augen. Es wurde daher vorgeschlagen, schleunigst, um des lieben Landesfriedens willen, dieser natürlichen Abzweigung der vornehmen Welt Rechnung zu tragen durch Eintheilung der Hotels ersten Ranges in solche für Brünette und solche für Blonde, in welche für stark Brünette und etliche für impertinent Blonde. Wer aber will die Motive alle zählen, welche diesem „Damenkriege" zu Grunde lagen? Es könnten da noch ganz merkwürdige Combinationen vorkommen. Die Töchter Eva's geradester Abstammung, welche Abraham, den Urenkel der ersten Mutter, ihren Urahn nennen, zeichnen sich unter Anderm — wo immer die Verhältnisse es ihnen erlauben — durch sehr rationelle Pflege ihres leiblichen Wohles aus. Schon von den Zeiten der Patriarchen her wird gewissenhaft für ihren Comfort gesorgt und so kommt es, daß sie im Durchschnitt häufiger über gefälliges Embonpoint zu verfügen haben, als die große Masse anderer Töchter Eva's. Dies mag den Neid oder wenigstens den Antagonismus einer verhältnißmäßig schlanken Race erregen und auf dem, an Rivalitäten so fruchtbaren Hotelboden der Cur-Welt zu einer Verschwörung der Mageren gegen die Corpulenten geführt haben. Ferner durfte in Betracht gezogen werden, daß wir Sterbliche alle, gleichviel welche Race oder Nationalität uns ihr eigen nennt, unserem gemeinschaftlichen, vierhändigen Herrn Vetter auch noch seelisch verwandt seien und uns demnach der unvergängliche Trieb der Nachahmung so stark inne wohne, daß wir demselben sogar unbewußt folgen. So mögen sich auch die vornehmsten Zierden der Saratoga'er Gesellschaft in ihren hocharistokratischen Manieren Tag und Nacht unsicher gefühlt haben, so lang sie mit Gästen verkehrten, um deren Schläfe noch einzelne orientalische Streiflichter spielten. Langer ununterbrochener Verkehr kann sogar, vermöge der magischen Wirkung dieser unbewußten Nachahmung, bis zum Verändern der eigenen Gesichtszüge führen. Es ist unter Anderm auch schon von Emerson beleuchtet worden, wie Gatten und andere Personen, welche lange Jahre Hausgenossen sind, einander immer ähnlicher werden, wie sie — falls sie nur lange genug leben — kaum mehr von einander unterschieden werden können. Nun stelle man sich die unglückliche Lage einer, dem orientalischen Typus durchaus abgeneigten "Belle" im „Grand=Union=Hotel" vor, welche alle Augenblicke an den Spiegel eilen müßte, um nachzusehen, ob sich auf ihrem Antlitz noch keine Aehnlichkeit zum Beispiel mit der Mrs. Levy, die schon mehrere Wochen ihre Hausgenossin ist, an= melde!

Groß war die Gefahr und ihr entsprechend groß der Lärm. Aber nur kurz war der Triumph der Antisemitinnen. Die wirksame Controle in Durchführung ihres Princips war zu schwierig. Nach dem Taufscheine konnte man die Gäste nicht fragen, weil der Heide von der Grand=Union=Genossenschaft noch nicht ausgeschlossen war; und die Adlernase ist in unseren, an Ausgleichungsprocessen so reichen Tagen kein sicheres Criterion mehr zwischen Altem und Neuem Te= stamente. Die Linien des jüdischen Typus haben unter dem Ein= flusse milder Jahrhunderte viel von ihrer Schärfe verloren. Wer ist heut zu Tage nicht schon für einen Juden gehalten worden? Fast jeder große Mann. Und auch in der Sphäre kleinerer Leute kommt es unaufhörlich vor, daß alle Augenblicke die Frage beantwortet werden muß, ob der Bürger So=und=so wirklich kein Jude sei. Wahr= lich, Christen und Juden haben jetzt schon lange genug neben einander gelebt, daß wenigstens die gescheidtesten Leute unter ihnen einander nach der Emerson'schen Theorie schon ziemlich ähnlich sehen dürfen! So war die New-Yorker orientalische Frage im Herbste desselben Jahres wieder entschlummert. Doch sie lag blos im Winterschlaf. Im nächsten Sommer erhob sie sich aufs Neue — diesmal nicht am Quellengebiete, sondern am Strand.

Auf Coney-Island war es, wo an einem heißen Julitage der Mann, welcher am Ostende der Insel Vorsehung spielt, die Juden gehen und nicht mehr kommen hieß. Und das that ein Mensch, der Stunde für Stunde den ewig bewegten, ewig rauschenden Ocean sieht und hört, dem also das Gleichniß von der Meeresfluth, der sich weder Schweigen noch Stillstand gebieten läßt, nie aus dem Sinne kommen sollte! Daß die Welt sich bewegt, daß im Strome der fortschreitenden Zeit keine Stauung möglich, sollte gerade an der beach deutlicher als sonstwo verstanden werden. Darum war er auch wie ein Blitz aus heiterem Himmel gekommen, dieser Bannstrahl aus der ewig kühlenden Brise des Manhattan-Strandes. — Schritt für Schritt müssen die Menschenrechte sich den Erdball erobern; davon sollte auch Coney-Island keine Ausnahme machen, welches trotz seiner geringen Entfernung von der amerikanischen Metropole damals erst seit zwei Jahren in den Bereich der modernen Civilisation gezogen war. Und es stimmte nur überein mit der vieltausendjährigen Mission des auserwählten Volkes, wenn es auch wieder die Veranlassung bieten mußte zum Erobern des erst jüngst ganz entdeckten Eilands für die Sache der Menschheit! Die Juden sind das Salz der Erde; ohne sie würden ganze Länder der Stagnation und Fäulniß verfallen. Sie haben viel zu leiden bei dieser Function, aber sie — setzen's durch; sie mußten es im weißen Sande der, von der Cultur erst halb beleckten wüsten Insel gerade so durchsetzen, wie sie es dereinst im Sande der großen arabischen Wüste durchgesetzt haben. Ist's doch, als wolle der gute Genius dieses Landes von Zeit zu Zeit dem amerikanischen „Freiheits- und Gleichheitsgefühle" neue Nahrung geben, die Emancipation von allen Vorurtheilen aufs Neue, wie zur Bestätigung des Errungenen, zum Ausdruck bringen; und da läßt er dann und wann einen Esel schreien.

Die Antwort bleibt nicht aus; dem „J=A", mit welchem an ein Vorurtheil appellirt wird, folgt, übertönend wie der Ocean, der Chorus brausender und schäumender Proteste. Die Masse spricht und der Esel ist überstimmt!

Es wurde wieder einmal viel gelacht, am lautesten von Denjenigen, welche sich dem Stamme David's am verwandtesten fühlten; konnte ja Manhattan=Beach trotz all dem nicht ohne den Cornetbläser Levy zurecht kommen, der die aristokratische Gesellschaft herbei blasen mußte! Und während die Antisemitinnen in Levy's Zaubertönen schwelgten, raunte man sich, eingedenk so mancher, an diesem oder anderem Gestade ruchbar gewordenen Romanze die Verse zu:

Ein echter Nativist mag keinen Juden leiden,
Doch seine Töchter küßt er gern.

Vermißte.

Mannigfach sind in New-York die Gattungen der „Vermißten". Nicht nur einzeln, auch paarweise pflegen dieselben unterzutauchen im Weltstadtgewühl. Ein charakteristischer Fall dieser letztern Art sei kurz erwähnt. Ein Bankbeamter war sammt seinem Söhnchen verschwunden, ohne daß die trostlose Familie auf irgend eine Spur zu gelangen wußte. Die Polizei spürte ihn endlich auf. Es stellte sich heraus, daß er, entweder in einem Anfalle von Geisteszerrüttung oder von unbezwinglicher Leidenschaft getrieben, schlemmend herumvagabundirte; und der Knabe, welcher wohl im Stande gewesen wäre, den Heimweg selbst zu finden, — hielt in treuer Kindesliebe unverbrüchlich beim Vater aus, um ihn wenigstens so weit zu schützen, als seine schwachen Kräfte reichten. Selbst als die Verbindung zwischen der Familie und ihrem, in New-York herum nomadisirenden Chef wieder hergestellt war, weigerte sich das Söhnchen, früher von des Vaters Seite zu weichen, als bis es ihn von einem andern Familiengliede überwacht sah. Den rührenden Anblick, den solch ein verständiges Kind gewährt, indem es sich um die Sicherheit des unzurechnungsfähigen Vaters müht und so die Rollen umkehrt, bietet das New-Yorker Straßenleben nicht selten.

Wer hat es nicht schon gesehen, das kleine Kerlchen, das oft mitten im lebhaftesten Gewühl mit desperater Energie die Hand eines schwankenden Mannes festhält und ihm die heimwärts führende Richtung zu geben sucht? Der alte Strolch starrt wie blöde vor sich hin oder nimmt gar den Kampf mit der, es so redlich meinenden schwachen Kindeskraft auf; aber das entschlossene Bürschlein, aus dessen bangem Antlitz ein vollständiges Ermessen der Folgen, wenn der Alte sich allein überlassen bleibe, spricht, läßt sich nicht so leicht abschrecken; mit beiden Händen klammert er sich an den sträubenden Arm seines Erzeugers und zieht und zieht, als gelte es, ein widerspenstiges Kind in die rechte Bahn zu bringen. Geht's auch in jeder Minute nur zwei Schritte voran, der kleine Held läßt nicht nach; mit seinem ganzen Körpergewicht hängt er sich an das Ungethüm, für das sein Kindesherz schlägt, über dessen Zustand er Thränen vergießt, wohl der daheim jammernden Mutter gedenkend. Und will's durchaus nicht vorwärts, so findet sich gelegentlich ein wackerer kleiner Kamerad, der den alten Lump bei der andern Hand faßt und ziehen oder schieben hilft, je nachdem die Umstände es erheischen. Die geschäftigen Leute, welche vorüberkommen, werfen wohl einen flüchtigen Blick auf die Gruppe; neu ist sie ihnen nicht, und so eilen sie denn weiter, das energische Kind seiner Riesenaufgabe überlassend. Zuweilen sind es auch Mädchen, die den vagabundirenden Vater so heimzulootsen suchen; dann ist der Anblick besonders traurig und es findet sich ein oder der andere Passant, der ein wenig nachhilft, jedoch nur auf kurze Strecke, denn selbst die Humanität kann nicht verlangen, daß man eines Strolches wegen sein Geschäft versäume, und überdies muß ja jeden Augenblick ein Polizist herankommen. Die Classe solcher periodisch „Vermißten", deren Auffindung keine großen Schwierigkeiten macht, denen der eigene Nachwuchs auf wohlbekannten Wegen aufzuspüren weiß, ist eben in New-York ziemlich zahlreich. Die meisten von ihnen verfallen zwar früher oder später dem Coroner, bei Lebzeiten aber machen sie den, in solchen Dingen duldsamen Behörden nicht viel zu schaffen. Die Freiheit, systematisch zu verkommen, ist hier noch eine fast unbegrenzte.

Anders verhält es sich mit denjenigen „Vermißten", die nicht gewohnheitsgemäß von Zeit zu Zeit untertauchen in der Schlammschicht der Metropole, sondern unerwartet und plötzlich vom Flächenbilde derselben verschwinden; diese Gattung hält die Polizei schon besser im Trab. Der Fremde stellt dazu ein starkes Contingent; aber daß die Fährlichkeiten, deren Opfer er wird, sehr oft nicht ins Schreckhafte und Grausige schlagen, sondern vielmehr auf den lockenden Gefilden großstädtischen Plaisirs zu suchen sind, ist eine vielfach verbürgte Thatsache. "Our cousin" liebt es, wenn er sein amerikanisches Paris betreten hat, gar zu sehr, den Tausendsasa, den „verfluchten Kerl" zu spielen — gerade so wie es die Leute in der alten Welt machen, wenn sie nach dem echten Paris kommen, das ihnen auch für das Paradies der Liederlichkeit gilt. Nachdem er sich bei Tage im Besorgen seiner Geschäfte müde gelaufen oder noch müder gefahren, geht er des Abends gern auf Abenteuer aus. Die frischere Empfänglichkeit, durch die er sich von dem blasirten New-Yorker unterscheidet, läßt ihn bei den verhältnißmäßig neuen Genüssen auch starke Züge thun; und da gibt es denn welche seiner Art, die an den New=Yorker „Attractionen" und Zerstreuungen mehr Geschmack finden, als sich mit dem eifrigen Pflegen der regel= mäßigen Correspondenz verträgt. Sie bleiben in einer der vielen Vergnügungs=Fallen stecken, gerathen vielleicht sogar, wenngleich nur provisorisch, auf irgend einen Abweg, wo ihr Gedächtniß für die heimathliche Flur, für die dort weilenden Angehörigen und dort ge= schuldeten Verpflichtungen stark leidet — kurz, der New=Yorker Stru= del hat sie und sie werden daheim „vermißt"; eines Morgens aber zieht man nicht ihre Leiche aus dem Hudson oder East=River, sondern sie selber bei lebendigem, etwas abstrapazirtem Leibe aus einer un= angenehmen Lage, welche hauptsächlich durch vollständige Erschöpfung der Börse und starke Verstimmung der Genußorgane gekennzeichnet ist.

Die Rubrik der „Vermißten", zu welcher der Metropole eigene Kinder am meisten beisteuern, ist die der „spurlos verschwundenen" Mägdelein. So mannigfaltig die abenteuerlichen Historien, die über derartige dunkle Erlebnisse verbreitet zu werden pflegen, auch sein mögen, wenn man auf den Grund sieht, ist es fast immer die alte, sehr traurige aber auch sehr einfache Geschichte. Die Verirrung sucht sich in das Gewand des Mißgeschicks zu kleiden; das Laster kokettirt mit Romantik. Die Polizei durchdringt das romantische Geheimniß in der Regel sehr schnell; sie kennt die comfortablen Schlupfwinkel der vermißten Misses und macht dem fein gesponnenen Verschwindungs= Roman ein brutales Ende. Die wohlthätige reformatorische Macht, welche in dieser Richtung auf dauernde Erfolge verweisen kann, scheint in New=York erst noch gefunden werden zu müssen. Wollte man aber das New=Yorker Leben einseitig aus solchen, sich an die Oberfläche drängenden Symptomen allein beurtheilen, dann gewänne es zuweilen den Anschein, als sei die öffentliche Moral selbst unter die „Vermißten" gegangen. Doch der Schein trügt, im Guten wie im Bösen. Das Letztere macht mehr von sich reden als das Erstere; und wer nur fleißig sucht, findet selbst auf dem verrufenen Manhattan so viel Herzerfreuendes, als er begehren mag.

Die zahlreichste Classe der New-Yorker „Vermißten" ist auch die jüngste; und bei ihr trägt der Wandertrieb die Verantwortung. Was hat der Wandertrieb nicht schon für diesen Continent gethan und wie werden gerade Die, bei denen er am stärksten ausgeprägt ist, die charakteristischesten Vertreter des spezifisch Amerikanischen! Aber früh muß sich krümmen, was ein Häkchen werden will, und schon die junge Brut, die kaum flügge geworden, verräth unter amerikanischem Himmel den Hang, fern vom Vaterhaus sich umzusehen in der weiten Welt. Kommen die Maitage, welche dem winterlichen Verschluß der Behausungen ein Ende machen, welche schon vermittelst der Umzieh-Campagne eine frische Brise über die Nesthöckchen streichen lassen, dann blasen sie ihnen das Gefieder an und locken sie hinaus auf die sonnigere Straße. Für das New-Yorker Kind beginnt sodann wieder der Cursus seiner Weltstadt-Studien. Zu den, während jeder Jahreszeit sich rudelweise herumtreibenden Rangen, welche ihr Revier schon ausstudirt haben, gesellen sich im Mailicht die jüngsten Classen der Weltbürger, die just eingeweiht sind in die Kunst, der Nase nach zu gehen, und deren topographische Kenntnisse schon an der nächsten Ecke zu Ende sind. Das düstere Obdach, unter welches sie Monate lang gebannt waren, paßte meist so schlecht zu ihrem natürlichen Frohsinn, daß der Trieb, hinauszuflattern, sich unwiderstehlich regt, sobald nur der erste warme Strahl hereindringt.

Da unternimmt denn der naseweise Guck-in-die-Welt in unbewachten Augenblicken auch seine ersten selbstständigen Promenaden, deren Anfang sehr lustig, deren Ende aber tragisch zu sein pflegt, unter Wehklagen und Thränen sich im obersten Stockwerke des Polizei-Hauptquartiers abspielend. Dort, wo die Matrone für verlaufene Kinder ihres Amtes waltet, geht es dann ungemein lebhaft her. Alle paar Stunden kommt an der Hand eines, sich ammenhafter Zärtlichkeit befleißigenden Polizisten ein schluchzender kleiner „Tramp" angerückt, der gerne wieder ein solider, seßhafter Bürger geworden wäre, wenn er nur gewußt hätte, wo die mütterliche Kaffeekanne dampft. Es ist eine alte Erfahrung im Polizei-Hauptquartier, daß im Mai bei klarem Wetter, wenn Alles, was da lebt unter der Sonne, sich gern tummelt, die Zahl der sich verlaufenden Kinder stark zunimmt; und die Matrone trifft dann auch immer umfassendere Verpflegungs-Vorkehrungen — ungefähr so, wie die Polizei-Chirurgen am vierten Juli ihre Vorbereitungen für das Behandeln so und so vieler Verstümmelter ja nicht versäumen dürfen.

Wie mannigfach sind aber auch die Versuchungen zur Vagabundage, denen der winzige Neuling im New-Yorker Pflastertreten unterliegt. Hier lockt den kleinen Bummler die Trommel einer Miliz-Abtheilung und in seinem Interesse für die blinkenden Bayonnette schlummert schon der Keim künftigen Geschichtssinnes, in seiner jungen Phantasie regt sich schon eine Ahnung davon, daß der Soldat ein gar wichtiger Mann ist, daß er, wie die älteren Leute sagen, noch immer die Weltgeschichte macht. Dort üben die Klänge eines ambulanten Klimperkastens unwiderstehliche Anziehungskraft auf ihn aus, gleichviel ob altmodische oder Zukunfts-musik aus dem unprämiirten Wimmer-Instrumente tönt; es wird tapfer mitmarschirt und an jeder Haltestelle des Straßen-Virtuosen das ganze Concert-Programm mit unvermindertem Behagen nochmals durchgekostet. Ist nun gar ein Vierhänder mit seiner bunten Jacke in Sicht, spielt ein Affenkünstler auf seinem Podium, dem Leierkasten, sein Repertoire ab, dann gibt's kein Halten, dann stürmt der kleine Enthusiast im Laufschritt herbei, jubelt dem beschwänzten Schauspieler in aufrichtiger Begeisterung zu, unbekümmert darum, ob derselbe der realistischen oder idealistischen Schule angehöre, und folgt ihm von „Block" zu „Block", bis die Uebersättigung im Kunstgenuß eintritt und mit ihr die furchtbare Entdeckung, daß Mütterchens Fenster nicht mehr in Sicht ist und auch kein klägliches Rufen mehr es zum Vorschein bringen kann. Der erste Schrecken wird so lang überwunden, bis der angebissene Apfel, den der rathlose kleine Flaneur in der Hand hält, verschmaust ist; mit dem allmäligen Schwinden dieses letzten Trostes aber stellt sich das

Verzweiflungsvolle der Situation klarer und klarer heraus und trotz aller Anwartschaft auf das Präsidentenamt, die der vagirende Knirps als Eingeborener schon jetzt mit sich herumträgt, weiß ihm die stellvertretende Mutter, seine Kindesnatur, keinen anderen Rath als den, durch energisches Zetergeschrei der Mitwelt anzuzeigen, daß er nicht wisse, was mit sich anfangen.

Selten kommen die Mägdelein an diesen Rand der Verzweiflung. Sie stürmen nicht so ungestüm in die Welt hinaus, halten sich instinctiv paarweise zusammen und da findet die ältere mit angeborener Weiberschlauheit den Rückweg immer leichter, als der in seinem wilden Drange blind drauf los gehende Struwelpeter. Doch die Freuden des von der Polizei vermittelten Wiedersehens und der Heimkehr wiegen die Leiden der kurzen Irrfahrt hundertfach auf. Gibt es ja selbst naive Bälger, die sich verlaufen, ohne eine Ahnung davon zu haben, was das Nicht-wieder-finden des Vaterhauses für sie zu bedeuten hätte. In ihrer Unbefangenheit halten sie das Mütterlein für allwissend und meinen, dasselbe werde sie schon holen, wenn's Zeit zum Essen ist.

Die Strecken, welche diese ziellosen kleinen Wanderer zurücklegen, sind oft erstaunlich groß. Es werden zuweilen Kinder aufgegriffen, die sich vierzig bis fünfzig Blocks weit von der heimathlichen Schwelle entfernt haben. Es gibt auch durchtriebene Schlingel, denen — obgleich sie erst drei Käse hoch sind — es ein gesuchtes Abenteuer ist, in New-York einen halben Tag lang herumzuirren und sich auf dem Polizei-Hauptquartier finden zu lassen. Die dortige Matrone hat auch ihre "old customers", die sich periodisch einfinden. Einer dieser jungen Abenteurer betreibt die Sache als Sensation und rief jüngst im Kinder-Wartesaal: „Was die Alten sich wohl jetzt wieder um mich ängstigen werden!"

So bietet selbst eine solche Stätte, das temporäre Asyl der Unmündigsten, Stoff zu volkspsychologischen Betrachtungen. Neben dem allgemeinen kindlichen Leichtsinn tritt schon hier der Leichtsinn aus Speculation auf. Man hat hier den Trieb, leichtfertige Streiche zu begehen im Verlaß darauf, daß zur rechten Zeit der Retter sich schon einstellen werde, im Keime vor sich. Und findet das Capitel von den sich gern verlaufenden Kindern nicht auch seine Fortsetzung in den höheren Altersclassen? Freie Bahn allenthalben bietet die Weltstadt, und wer zu gehen versteht mit der richtigen Erinnerung an den Ausgangspunkt, findet seinen Weg. Da wollen aber oft flotte Leutchen, die kaum Schritte machen gelernt auf dem schwierigen New-Yorker Pflaster, schon Alles nach ihren Passionen einrichten, Hans Dampf in allen Gassen sein. Haben sie sich nothwendiger Weise verlaufen, wissen sie nicht, wo aus, wo ein, dann rufen sie auch nach dem "daddy". Bleibt aber der angerufene Deus ex machina aus, dann plärren sie von der Schlechtigkeit der Welt im Allgemeinen. Nun, des Lebens bitterer Ernst leistet in solchen Fällen den Polizei-Dienst, die weinenden Knäblein an der Hand zu fassen und zurückzuführen auf den Boden, den sie nie hätten verlassen sollen. Jene aber, die blos der fromme Drang, im Weltstrom schwimmen zu lernen, frühzeitig ins unsichere Gewoge führt, gleichen den wahrhaft naiven Pfadsuchern, deren es allenthalben die große Menge geben muß, wenn es in den unaufhörlich zusammenschmelzenden Colonnen nie an dem gehörigen Nachschub fehlen soll. Ihnen hilft man gern und sie lernen auch bald, den Weg selbst finden!

www.ingramcontent.com/pod-product-compliance
Lightning Source LLC
Chambersburg PA
CBHW032221230426
43666CB00033B/464